ullstein

Das Buch

Vor drei Jahren hatte Rachel Macy Stafford genug: Genug davon, mit dem Smartphone in der Hand – oder zwischen Schulter und Ohr eingeklemmt – durchs Leben zu hetzen. Genug davon, To-do-Listen abzuarbeiten, um ihre Ansprüche an das perfekte Familienleben zu erfüllen. Genug davon, ihre kleinen Töchter zu hetzen, damit sie pünktlich zu den Terminen kamen, die der Kalender ihnen vorschrieb. Ihr Leben hatte ein Tempo angenommen, das sie selbst kaum noch halten konnte. Vor allem ging ihr Turbo-Alltag aber auf Kosten ihrer Kinder: SMS und E-Mail, Telefonate, Haushalt und Einkäufe liefen immer parallel, ihre Töchter, aber auch andere Familienmitglieder, wurden mehr und mehr zu Störfaktoren ihrer Agenda.

Mit Hilfe eines radikalen Bewusstseinswandels und kleinen Übungen, die sie in ihren Alltag einfließen ließ, gelang es ihr schießlich, die Reißleine zu ziehen. Wie sie das meisterte, zeigt die Autorin in diesem ebenso berührenden wie inspirierenden Buch.

Die Autorin

Rachel Macy Stafford ist Sonderpädagogin, Bloggerin, Buchautorin – und Mutter zweier Kinder. Ihre Lektionen für einen entschleunigten Alltag haben weltweit Hunderttausende Frauen inspiriert.

Rachel Macy Stafford

DER TAG, AN DEM ICH AUFHÖRTE, »BEEIL DICH« ZU SAGEN

Lektionen einer entspannten Mutter

Aus dem Amerikanischen von Sigrun Zühlke

Ullstein

Besuchen Sie uns im Internet:
www.ullstein-taschenbuch.de

MIX
Papier
FSC® C083411

Deutsche Erstausgabe im Ullstein Taschenbuch
1. Auflage Mai 2015

published by arrangement with The Zondervan Corporation
L.L.C., a subsidiary of HarperCollins Christian Publishing, Inc.
Titel der Originalausgabe: *Hands Free Mama* (Zondervan)
Umschlaggestaltung: ZERO Werbeagentur, München
Titelabbildung: Frau: Getty Images / © Demansia;
umlaufende Motive: FinePic®, München
Satz: L42 Media Solutions Ltd, Berlin
Gesetzt aus der Kepler Std
Papier: Pamo Super von Arctic Paper Mochenwangen GmbH
Druck und Bindearbeiten: CPI books GmbH, Leck
Printed in Germany
ISBN 978-3-548-37573-1

Für Natalie und Avery
– weil es ohne euch keine Geschichten gäbe

INHALTSVERZEICHNIS

EINFÜHRUNG:
WAS BEDEUTET HANDS FREE?

Immer wieder habe ich mir gesagt, dass irgendwann alles besser würde. *Irgendwann.*

Wem wollte ich da etwas vormachen?

Die zwei Jahre, in denen ich quasi fremdbestimmt durchs Leben ging, verblassen in meiner Erinnerung. Doch einen Augenblick werde ich bestimmt nie vergessen:

Ich war eben von einer Veranstaltung in unserer Gemeinde nach Hause gekommen, in die ich meine ganze Zeit gesteckt hatte. Mein Mann wollte gerade die Kinder ins Bett bringen, als ich vollständig bekleidet auf meinem Bett zusammenbrach. Neben mir auf dem Nachttisch befand sich die Substanz meines Lebens: eine To-do-Liste, ein summendes Telefon, ein Laptop und ein Terminkalender. Diese vier Dinge bestimmten meinen Tagesablauf.

Das aufleuchtende rote Lämpchen an meinem Smartphone erinnerte mich daran, dass nichts davon sich von selbst erledigen würde. Dieser Überfluss an Informationen, elektronischen Geräten, vollen Terminkalendern und unerfüllten Ansprüchen würde auch morgen auf mich warten – und am nächsten und übernächsten Tag. Wenn ich von *irgendwann* sprach, wollte ich eigentlich nur vermeiden, mich damit auseinanderzusetzen, dass mein Leben wie irre dahinraste.

Irgendwann, so sagte ich mir, *wird es auch wieder freie Tage geben. Irgendwann wird mein Tagesablauf von meinen Herzenswünschen bestimmt und nicht von Tweets, Piepen und Klingeln. Irgendwann werde ich nicht mehr für Kuchenverkäufe und Buchbasare zur Verfügung stehen, und leere Schreibtische und perfekt frisiertes Haar sind irgendwann auch nicht mehr so wichtig. Irgendwann habe ich Zeit zum Pfützenspringen im Regen, für aufgelöste Pferdeschwänze und eine zusätzliche Gutenachtgeschichte. Irgendwann werde ich meinen Kindern in die Augen sehen und jedes ihrer zärtlichen, albernen Worte hören. Irgendwann werde ich meinen Laptop zuklappen und meinen Partner küssen, bevor er aus dem Haus geht. Irgendwann werde ich mich daran erinnern, wie es sich anfühlt, zu lachen, zu spielen, mich zu entspannen und das Leben zu genießen. Irgendwann werde ich Zeit haben für das, worauf es wirklich ankommt.*

Ein Leben voll einfacher Freuden blieb ein Traum, den ich auch mit noch so viel Vollgas nicht einholen konnte. Jedes Mal, wenn ich zu meinen Kindern sagte: »Nicht jetzt, Mama ist beschäftigt«, rückte meine Chance auf so ein Leben weiter in die Ferne. Sogar in diesem schwachen Augenblick auf meinem Bett, während meine Kinder nur ein Stockwerk höher in ihre Schlafanzüge schlüpften und ihre Gutenachtgeschichten aussuchten, erschienen mir meine Wünsche wie ein Hirngespinst.

Während ich so dalag, zu ausgelaugt zum Weinen und zu beschämt, um um Hilfe zu bitten, wurde mir klar, wie schlimm es wirklich um mich stand. Ich war begraben – begraben unter der Last meiner Ablenkungen. Ich lebte nicht mehr. Ich existierte noch gerade so.

Ich war an einem Scheidepunkt angekommen. Ich konnte so weitermachen, oder ich konnte anfangen zu graben – nach Luft, nach Hoffnung, nach Leben.

Ich beschloss zu graben.

Weil man sein Leben nicht unbegrenzt aufschieben kann.

Diese Erkenntnis traf mich, kurz nachdem ich erkannt hatte, wie es wirklich um mich stand, während eines morgendlichen Laufes besonders hart. Sie zwang mich wortwörtlich in die Knie. Zum ersten Mal beantwortete ich aufrichtig die Frage, die mich jahrelang so stolz gemacht hatte: Wie *schaffe* ich das nur alles?

Indem ich mein Leben verpasse – so schaffe ich das alles. Ich verpasse das, worauf es wirklich ankommt. Für immer.

Dieser Moment brachte mich auf einen Weg, der mein Leben verändern sollte. *Hands Free* sollte meine Devise von nun an lauten! Ja zu einem Leben mit freien Händen, das nicht länger von Smartphones, E-Mails, To-do-Listen und vollen Terminkalendern dominiert wurde! Also bat ich Gott um Hilfe. Ich bin ein gläubiger Mensch und habe Gottes Gegenwart mein Leben lang gespürt, besonders in meiner Arbeit als Sonderschullehrerin und beim Schreiben, aber das hier war anders. Ich wusste, ich konnte mein Leben nicht ohne meinen Glauben ändern. Mit frischem Mut versuchte ich, einen Teil meiner täglichen Aufgaben loszulassen und Augenblicke liebevoller Gemeinsamkeit zu nutzen.

Schritt für Schritt befreite ich mich von meinen selbst auferlegten Zwängen. Mit jeder Berührung der Hand meines Kindes, mit jedem ernsthaften Gespräch mit meinem Partner, mit jedem flüchtigen Blick auf die schöne Welt, die ich vorher kaum wahrgenommen hatte, ging es mir besser. Mit der Zeit schaffte ich es, mein Leben zu ändern. Ich verschob es nicht mehr auf *irgendwann.* Zum ersten Mal seit Langem investierte ich meine Zeit, meine Konzentration, meine Kraft und meine Liebe ins *Heute.*

Veränderung beginnt mit einem Funken der Erkenntnis im Herzen. Und wenn man dieses neu entdeckte Bewusstsein annimmt, dann springt dieser Funke über. Genau das geschah, als ich anfing, über meine täglichen Kämpfe und Erfolge zu bloggen. Ich wollte andere dazu ermutigen, ihr Leben in die Hand zu nehmen und sich nicht ständig von dieser schnelllebigen und mediengesättigten Welt unter Druck setzen zu lassen, sondern vielmehr freudig und bewusst zu leben. Ich wollte sie von einem Leben unter dem Motto *Hands Free* überzeugen, das von Achtsamkeit und Entschleunigung geprägt war.

Als andere, die sich ebenfalls in ihrem Alltag gefangen fühlten und unter äußeren Zwängen litten, meine Geschichten lasen, war ich plötzlich nicht mehr allein auf meinem Weg. Um meine Leser mit Tipps zum Ausstöpseln zu versorgen und ihnen zu zeigen, wie sie sich stattdessen mit geliebten Menschen verbinden konnten, richtete ich die Facebookseite »The Hands Free Revolution« ein. Damals ahnte ich noch nicht, dass es nicht nur eine Seite werden würde, sondern eine ganze Bewegung, die sich für den achtsamen Einsatz von Technologie und für das Genießen des Augenblicks einsetzte. Daraus erwuchs eine Gemeinschaft von Menschen, die sich gegen den gesellschaftlichen Druck wehrte, ein gehetztes und zerrissenes Leben zu leben. Die »Hands Free-Revolution« wurde bald mehr als eine Gemeinschaft von Menschen mit gleichen Ansichten; sie wurde Mittel zu einem sinnvolleren Leben.

Als Mitglieder der »Hands Free-Revolution« begannen, von ihren Geschichten und Erfahrungen zu erzählen, entdeckte ich, dass es nicht nur gestresste Mütter waren, die sich abmühten. Ich hörte von dem Geschäftsführer einer der 500 größten Firmen Amerikas, einem nicht-berufstätigen Vater, einer alleinerziehenden Mutter, die in einem Frauenhaus wohnte, von jemandem, der seine Kinder zu Hause unterrichtet, einer Großmutter, einem Blogger und einem Teenager – die alle meine Strategien anwendeten – mit lebensverändernden Folgen. Da ging mir auf, dass jeder entschleunigt leben kann. Jeder, der im Alltagsdschungel unterzugehen droht, kann loslassen und sich auf das Wesentliche konzentrieren. Wenn es für mich Hoffnung gibt, gibt es für jeden Menschen Hoffnung. Hands Free zu leben ist für alle machbar und beginnt mit einem einzigen Schritt.

Die Hände frei bekommen

Die zwölf Kapitel dieses Buches reflektieren jeden Schritt meines Weges. Sie beschreiben die Techniken des Loslassens, mit deren Hilfe es mir gelang, ein präsentes und erfülltes Leben zu leben. In jedem Kapitel erkläre ich, was ich verändert habe. Nach jeder Geschichte finden Sie einen Abschnitt mit einer »Strategie der Woche«, die Ihnen eine praktische Anleitung bietet, wie Sie jede Loslassaktion in Ihr Leben einbinden können. Und am Ende ermutigt Sie jeweils eine »Betrachtung« zur Introspektion, die Sie auf Ihrem Weg begleiten soll. Diese kurzen Absätze können als Meditation verwendet werden, als Gebet, als Mantra oder als Gedächtnisstütze, während Sie über die Themen des Kapitels nachdenken.

Das Buch ist auf einen ein Jahr dauernden Veränderungsprozess angelegt, ein Kapitel pro Monat, auch wenn Ihr Weg möglicherweise seinen eigenen Verlauf nimmt. Sie können schneller oder langsamer vorankommen. Vielleicht führen Sie ein Tagebuch, um Ihre Erfahrung zu vertiefen. Sie können sich mit einem Freund oder einer Freundin auf diesen Weg begeben, mit einem Familienmitglied oder in einer kleinen Gruppe, die Sie unterstützt. Sie können das Buch so durcharbeiten, wie es am besten zu Ihnen, Ihrer Familie und Ihren Lebensumständen passt. Ich hoffe, dass dieses Buch sich liebevoll abnutzt, Eselsohren und Kaffeeflecken bekommt, dass es nicht nur einmal gelesen wird, sondern eine Quelle der täglichen Orientierung und Entscheidung wird. Machen Sie dieses Buch zu Ihrem Werkzeug – um das Leben zu gestalten, das Sie *jetzt* führen wollen und nicht *irgendwann*. Ich hoffe, die Konzentration auf das Wesentliche wird bald zu einer Lebensphilosophie für Sie, so wie sie das für mich geworden ist.

Allerdings muss ich Ihnen gestehen, dass vieles nicht mehr so wie früher ist. Mein gesellschaftlicher Terminkalender hat sich verändert. Meine Ablage ist nicht wiederzuerkennen. Meinen Status als Fünf-Sterne-Supermutter habe ich aufgegeben. Und auch ich bin nicht mehr die, die ich einmal war. Ich lebe mein Leben jetzt mit offenen Augen, offenem Herzen und offenen Händen – und ich will nie wieder zurück!

Meine Freunde, es gibt ein Leben, das gelebt werden will. Es gibt eine Hoffnung, die gehegt werden will. Es gibt Augenblicke, die man ergreifen muss. Ergreifen Sie ruhig meine Hand. Nachdem sie so lange gefesselt war, ist sie endlich frei.

Rachel

DER HANDS-FREE-SCHWUR

Ich bekomme meine Hände frei.
Ich möchte Erinnerungen schaffen, keine To-do-Listen.
Ich möchte den Druck der Umarmungen meiner Kinder spüren, nicht den Druck zu vieler Verpflichtungen.
Ich möchte mich in Unterhaltungen mit den Menschen verlieren, die ich liebe, nicht ertrinken in einem Meer unwichtiger E-Mails.
Ich möchte von Sonnenuntergängen überwältigt werden, die mir Hoffnung schenken, nicht von vollen Kalendern, die mir die Freude rauben.
Ich möchte, dass der Lärm in meinem Leben aus Lachen und Dankbarkeit besteht, nicht aus dem aufdringlichen Summen von Smartphones und SMS.
Ich lasse mich nicht länger von Unwichtigem ablenken und strebe nicht mehr nach Perfektion.
Ich genieße das, worauf es wirklich ankommt.
Das bedeutet Hands Free!

KAPITEL 1

ERKENNE DEN PREIS – ACHTSAMKEIT

Es ist eine traurige Eigenschaft der menschlichen Natur, so vieles aufzuschieben. Wir träumen alle von einem magischen Rosengarten hinter dem Horizont – anstatt uns über die Rosen zu freuen, die heute vor unseren Fenstern wachsen.
Dale Carnegie

Ich sah die Enttäuschung in den Augen meiner Kinder, wenn ich ihnen sagte, ich hätte keine Zeit. Ich bemerkte die oberflächlichen Begrüßungen und hastigen Abschiede von meinem Partner. Ich litt unter ständigem Unbehagen, einem Gefühl, dass mir etwas Wichtiges fehlte. Und eines Tages fragte ich mich: *Will ich wirklich so leben?*

Der erste und wichtigste Schritt auf diesem Weg besteht darin, achtsam zu werden. Ich musste mir all die kostbaren Augenblicke eingestehen, die ich versäumte und auch weiterhin versäumen würde. Dieser schwierige Blick nach innen war die notwendige Voraussetzung für meine Verwandlung. Wenn ich nicht zuerst eine Einschätzung des irgendwann irreparablen Schadens vorgenommen hätte, den ich mit meinem technologiebasierten Multitasking anrichtete, wären alle Bemühungen, mich auf das Wesentliche zu konzentrieren, von Anfang an zum Scheitern verurteilt gewesen.

Auf den folgenden Seiten finden Sie drei Episoden, die Ihnen hoffentlich wertvolle Erkenntnisse vermitteln. Eine »Strategie der

Woche« beinhaltet Vorschläge, wie Sie den Verlockungen der Ablenkung widerstehen können, und regt Sie zu einem erfüllten Umgang mit den Menschen, die Sie lieben, an. Im ersten Kapitel konzentrieren Sie sich auf den Blick nach innen, damit Sie erkennen, was Sie alles versäumen.

Lassen Sie sich, trotz es Schmerzes, den Sie vielleicht beim Lesen dieses Kapitels empfinden, nicht entmutigen. Unbehagen ist der Weg zur Veränderung; Verletzung führt zur Heilung; Reue zum Versprechen. Indem wir an die dunkelsten Orte unserer Seele hinabsteigen, finden wir das Licht. Dieser erste und schwierigste Schritt birgt die Chance eines Neuanfangs – eine Chance, die Augenblicke, auf die es ankommt, von diesem Tag an zu ergreifen.

WAS ICH VERPASST HÄTTE

Den Umschlag habe ich noch immer. Er liegt zwischen meinen wichtigsten Papieren, neben meiner Heiratsurkunde, meinem Pass, dem Krankenversicherungsschein und meiner Geburtsurkunde – Dokumente, die beweisen, dass ich existiere. Ich hebe den großen Umschlag auf, weil ich etwas Wichtiges darauf gekritzelt habe.

Ich habe die Nachricht an dem Tag geschrieben, an dem ich mir schwor, nicht länger die kostbaren Momente zu verpassen, die das Leben lebenswert machen. Wie eine Naturgewalt überkam mich die Erkenntnis. Ich durchwühlte eine Küchenschublade auf der Suche nach einem Zettel – als hinge mein Leben davon ab.

Auf den ersten Blick erinnern die krakelig aufgezählten Wörter an eine Einkaufsliste, die jemand beim Autofahren geschrieben hat. Keine Groß- und Kleinschreibung, die Buchstaben teilweise unvollständig, Satzzeichen fehlen. Aber all das zeigt nur meine Eile. Ich war überzeugt, dass ich mich an jedes einzelne Wort erinnern musste, das von nun an mein Leben verändern sollte. Hier ist eine geglättete Version dessen, was ich aufgeschrieben habe:

»Stell dir vor, du hast nicht mitbekommen, was für dein Kind das Schönste an dem Tag war, weil du die ganze Zeit am Telefon gehangen hast?

Stell dir vor, du hast eine Gelegenheit verpasst, den süßen Duft deines Kindes einzuatmen, weil du unbedingt noch vor dem Schlafengehen den Korb Wäsche zusammenlegen musstest?

Stell dir vor, du hast wegen deiner kilometerlangen To-do-Liste es verpasst, deinem besorgten Partner beizustehen?

Stell dir vor, du konntest einer Kindheitserinnerung deiner alternden Eltern nicht zuhören, weil du viel zu beschäftigt warst, um anzurufen?

Stell dir vor, du verpasst eine wunderbare Wolkenformation am Himmel, weil du noch zur Bank, zur Post und zur Reinigung rennen musstest, bevor du die Kinder abholst?

Und wenn du eines Tages erkennst, dass du all diese Gelegenheiten, die du verpasst hast, nicht zurückholen kannst?

Wenn du einsiehst, dass die besten Momente im Leben die banalen, alltäglichen Augenblicke sind, aber du nur zu besonderen Gelegenheiten ganz präsent bist?

Vielleicht solltest du, statt durch dein Leben zu brausen, gelegentlich anhalten, um deine Gegenwart anzubieten?

Vielleicht solltest du dich von allem, das deine Zeit und Aufmerksamkeit frisst, abwenden, um das Wesentliche zu sehen?

Stell das Autoradio ab.

Setz dich neben dein Kind, wenn es spielt.

Leg dich zu ihm ins Bett, nachdem du gute Nacht gesagt hast.

Umarme es, und halte es fest.

Erzähle ihm etwas.

Sieh ihm in die Augen, wenn es mit dir spricht.

Lass dich darauf ein, und beobachte, was geschieht. Und wenn der Moment vorbei ist, besinne dich darauf, und erkenne die schmerzliche Wahrheit: Wenn ich nicht innegehalten hätte, dann hätte ich diesen kostbaren Moment verpasst.«

Nachdem ich den Umschlag auf beiden Seiten vollgeschrieben hatte, starrte ich darauf. Obwohl ich mir nicht sicher war, was ich damit anstellen sollte, konnte ich ihn nicht einfach wieder in die Schublade zurücklegen. Aus einem gewöhnlichen Umschlag war nun etwas Besonderes geworden, also legte ich ihn erwartungsvoll auf die Arbeitsplatte – als würde er dann zum Leben erwachen.

Ich musste nicht lange warten. Weniger als eine Stunde später geschah etwas.

Als ich wie gewöhnlich für meine jüngere Tochter Avery das Mittagessen zubereitete, stand mein Laptop offen auf dem Küchentisch, und mein Telefon lag in greifbarer Nähe. Die Apparate kämpften mit Plings und Pieps um meine Aufmerksamkeit. Ich reagierte mit sofortigem Gehorsam.

Zwischen ankommenden SMS und E-Mails schmierte ich eilig Erdnussbutter auf eine Scheibe Brot. Je eher ich das Mittagessen für mein Kind fertig hätte, umso schneller könnte ich ein paar dringende Punkte auf meiner To-do-Liste erledigen. Mein Kopf war mit einer Babyparty beschäftigt, die ich organisierte, mit dem niedrigen Reifendruck vorne rechts und der Einladung zu einem Gemeindefrühstück.

Aus irgendeinem Grund sah ich auf. Ich wusste, dass mein Kind da saß, aber diesmal nahm ich sie wahr. Meine süße, lockige Tochter saß auf dem Sofa und lutschte am Daumen, wobei sie sanft ihre Nase rieb. Plötzlich hatte ich das Gefühl, keine Luft mehr zu bekommen. Etwas schnürte mir die Kehle zu. *Die Zeit lief mir davon.* Diese Erkenntnis bereitete mir fast körperlichen Schmerz.

Dann tat ich etwas meinem pragmatischen Naturell völlig Entgegengesetztes, etwas vollkommen Untypisches. Von wegen »Was du heute kannst besorgen, das verschiebe nicht auf morgen«. Ich ließ alles stehen und liegen, dachte nicht mehr an den nächsten Termin und ging einfach zu meiner Tochter. Ich ließ alles andere los; in diesem Moment war nichts wichtiger, als bei ihr zu sein.

Ich setzte mich neben sie und legte den Arm um ihre schmalen Schultern. Sie sah mir in die Augen und strahlte über ihr ganzes Gesicht. Ihre großen Augen leuchteten vor Glück. Sie rutschte herüber und verschmolz mit mir, wobei sie jeden Zentimeter zwischen uns ausfüllte.

Dann legte sie meine Hand an ihre rosa Lippen und küsste ganz sanft meine Handfläche. Das hatte noch nie jemand bei mir gemacht.

Als sich meine Augen mit Tränen füllten, wusste ich: *Das* war meine Bestätigung. Mit einer einfachen, liebevollen Geste bestätigte meine Tochter mein neues Streben, Hands Free zu leben. Ich erkannte klar und deutlich: Dieses Innehalten, während die ganze Welt sich weiterdreht – bedeutet Leben.

Ich wollte mehr zärtliche Augenblicke wie diesen erleben. Aber zuerst musste ich zugeben, dass sie gar nicht so selten wären, wenn ich einfach mal einen Moment innehalten würde. Denn ich hätte meiner Tochter einfach die Gelegenheit bieten müssen, mich zu küssen. Anders ging es nicht; ganz gleich, wie sehr sie es auch wollte, ich musste greifbar sein.

Diese permanente Abwesenheit hatte mich zahllose kostbare Momente gekostet, aber Gott sei Dank hatte ich diesen einen nicht verpasst – weil der nämlich alles veränderte.

Die Tage, an denen ich mich ständig ablenken ließ, gehörten offiziell der Vergangenheit an.

STRATEGIE DER WOCHE

Hands Free: Jeden Tag zu einer bestimmten Zeit.

Hands Free bedeutet nicht, für immer auf jegliche Technologie zu verzichten, und es bedeutet auch nicht, die Verantwortung im Job, die freiwilligen Verpflichtungen oder Aufgaben zu Hause zu vernachlässigen. Hands Free zu leben bedeutet, für einen bestimmten Zeitraum jemandem oder etwas Wichtigem ungeteilte Aufmerksamkeit zu schenken.

Ich begann damit, bestimmte Zeitspannen festzulegen, in denen ich meine Geräte ausschaltete und mich den Menschen zuwandte, die ich liebe. Weil ich so von der Technik abhängig war, musste ich mit kurzen zehnminütigen Intervallen anfangen, die ich langsam steigerte. Obwohl sich das nicht nach viel anhört, waren die Folgen immens. Schon die ersten freien Minuten zeigten Wirkung:

- Ein Gefühl von Frieden und Zufriedenheit überkam mich, wenn ich mich mit einem geliebten Menschen beschäftigte. Ich war mir sicher, dass ich genau dort in diesem Augenblick sein sollte.
- Sobald ich mit anderen Menschen in Kontakt trat, verloren Online-Aktivitäten und Haushaltspflichten ihre Dringlichkeit. E-Mails, Telefonate, schmutzige Wäsche und die aktuellen Nachrichten würden immer noch da sein, nachdem ich mich meinen Beziehungen gewidmet hatte – aber die Zeit mit meinen geliebten Menschen war vergänglich.
- Ich nahm die Gelegenheiten wahr. Meine neue innere Stimme ermutigte mich sanft, indem sie sagte: »Komm schon, leg auf. Fahr den Computer herunter. Du verpasst dein Leben!« Ich bemerkte, dass es sogar mitten am Tag zahllose Gelegenheiten gab, innezuhalten und mich den Menschen zu widmen, auf die es am meisten ankommt. Ich war nur zu abgelenkt gewesen, um sie wahrzunehmen.
- Ständig für Menschen außerhalb meiner Familie zur Verfügung zu stehen und zu versuchen, bei den neuesten Online-Ereignissen auf dem Laufenden zu bleiben, sabotierte meine Fähigkeit, zu leben und zu lieben. Die Einzige, die mich davor beschützen konnte, war ich selbst. Und dafür musste ich Grenzen ziehen.

Diese positiven Auswirkungen motivierten mich, solche Zeitspannen zu verlängern. Und mit der Zeit fiel es mir immer leichter.

Bauen Sie in dieser Woche eine bestimmte Zeitspanne für Hands Free in Ihren Alltag ein. Schalten Sie die elektronischen Geräte ab – Smartphone, Tablet, Laptop, was auch immer. Nehmen Sie mindestens einmal am Tag ernsthaft Kontakt mit einem geliebten Menschen auf. Das kann jederzeit sein:

früh am Morgen
vor dem Mittagsschlaf oder den Zubettgehzeiten
wenn die Kinder aus der Schule kommen
zur Essenszeit
vom Abendessen bis zur Schlafenszeit.

Wenn Sie dafür Platz in Ihrem Tag schaffen, achten Sie auf die positiven Ergebnisse. Was empfinden Sie, wenn Sie Ihre technischen Geräte abschalten, um Zeit mit einem geliebten Menschen zu verbringen? Bemerken Sie etwas Besonderes an diesem Menschen, was Ihnen bisher entgangen ist? Werden Ihre Online-Aktivitäten weniger wichtig, wenn Sie einen Augenblick menschlicher Verbindung erleben? Nehmen Sie mehr Gelegenheiten wahr, sich dem zu widmen, was Ihnen wichtig ist?

Wenn Sie täglich für einen bestimmten Zeitraum Ihre Geräte ausschalten, können Sie Ihre Zeit schützen, Ihre Beziehungen stärken und Ihre eigene Gesundheit und persönliches Wohlbefinden pflegen. Wenn Sie die Kleinigkeiten bemerken, die das Leben lebenswert machen, haben Sie die Zeit gut genutzt.

REGENBOGEN FANGEN

Meine Töchter und ich hatten gerade das Haus verlassen, um zum Schwimmunterricht zu fahren. Wir waren noch nicht weit gekommen, als wir sahen, dass sich über uns ungewöhnlich dunkle Wolken zusammenbrauten. Während wir noch überlegten, ob wir umkehren sollten, donnerte es bereits.

Begeistert über ihren unerwarteten freien Vormittag, brachen die Mädchen in Gelächter aus. Als ich den Wagen wendete, hörte meine ältere Tochter Natalie auf einmal auf zu lachen und fragte vorsichtig:

»Müssen wir irgendwas *machen*, wenn wir nach Hause kommen?« Schließlich war der Einpeitscher hinter dem Lenkrad dafür bekannt, jeden freien Augenblick verplant zu haben.

Die Antwort: »Nein, gar nichts«, stieß auf großen Beifall.

Aber als das Garagentor aufging, änderte ich meine Pläne ganz schnell. Ich hatte einen Blick in unsere Garage geworfen. Der Boden war mit Wasserspielzeug, Wintersportsachen, Weihnachtsdeko und leeren Coladosen übersät. Kurz, die Garage war zu einer Mülldeponie verkommen. Ich freute mich über die unerwartete Gelegenheit, für Ordnung zu sorgen.

Mit hawaiianischen Blumenkränzen und Skimasken geschmückt, begannen die Mädchen aufzuräumen, damit ich den Boden fegen konnte. Als ich aufblickte, um nachzusehen, ob wir genug Mülltüten hatten, setzte ein leiser, gleichmäßiger Regen ein, der angenehm monoton auf unser Haus nieselte. Trotz des sanften Niederschlags schien die Sonne noch immer in all ihrer Pracht – ein sehr ungewöhnliches Wetterphänomen. Ich zögerte einen Augenblick, fragte mich, ob ich es den Mädchen gegenüber erwähnen sollte, die doch gerade so eifrig mitmachten. Vor nicht allzu langer Zeit hätte ich geschwiegen, um ihren Fleiß nicht zu unterbrechen.

Aber jetzt hatte sich das verändert.

Meine befreite innere Stimme erinnerte mich sanft daran, dass ich noch nie mit meinen Töchtern im Regen getanzt hatte.

Ich ließ also den Besen fallen und rannte zu den Mädchen, die gerade mit Begeisterung leere Coladosen zerdrückten. »Vielleicht gibt es draußen einen Regenbogen!« Ich lief zur Einfahrt, die bereits mit klitzekleinen Regentropfen gesprenkelt war.

Die Mädchen folgten mir erfreut, aber zurückhaltend. Natalie sah aus, als erwartete sie jeden Moment, dass ich ihnen den Spaß verdarb, indem ich sagte: »Aber nur für eine Minute. Wir wollen ja nicht nass werden, und außerdem haben wir noch so viel zu tun!«

Doch als ich die Arme ausstreckte und mich im Kreis zu drehen begann, entspannte sich meine Tochter und tat es mir nach, mit einem Ausdruck reiner Freude auf dem Gesicht. Eine ganze Zeit lang standen wir einfach nur da und genossen den weichen, langsamen Regen, der unsere Haut kitzelte.

Ohne Vorwarnung wurde die Stille dieses verzauberten Augenblicks von aufgeregten jungen Stimmen in der Ferne unterbrochen. »Regenbogen! Regenbogen!«, riefen zwei Nachbarsjungen und deuteten aufgeregt nach Westen.

In unserer Träumerei hatten meine Kinder und ich ganz vergessen, danach zu sehen. Als wir uns umwandten, empfing uns ein wunderbarer Anblick. Nicht ein, sondern gleich zwei perfekte Regenbogen leuchteten da um die Wette!

Meine Töchter sahen erst mich und dann einander staunend an. »Ist das nicht ein Wunder!«, rief ich freudig.

Instinktiv streckten meine Kinder die Hände zum Himmel

aus. Zuerst dachte ich, dass sie den Regen noch einmal spüren wollten. Dann sah es aus, als versuchten sie, diese farbigen Seidenbänder, die am leuchtenden Himmel hingen, zu ergreifen. Es spielte keine Rolle. Denn in diesem magischen Augenblick hatten wir einen doppelten Regenbogen gefangen. Und er würde für immer uns gehören.

STRATEGIE DER WOCHE

Eine unbezahlbare Investition

Ein entscheidender Schritt auf meinem Weg bestand darin, neu zu entscheiden, wie ich meine Zeit wertvoll plante. In meinem von zahlreichen Ablenkungen dominierten Leben ging es ausschließlich um Produktivität. Was nicht auf meiner To-do-Liste stand, war wertlos. Aber als ich die Zeit, die ich mit meiner Familie verbrachte oder damit, etwas zu tun, was mir Spaß machte, als unbezahlbare Investition betrachtete, konnte ich solche Augenblicke ganz oben auf meine Agenda setzen. Entspannender Zeitvertreib, den ich früher als Zeitverschwendung angesehen hätte, hatte ich jetzt als wertvolle Einzahlungen auf dem Erinnerungskonto meiner Kinder, meiner Ehe und meines persönlichen Glücks schätzen gelernt.

Ich hatte mir angewöhnt, Buch über meinen Alltag zu führen. Das ermöglichte mir, dem Zusammensein mit meiner Familie mehr Zeit und Kraft zu widmen– ich konnte leicht ersehen, was genau mich davon abhielt, mit den Menschen, die ich liebe, zusammen zu sein. Ich benutzte die folgende Definition, um mir dessen bewusster zu werden und zu vermeiden, wertvolle Zeit zu verschwenden.

Meine Definition von alltäglicher Ablenkung schließt alles ein, das

- den Blick vom Wesentlichen ablenkt
- mich davon abhält, ganz präsent zu sein
- mich daran hindert, Zeit und Kraft für die Menschen aufzubringen, die ich liebe
- mir erschwert, langsamer zu machen, mich zu entspannen oder genug Schlaf zu bekommen
- mich davon abhält, das Leben zu genießen, Risiken einzugehen und mein echtes Selbst zu sein.

Es gibt natürlich noch weitere sabotierende Faktoren, ohne Anspruch auf Vollständigkeit:

- Telefon (E-Mail und SMS)
- Laptop (Soziale Medien, Blogs)
- Fernsehen
- E-Reader
- To-do-Listen
- Über-Engagement
- Übertriebenes Empfinden von Sorge, Schuld, Unzulänglichkeit, Perfektionsdrang oder Selbstzweifeln
- Überzogene Ansprüche

Investieren Sie diese Woche Zeit, Aufmerksamkeit und Liebe in die Beziehungen, die Ihnen wichtig sind, indem Sie ganz präsent sind. Beginnen Sie damit zu erkennen, was Sie bislang davon abgehalten hat. Fragen Sie sich: Was hindert mich daran, mich den Menschen, die ich liebe, ganz zu widmen? Was kann ich tun, um diese Faktoren zu reduzieren oder auszuschalten?

Wenn Sie das erkennen, können Sie Ihre Verhaltensmuster verändern und sich jeden Moment anders entscheiden. Es ist gar nicht so schwierig, wertvolle Investitionen in das Leben Ihrer geliebten Menschen zu tätigen.

Hier sind einige Beispiele für Veränderungen, die Mitglieder der »Hands Free Revolution«-Gemeinschaft vorgenommen haben:

- Ich habe mein Smartphone im Auto gelassen und bin mit meinem Kind an der Hand zur Schule gegangen.
- Ich habe mich auf dem Weg zum Sportunterricht mit meinem Kind unterhalten.
- Ich habe nach der Arbeit mein Smartphone beiseitegelegt und mit meiner Familie ein Spiel gespielt.
- Ich habe zur Schlafenszeit zwei Geschichten zusätzlich vorgelesen.
- Ich habe mit meinem Kind einen Schneemann gebaut.
- Ich habe mit meinem Kind gemeinsam eine Mahlzeit zubereitet.

Anfänglich schien es mir eine kaum zu bewältigende Aufgabe zu sein, meine Verhaltensmuster zu durchbrechen, aber durch die Einteilung in einzelne Zeitspannen schaffte ich es. Immer wenn ich auf etwas verzichtete, das mich fremdbestimmte, wurde meine Entscheidung mit einer positiven Reaktion meiner Familie belohnt. Ich habe es nicht ein einziges Mal bereut, mich nicht ablenken zu lassen. Tatsächlich hatte ich das Gefühl, dass ich mich schon durch die gemeinsame Zeit mit ihnen erholte und meine Aufgaben bei der Arbeit und zu Hause sogar besser bewältigen konnte. Und das ist es, was ich das »Gold« am Ende des Hands-Free-Regenbogens nenne.

SONNENUNTERGANGSMOMENTE

Kurz nach unserer Hochzeit zogen mein Mann und ich von Indiana nach Florida. Das erste Jahr in unserer neuen Umgebung war eine Herausforderung. Ich hatte großes Heimweh nach meiner Familie und meinen Freunden. Eines Abend fuhr ich etwas später als gewöhnlich von der Arbeit nach Hause. Ich fuhr Richtung Westen in den Abend hinein. Noch heute habe ich die tröstende Vertrautheit von John Mellencamps rauer Stimme im Ohr, die aus dem Radio klang. Mir kamen die Tränen, und ich hatte einen Kloß im Magen, ein Gefühl, das ich der Sehnsucht nach meinen Eltern zuschrieb.

Plötzlich wurde ich von einem atemberaubenden Anblick überwältigt, als hätte jemand in einem dunklen Zimmer die Vorhänge aufgerissen.

Was vorher ein typischer Abendhimmel gewesen war, hatte sich in ein leuchtendes Schauspiel aus Rosa, Gelb, Orange und

Rot verwandelt. Wie hypnotisiert starrte ich auf diesen Feuerball am Horizont, bis er vollständig verschwunden war und Wärme und Frieden hinterließ.

Auch meine Traurigkeit war verschwunden. So viel Zuversicht hatte ich schon seit Monaten nicht mehr gespürt. Ich war genau zur richtigen Zeit am richtigen Ort gewesen, das tröstete meine geschundene Seele.

Viele Jahre habe ich häufig an diesen gewaltigen Sonnenuntergang gedacht. Ich war froh, einen so einmaligen Sonnenuntergangsmoment erleben zu dürfen. Denn wenn ich mit anderem beschäftigt gewesen wäre, ob in Gedanken oder am Telefon, hätte dieses grandiose Naturschauspiel direkt vor meiner Nase stattfinden können, aber ich hätte es verpasst.

Jetzt, seitdem ich auf dem Weg bin zu begreifen, worauf es wirklich ankommt, habe ich entdeckt, dass auch das tägliche Leben seine Sonnenuntergangsmomente hat:

Wenn meine ältere Tochter instinktiv auf dem Parkplatz des Supermarktes meine Hand ergreift und sie viel länger festhält als nötig.

Wenn mein Mann und ich über alles Mögliche reden, angefangen von den Streichen unserer Kinder bis hin zu unserer gemeinsamen Geschichte.

Wenn ich die ausdauernde Kraft meiner starken Beine spüre, die kilometerweit laufen können, ohne sich zu beklagen.

Wenn ich zusehe, wie mein vierundsiebzigjähriger Vater mit seinen in ihn vernarrten Enkelinnen auf der sonnenbeschienenen Terrasse Eiscreme macht.

Die Sonnenuntergangsmomente im Leben sind wunderbar, erfrischend und befriedigend, wenn man sich an sie erinnert

– aber wenn ich im Alltag zu abgelenkt bin, verpasse ich sie ganz leicht. Wenn ich zu sehr mit anderen Dingen beschäftigt bin, werden mir solche Momente entgehen. Wenn meine Gedanken ganz woanders sind, werden sie mir entgehen. Und wenn ich mich zu sehr an meine Rituale klammere, anstatt danach zu greifen, worauf es wirklich ankommt, werde ich immer wieder Sonnenuntergangsmomente verpassen.

Die letzten Jahre haben mich viele wertvolle Augenblicke gekostet. Ich kann sie nicht zurückholen, deshalb habe ich beschlossen, jede Gelegenheit wahrzunehmen. Auch wenn ich dabei möglicherweise ins Stolpern gerate, schenkt mir so ein Sonnenuntergangsmoment Energie, um wieder in den Tritt zu kommen – ermöglicht mir so das Leben, das ich wirklich leben möchte.

STRATEGIE DER WOCHE

Wirf die To-do-Liste weg!

Zu Beginn meines Hands Free-Abenteuers entdeckte ich, dass meine To-do-Liste, genau wie das Telefon und der Computer, mich letztlich auch nur vom Wesentlichen ablenkte. Meine Strategie bestand darin, die To-do-Liste zu verbrennen. Niemals hätte ich es für möglich gehalten, dass ich dazu fähig sein könnte. Es war dann aber sehr befreiend, einen ganzen Tag lang tat ich nur das, wozu ich am meisten Lust hatte: Geschichten schreiben und mich meiner Familie widmen. Am nächsten Tag war meine To-do-Liste viel kürzer, weil ich mich nur noch an die wichtigsten Dinge erinnerte. Alles andere ließ ich einfach weg. Wunderbarerweise ging die Welt nicht unter, und ich beschloss, mir mein Leben nicht länger von einem Blatt Papier diktieren zu lassen.

Verstehen Sie mich nicht falsch, ich führe immer noch einen Terminkalender. Aber meine To-do-Liste steht nicht mehr im Mittelpunkt. Es können Tage vergehen, ohne dass ich einen Blick darauf werfe, jetzt, wo ich eine mächtige Lebensliste kreiert habe (über die wir in Kapitel 7 sprechen werden). Zusätzlich schreibe ich eher Erinnerungszettel, um mich an wichtige Aufgaben zu erinnern. Post-its sorgen dafür, dass ich zuverlässig bleibe und trotzdem meinen Kopf frei habe, weil ich nicht in einem Haufen unerledigter Aufgaben feststecke.

Legen Sie diese Woche Ihre To-do-Liste für einen bestimmten Zeitraum weg, und nehmen Sie sich die Freiheit, nur auf Ihr Herz zu hören. Anfangs mag das ungewohnt sein, vielleicht fühlen Sie sich verloren. Tun Sie es trotzdem. Geben Sie sich die Chance, Freiheiten zu genießen, für die Sie sonst so selten Zeit haben, wenn Sie sich durch den ganz normalen Alltagswahnsinn mit seinen Verpflichtungen kämpfen müssen. Wenn Sie danach auf Ihre Liste sehen, können Sie vielleicht einiges streichen, weil Sie Wichtiges vom Unwichtigen trennen können.

Wenn Sie die Liste beiseitelegen, haben Sie den Blick für die Sonnenuntergangsmomente Ihres Lebens frei. Eine Leserin meines Blogs erzählte von ihrer Erfahrung, sich dem Druck, produktiv zu sein, nicht länger auszusetzen und stattdessen Zeit mit ihrer Tochter zu verbringen:

»Es kam mir vor, als wären meine Sinne plötzlich geschärft. Ich spürte das rhythmische Heben und Senken ihres Brustkorbs und die Glätte ihrer kleinen Hände. Ich atmete den einzigartigen Duft ihrer Haut und sah das Staunen in ihren Augen. Ich fühlte mich tatsächlich wie neugeboren. Es war ein Sonnenuntergangsmoment für mich, und ich kann es nicht erwarten, noch mehr davon zu erleben. Sie geben mir Kraft und sind jede Sekunde davon wert, was ich früher Zeitverschwendung genannt hätte.«

Wir alle haben Pflichten, aber wir dürfen nicht zulassen, dass sie uns davon abhalten, die Momente zu erkennen, bei denen wir erleben können, worauf es wirklich ankommt. Nehmen Sie Ihre To-do-Liste als ein Werkzeug, um loslassen zu können und ein erfülltes Leben Hands Free zu genießen.

BETRACHTUNG

Aufforderung zur Achtsamkeit

Von Zeit zu Zeit gibt es Momente, in denen meine Tochter plötzlich erwachsen aussieht oder etwas Tiefsinniges sagt, Augenblicke, in denen mir die Zeit eine kalte Dusche verpasst und sagt: »Pass auf. Das hier wird nicht ewig so bleiben.«

Von Zeit zu Zeit muss ich daran erinnert werden, dass es nicht wirklich wichtig ist, ob sie die Krümel unter ihrem Stuhl zusammenkehrt oder nicht.

Wenn sie meine Hand nimmt, während wir eine stark befahrene Straße überqueren, oder sie zu mir sagt: »Komm mit, und guck dir den Marienkäfer an«, so sind dies Augenblicke, die ich festhalten und genießen sollte.

Ich sollte mich weniger beklagen, vieles mehr schätzen, das »Ich muss« loslassen und häufiger »ja« sagen.

Mir bewusst sein, dass jeder Sonnenuntergang und jeder Abschied der letzte sein könnte.

Lernen, die Pflichten des Alltags loszulassen und mein vollkommen unvollkommenes Leben zärtlich in den Händen zu halten.

Weil der Tag nämlich viel früher kommen wird, als ich denke, an dem ich vor ihrem leeren Kleiderschrank stehe. Keine leuchtend bunten Kleider, die schief auf den Bügeln hängen, keine schmutzige Wäsche, die auf dem Boden liegt …

Und ich werde wehmütig an früher denken und dankbar sein, dass ich sie an jenem Tag umarmt habe, statt sie dafür auszuschimpfen, dass sie ihren Namen auf die Schrankwand geschrieben hat.

Weil nämlich am Ende ein Augenblick des Verdrusses ein ebensolches Geschenk sein wird wie ein Augenblick der Freude – nur ohne die nette Verpackung.

Ich werde also weiterhin achtsam bleiben.

Und eines Tages werde ich dankbar dafür sein, dass ich mein Leben nicht verpasst habe.

ZUM NACHDENKEN

Was ist wirklich wichtig für Sie? Spiegelt Ihre tägliche Agenda das wider?

Stehen Ihre Pflichten unverhältnismäßig hoch auf der Liste Ihrer Prioritäten?

Was möchten Sie keinesfalls verpassen?

Was tun Sie, um sich zu versichern, dass Sie heute die Momente leben, auf die es ankommt, damit Sie es morgen nicht bereuen?

KAPITEL 2

BEDEUTSAME BEZIEHUNGEN – VERBUNDENHEIT

Das wertvollste Geschenk, das wir anderen machen können, ist unsere Gegenwart. Wenn Achtsamkeit diejenigen umarmt, die wir lieben, werden sie blühen wie Blumen.
Thich Nhat Hanh

Der Kuss auf meiner Handfläche hinterließ einen tiefen Eindruck. Mit einer zarten Geste hatte mir meine Tochter gezeigt, was sie brauchte, was ich brauchte und was wir beide verzweifelt vermisst hatten: Verbundenheit. Dieser Kuss befähigte mich, etwas zu tun, das ich für unmöglich gehalten hatte: besondere Momente wahrzunehmen – unabhängig davon, was in meinem Terminkalender stand. Dieser Kuss inspirierte mich dazu, mit meinen Töchtern zu tanzen. Er brachte mich dazu, meinem Kind bei einem Puzzle zu helfen, während mein E-Mail-Postfach überquoll. Plötzlich setzte ich mich zu meiner Familie auf die Terrasse und bewunderte den Mond, während sich in der Spüle schmutziges Geschirr stapelte. Dieser Kuss auf meiner Handfläche war viel lohnender als jede erledigte Aufgabe, und er kostete kaum Zeit. So enthüllte sich der nächste Schritt auf meinem Weg. Bewusst den Moment genießen war die Basis, um loslassen zu können. Und dieser Schritt allein erwies sich als lebensverändernd.

Ganz gleich, ob ich mir vornahm, zehn Minuten oder zwei Stunden lang loszulassen, es blieb nie folgenlos. Jede meiner Anstrengungen, für einen geliebten Menschen ganz da zu sein, wurde mit Frieden, Erfüllung und Dankbarkeit belohnt, was meiner gehetzten und abgelenkten Existenz völlig fremd war. Plötzlich hatte ich einen Weg gefunden, die Zeit anzuhalten. Sinnlose Aufgaben, die mir früher wichtig vorgekommen waren, habe ich auf meiner Prioritätenliste zurückgestuft. Nichts war wichtiger, als mit dem Menschen neben mir zusammen zu sein. Ich sehnte mich nach diesem Gefühl, bis es irgendwann alltäglich würde.

In den drei folgenden Geschichten geht es um das Zusammensein mit den Menschen, die wichtig für Sie sind. Die Strategien der Woche sollen Ihnen helfen, alles Überflüssige loszulassen und sich mit anderen Menschen zu beschäftigen. Wenn Sie sich jeden Tag etwas Zeit dafür nehmen, dann kann keine Erfindung des digitalen Zeitalters Ihre Beziehungen, Ihre Träume, Ihre Erinnerungen oder Ihre Suche nach einem zufriedenen Leben sabotieren.

MEIN GEHEIMNIS

Nachdem ich beschlossen hatte, Hands Free zu leben, habe ich erst einmal niemandem davon erzählt – nicht meinem Mann, nicht meinen Eltern, meinen Kindern oder meinen engsten Freunden. Drei Monate lang hielt ich meine kleinen täglichen Bemühungen geheim.

Obwohl ich mich von Anfang an tiefer mit meiner Familie verbunden fühlte, verriet ich nichts von meinen Plänen.

Es war ein bisschen wie ein guter Neujahrsvorsatz ... in meinem Kopf.

Oder heimlich ein neues Lebensziel zu verkünden ... nur mir allein.

Weil ich nämlich Angst davor hatte, es publik zu machen. Ich konnte ja auch scheitern oder würde mich vielleicht vor jemandem dafür rechtfertigen müssen.

Angst, zu versagen oder mich verteidigen zu müssen, waren genau die Gründe, aus denen ich mein Hands-Free-Projekt für mich behielt. Ich hatte mich so sehr daran gewöhnt, von meinem Smartphone und Ähnlichem gelenkt zu werden, dass sie Teil meines Lebens geworden waren. Diese selbst auferlegten Zwänge und mein vollgepackter Terminkalender ermöglichten mir, unangenehmen Wahrheiten aus dem Weg zu gehen.

Was, wenn ich es nicht schaffte, damit aufzuhören?

Wenn es leichter war, diese kleine Stimme zu ignorieren, die mir zuflüsterte, dass es eine bessere Art zu leben geben musste?

Aber so war es nicht.

Schon nach ein paar Tagen fühlte ich mich, als hätte ich ein neues Leben begonnen. Im selben Maß, wie ich all diese Geräte und Verpflichtungen loslassen konnte, öffneten sich meine Augen. Und ich erkannte Hunderte von Gelegenheiten, das zu tun, worauf es wirklich ankam. Vorher war ich zu abgelenkt, zu eilig, zu gestresst gewesen, um sie überhaupt wahrzunehmen.

Zum ersten Mal seit langer Zeit konnte ich innehalten und durchatmen.

Zum ersten Mal seit langer Zeit managte ich mein Leben nicht nur, sondern ich lebte es.

Es war kein fairer Wettkampf: Meinen Kindern in die Augen zu sehen war besser, als auf den Bildschirm meines Smartphones zu starren. Das Lachen geliebter Menschen gewann haushoch über das ständige Piepsen eingehender E-Mails. Lachen, Spiel und Entspannung trösteten meine erschöpfte Seele.

Ich war begeistert von meinem neuen Leben, und ich war bereit, davon zu erzählen.

Ich begann mit meinem Mann, Scott. Und weil ich meine Gedanken lieber aufschreibe, als sie auszusprechen, schrieb ich meine Ziele auf und erzählte ihm, wie unsere Tochter meine Handfläche geküsst hatte.

Anfangs sagte Scott nicht viel. Ich konnte sehen, dass er nachdachte. Aber am nächsten Tag wollte er mir nach seinem Ausflug mit den Kindern etwas Wichtiges mitteilen.

Als wir allein waren, sagte er, er müsste die ganze Zeit über das Hands-Free-Konzept nachdenken. Er war am Vormittag mit ihnen im Museum gewesen, wo ihm mehrere Eltern aufgefallen waren, die ihrem Telefon mehr Aufmerksamkeit schenkten als ihren Kindern. Nach dieser Beobachtung hatte er sein Handy ausgeschaltet, jegliche Gedanken an die Arbeit verbannt und sich ganz auf die cleveren Kommentare und Freude seiner kleinen Begleiter konzentriert – und dabei eine starke Nähe zu ihnen und ein Gefühl von Frieden gespürt.

Da wurde mir klar, dass ich meinen Weg zu einem selbstbestimmten Leben öffentlich machen sollte. Drei Monate später postete ich meinen ersten Blogeintrag.

Traurig war nur, dass ich, während ich der ganzen Welt erzählte, dass ich mein Leben entschleunigen wollte, es meinen Kindern nicht verriet.

Wie bitte?

Zugegeben, meine Kinder wussten von dem »Hands Free Mama«-Blog. Sie kannten den Begriff »Hands Free« und benutzten das Wort sogar, wenn jemand (meistens unsere filmbesessene zweite Tochter) einen tragbaren DVD-Player auf den Abendbrottisch stellte. Wir sprachen häufig darüber, wie wichtig es war, beim Autofahren nicht zu telefonieren, aber ich sagte nie: »Euretwegen will ich mein Leben verändern. Ich will euch aufwachsen sehen und keine Sonnenuntergangsmomente mehr verpassen.«

Warum sagte ich es ihnen nicht?

Weil ich es nicht aushalten konnte, dass gerade diese beiden Menschen meine Fehler, Unzulänglichkeiten und Schwächen mitbekamen und feststellten, dass ich weit von der Vollkommenheit entfernt war und noch viel Arbeit vor mir lag.

Bald aber wusste ich, dass ich mit ihnen sprechen musste. Es war an der Zeit.

Also kaufte ich zwei schöne Tagebücher, in die meine Kinder alles hineinschreiben konnten, worüber sie mit mir sprechen wollten. Aber als ich meine Widmung auf die erste Seite schrieb, drängte mich meine befreite innere Stimme, noch weiterzugehen. Ich schrieb schließlich: »Wenn es etwas gibt, woran ich arbeiten muss, um eine bessere Mutter zu werden, schreib es bitte hier hinein. Ich möchte denen gerecht werden, auf die es wirklich ankommt – und das seid ihr.«

Um konstruktive Kritik zu bitten, ist nicht leicht für eine genesende Perfektionistin wie mich. Aber wenn ich auf diesem Weg etwas gelernt habe, so dies: *Die Wahrheit tut weh, aber die Wahrheit heilt auch – und bringt mich der Person näher, die ich sein möchte.*

Ich erwartete nicht, dass meine Kinder sich besonders über ihre Tagebücher freuen würden. Tatsächlich erwartete ich nicht einmal, dass Avery, meine jüngere Tochter, überhaupt verstehen würde, worum es mir ging. Aber die bedeutendsten Dinge geschehen oft unerwartet. Die wichtigsten lebensverändernden Erfahrungen mache ich, wenn ich aufhöre zu kontrollieren und den Dingen einfach ihren Lauf lasse.

Was nun kam, hatte ich nicht erwartet.

Seit sie ihr Tagebuch bekommen hat, bittet Avery jeden Abend darum, etwas hineinschreiben zu dürfen. Und obwohl ich ihr den Sinn des Tagebuchs nur einmal erklärt habe, hat sie es geschafft, damit direkt in mein Herz zu treffen.

Als ich es am meisten brauchte, gab mir Avery Nahrung für meine hungrige Seele: »Du bist die allerschönste Mama«, schrieb sie mit leuchtend blauem Filzstift und verzierte die Worte mit Herzen.

Kurz darauf, als ich mich zu sehr vom Schreiben vereinnahmen ließ, verpasste mir Avery eine Dosis Wirklichkeit: »Jeder in unserer Familie hat ein Problem, an dem er oder sie arbeiten muss. Deines ist, dass du zu viele Geschichten schreibst«, informierte mich meine Tochter und zeichnete ein Bild von mir vor dem aufgeklappten Laptop.

Wenn sie etwas brauchte, sagte mir Avery direkt, was sie sich wünschte, um sich geliebt und geschätzt zu fühlen: »Ich wünsche mir Zeit mit dir allein«, schrieb sie in großen, kräftigen Buchstaben.

Und wenn mich mal wieder Schuldgefühle überwältigen, finde ich diese beruhigende Nachricht im Tagebuch meiner Tochter: »Ich hab dich lieb.« Das steht beinahe auf jeder Seite. Sie weiß, dass man das gar nicht oft genug sagen oder hören kann.

Ihre Einträge erinnern mich daran, dass man nicht vollkommen sein muss, um besser zu leben. Und dass es auch nicht darum geht, mich ausschließlich auf die Menschen zu konzentrieren, die ich liebe – sondern, sich jeden Tag bewusst zu bemühen, mit sich und der Welt im Einklang zu sein.

In Averys Zeichnungen und Worten kann ich erkennen, aus welchen Komponenten sich ein Leben unter dem Motto »Hands Free« zusammensetzt:

Zusammen sein.

Kommunikation.

Vergebung.

Bedingungslose Liebe.

Jedes Mal, wenn ich mir einen Augenblick nehme, um diese Botschaften aus dem Herzen meines Kindes noch einmal zu betrachten, bin ich überwältigt, weil mir nichts so deutlich klarmacht, dass ich kein anderes Leben aufbauen kann, wenn ich mich ablenken lasse. Jetzt bin ich mehr denn je dazu entschlossen, ein erfülltes Leben zu führen.

Heute bekommen auch Sie ein unbeschriebenes Blatt. Ein wunderschönes Leben liegt direkt vor Ihnen.

Sie müssen es nur annehmen.

Und ja sagen.

Sagen Sie es laut genug, dass die Welt es hören kann.

Oder sagen Sie es einfach so laut, dass die Menschen, die Ihnen am wichtigsten sind, es hören können.

STRATEGIE DER WOCHE

Mach es öffentlich.

Ich erinnere mich noch genau an den Moment, als ich den wichtigen Menschen in meinem Leben meine Pläne enthüllte. Obwohl es mir schwerfiel, die richtigen Worte zu finden, fühlte ich mich danach gleich viel freier. Ich fürchtete, dass meine Erklärung manche dazu veranlassen könnte, mir über die Schulter zu sehen und mich jedes Mal zu kritisieren, wenn ich gegen meine neuen Prinzipien verstieß. Aber das war nicht der Fall. Ihre Anteilnahme half mir, auf Kurs zu bleiben und in den geplanten »freien« Zeiten ganz präsent zu sein. Anstatt beobachtet, fühlte ich mich auf meinem Weg unterstützt.

Eine unerwartete Folge davon, dass ich meine Vorsätze publik gemacht hatte, war die positive Resonanz. Meine Mutter sagte: »Dein Vater und ich können gar nicht fassen, wie du dich verändert hast, Rachel! Du wirkst viel glücklicher ... geduldiger und entspannter. Du veränderst dich!« Ich bin froh, dass meine beiden Eltern am Leben sind und diese Veränderung sehen können, und dass sie sich nicht länger sorgen müssen, dass ich wegen zu vieler Verpflichtungen, exzessiven Stresses und SMS-Schreibens an jeder roten Ampel eines frühen Todes sterbe.

Meine Absichten meiner Familie und meinen Freunden mitzuteilen war schwierig, aber das Ergebnis war so positiv, dass ich mir wünsche, ich hätte es früher getan.

Geben Sie eine Hands-Free-Erklärung ab, indem Sie den wichtigen Menschen in Ihrem Leben erzählen, was es damit auf sich hat. Erklären Sie ihnen, warum es Ihnen so wichtig ist, die Zeit, die Sie Ihren Mails und sozialen Medien widmen, zu beschränken und wie sie Ihnen dabei helfen können. Suchen Sie sich dazu eines der folgenden Ziele aus, oder denken Sie sich ein eigenes aus:

- »Es kann sein, dass es mir schwerfällt, beim Autofahren (beim Abendessen, auf einem Familienausflug) mein Handy wegzustecken. Könntest du dich stattdessen mit mir unterhalten?«
- »Ich könnte manchmal eine Ermutigung gebrauchen, ausgestöpselt zu bleiben, wenn du von der Schule nach Hause kommst, weil ich wirklich von meinem Computer wegbleiben möchte, bis du ins Bett gehst.«
- »Ich hätte gern einen medienfreien Abend in der Woche. Leistest du mir Gesellschaft?«
- »Ich möchte versuchen, einen Tag (oder Abend) in der Woche ohne Computer, Telefon oder Fernseher auszukommen. Würdest du mitmachen?«

Das wird Sie nicht nur auf Kurs halten, es könnte sogar sein, dass Sie damit jemanden dazu motivieren, es Ihnen gleichzutun. Anstatt ein befreites Individuum zu werden, könnten Sie Teil eines befreiten Paares werden oder einer befreiten Familie, so wie diese inspirierende Leserin:

»Vor ein paar Wochen aßen wir mit Freunden zu Abend. Ihr Kind beklagte sich darüber, dass es in der Schule und auf Facebook gemobbt wurde. Die ganze Zeit sah es auf sein Handy. Es nahm nicht an der Unterhaltung teil und hatte so gut wie keinen Kontakt zu den Erwachsenen oder seinen Freunden am Tisch.

Als wir das Restaurant verließen, umarmte mich mein Sohn und sagte: ›Mama, ich bin so froh, dass wir beim Essen unsere Handys weglegen.‹

Wir hatten beide Tränen in den Augen. Das sind die Augenblicke, die dein Leben verändern und die Kinder reifer macht. Sei ihre Inspiration, bring sie dazu, Technologie aus- und die Beziehungen in der wirklichen Welt einzuschalten.«

DAS GESPRÄCH BEGINNEN

Meine Familie und ich aßen in einem neuen Restaurant im Ort zu Abend. Aufgrund der vollen Tische, zwischen denen das aufmerksame Personal umher huschte, herrschte dort eine geschäftige, aber heitere Atmosphäre. Am Nebentisch saß ein Paar in ungefähr demselben Alter wie mein Mann und ich. Sie saßen dicht nebeneinander, also nahm ich an, dass sie eine Beziehung hatten oder verheiratet waren.

Aber eines fiel auf: Sie sprachen nicht miteinander.

Der Mann starrte die ganze Zeit auf sein Telefon. Er sah aus wie ein Hund, der seinen Knochen bewacht. Seine Begleiterin blickte mit leeren Händen vor sich hin.

Ich versuchte, nicht hinzusehen. Ihre Distanz ging mich nichts an, und außerdem lenkte es mich von meiner eigenen Familie ab. Trotzdem konnte ich nicht wegsehen.

In den nächsten zwanzig Minuten versuchte die Frau nicht einmal, ihren Begleiter in ein Gespräch zu verwickeln. Sie starrte die ganze Zeit geradeaus, abgesehen von einem kurzen Augenblick, in dem sie zu unserem Tisch hinübersah. Als meine jüngere Tochter vor sich hin sang und ihr Besteck als Requisiten benutzte, lächelte die Frau – und sah plötzlich vollkommen verändert aus. Leider erlosch dieses Lächeln schnell wieder, als wäre sie sich einer grausamen Realität bewusst geworden: Sie bewunderte das Leben von jemand anderem.

»Hallo, befreite Mama«, flüsterte Scott mir zu, »hör auf zu starren. Du bist genauso abgelenkt wie er.«

Ich wusste, dass er recht hatte. Wer war ich, über ihn zu urteilen? Vielleicht würde sich das missglückte Abendessen zum Besseren wenden. Ich wünschte mir, dass der fremdbestimmte Mann plötzlich das Handy weglegte, sich bei seiner Begleiterin entschuldigte und dann zärtlich nach ihrer Hand griff.

Aber das tat er nicht.

Er legte das Telefon kurz weg, als die Kellnerin sein Essen brachte, aber in Sekundenschnelle konzentrierte er sich wieder auf den kleinen elektronischen Bildschirm, während er die Gabel zum Mund führte.

Gewöhnlich gehe ich Konfrontationen aus dem Weg, doch jetzt wollte ich hinübergehen und diesen Mann freundlich auf die Gelegenheit hinweisen, die er sich entgehen ließ. »Sehen Sie denn diese schöne Frau nicht, die Ihnen gegenübersitzt? Merken Sie denn nicht, dass sie sich wünscht, von Ihnen wahrgenommen zu werden? Ist Ihr Smartphone wirklich wichtiger als der Mensch an Ihrem Tisch?«

Natürlich traute ich mich nicht, aber ich konnte es auch nicht einfach vergessen. Als wir an diesem Abend nach Hause fuhren, kochte ich immer noch innerlich vor Wut. Warum war ich so wütend auf den Mann mit dem Smartphone? Die Antworten fielen mir nicht leicht – weil das zu ergreifen, worauf es wirklich ankommt, bedeutet, sich in die zarten Gefilde der Seele zu begeben. Und wenn ich ehrlich hinsah, musste ich zugeben, dass ich zwar vieles im Leben verändert hatte, dabei jedoch etwas Wesentliches vergessen hatte.

Meine Beziehung zu meinem Mann.

So. Ich habe es ausgesprochen. Und mit dieser schwierigen Wahrheit kam die Achtsamkeit, die mein Leben verändern sollte. Ich beschloss, mein Problem anzugehen. Denn sogar ein kleiner Schritt auf diesem Weg bringt mich dem, worauf es ankommt, viel näher.

In den Monaten, die auf die Szene im Restaurant folgten, unternahm ich kleine, aber wirkungsvolle Schritte, um meine Beziehung davor zu bewahren, vor lauter Ablenkungen unterzugehen:

- Ich ging zum ersten Mal seit acht Jahren mit meinem Mann zum Mittagessen aus. Ich hatte genug von Entschuldigungen wie »Ich habe zu viel zu tun« oder »Sein Büro ist zu weit weg«. Wir machten sogar Pläne für unser nächstes Mittags-Date – das nicht erst wieder in acht Jahren stattfinden sollte.
- Ich sah mir die gesamte Super-Bowl-Serie mit ihm zusammen auf dem Sofa an – etwas, das ich in in meinen fünfzehn Jahren Ehe noch nie getan hatte.
- Ich bastelte mir aus einem einfachen Schreibheft ein »Dankbarkeitstagebuch« für meinen Mann. Darin schrieb ich ihm kurze Notizen – weil er getankt hatte,

mit mir zum Joggen ging oder auch so Bedeutsames, dass er solch ein aufmerksamer und liebender Vater und Ehemann ist.

- Ich begann, ihm mehr Fragen zu seinem Arbeitstag zu stellen. Und wichtiger noch, ich hörte ihm zu.
- Ich schenkte ihm ab und zu eine Postkarte – ohne bestimmten Grund, nur um »Ich liebe dich« zu sagen.
- Ich wurde achtsamer und dachte daran, ihn bewusst zu umarmen und zu küssen, wenn wir uns morgens voneinander verabschiedeten.
- Am Wochenende legte ich meine Schreibprojekte beiseite, damit wir genug Zeit für uns hatten.

Letzteres war am schwierigsten. Meinem Autorinnenhirn fällt es schwer abzuschalten.

Aber wenn ich loslasse, dann drehe ich mich um und frage mich, warum es so schwer war, mit dem Schreiben aufzuhören, und nur mit demjenigen *zusammen zu sein*, den ich liebe.

Wie zum Beispiel an diesem Samstagabend …

Nachmittags hatten unsere Töchter uns nach unserer allerersten Verabredung gefragt. Wir hatten das Thema natürlich ein paar Stunden später noch im Kopf, als wir schließlich allein waren, unterhielten wir uns über diesen Abend. Bald lachten wir nicht nur über das blöde Kaugummi, das an der Rückseite meiner Jeans klebengeblieben war, sondern auch darüber, wie sein Kommilitone uns ausgefragt hatte, was wir wirklich voneinander hielten.

Mitten im Gespräch gestand ich ihm, dass ich mich Hals über Kopf in ihn verliebt hatte, als er meinen Reifen wechselte.

Das hatte er nicht gewusst.

Und er beschrieb mir, was er gefühlt hatte, als er mir den ersten richtigen Liebesbrief gab, den er jemals geschrieben hatte.

Das hatte ich nicht gewusst.

Am Ende unseres Gespräches spürten wir beide denselben Funken, wie damals, als wir uns verliebt haben. Fünfzehn Jahre später waren wir einander näher denn je, und fast schmerzlich wurde mir klar, dass dieses Gespräch nicht stattgefunden hätte, wenn ich den Abend mit Schreiben verbracht hätte.

Obwohl ich nicht ständig mit meinem Smartphone beschäftigt war, merkte ich doch, dass ich stets darauf achten musste, meine WLAN-Verbindung nicht über meine Ehe zu stellen. Die Ehe nämlich ist langfristig, was bedeutet, dass ich Zeit, Aufmerksamkeit, Kraft und Liebe in den Mann investiere, nach dem ich verrückt bin. Und wenn ich mich darauf konzentriere, sehe ich eine schöne Zukunft.

STRATEGIE DER WOCHE

Beginne das Gespräch.

Meine Ehe vor Schaden zu bewahren war ein wichtiger Schritt auf meinem Weg. Das darf ich nie aus den Augen verlieren. Vor einem Bildschirm wegzudämmern, nachdem die Kinder im Bett sind, ist eine große Versuchung. Der Impuls, zum Telefon zu greifen, wenn ich irgendwo warten muss, ist stark, sogar wenn ich mit meinem Partner zusammen warte. Heutzutage herrscht eine Einstellung in puncto elektronische Geräte und Liebesbeziehungen, von der auch ich einmal überzeugt war:

Was ist schon dabei, abends nebeneinander auf dem Sofa zu sitzen und uns mit unseren Smartphones oder Laptops zu beschäftigen? Beim Abendessen Mails zu checken, im Auto oder während einer Verabredung? Wir haben doch Zeit genug füreinander.

Erst als mir auffiel, wie oft ich in Gegenwart meines Partners nach dem Smartphone griff, habe ich mein Verhalten geändert. Ähnlich wie mit meinen Kindern, fing ich an, kleine, sich stets vergrößernde Zeitabschnitte einzuplanen, die ich mit meinem Partner verbrachte, ohne auf das Telefon oder den Laptop zu schauen. Diese bewusst gewählten Zeitspannen dehnten sich von Minuten zu Stunden aus, von Tagen zu wochenlangem Urlaub. Das hat sich erheblich auf unsere Beziehung ausgewirkt. Wir sind einander näher, als wir es in fünfzehn Jahren Ehe je waren. Wir sehen oft wochenlang nicht auf unsere Smartphones. Aber vor allem freuen wir uns über Zeiten friedvoller Gemeinsamkeit, in denen wir uns daran erinnern, warum wir uns damals überhaupt ineinander verliebt haben.

Planen Sie diese Woche täglich oder wöchentlich Zeit ein, die Sie ununterbrochen und ohne Ablenkung mit der Liebe Ihres Lebens verbringen.

Möglicherweise fällt Ihnen auf, wie oft Sie in Versuchung geraten, nach dem Smartphone zu greifen. Versuchen Sie, Ihr Verhalten nicht mit Entschuldigungen zu rechtfertigen wie: »Also, sie greift ja auch ständig nach dem Handy«, oder: »Er checkt ja auch dauernd seine Mails, dann kann ich das auch.«

Anstatt nach Rechtfertigungen zu suchen, erinnern Sie sich daran: Einer muss anfangen ...

Einer muss damit anfangen, der Sportveranstaltung Ihrer Kinder beizuwohnen, ohne sich abzulenken ...

Einer muss anfangen, einfach darauf zu warten, dass ein Konzert anfängt ...

Einer muss das Gespräch beginnen.

Das können Sie sein.

Weil Sie nämlich jedes Mal, wenn Sie ein Gespräch mit dem Menschen beginnen, Ihrer Beziehung eine Chance geben.

WIE FAHRE ICH AUTO?

Als ich mein Auto wie gewöhnlich voller Kinder durch die Straßen unseres Viertels lenkte, leuchteten plötzlich Bremslichter vor mir auf, und der Wagen schlingerte von einer Seite zur anderen. Ich befürchtete, dass der Fahrer betrunken war, doch als ich näher kam, erkannte ich den Grund. Er tippte eine SMS, während er seine Kinder zur Schule fuhr.

Ich sah nervös auf die fröhlichen Kinder, die auf dem Bürgersteig zur Schule gingen. Hoffentlich stolperte keines von ihnen oder hüpfte im Spiel auf die Straße.

Nach dem fünften Schlingern und einem erneuten plötzlichen Aufflackern der Bremsleuchten konnte ich meinen Ärger nicht länger für mich behalten. »Legen Sie das Handy weg!«, schrie ich, als könnte der Mann mich durch die geschlossenen Fensterscheiben hören. Sofort reckten alle vier Kinder auf dem Rücksitz meines Autos die Hälse, um zu sehen, was da los war. Schnell fanden sie den Fahrer, der auf sein Telefon konzentriert war.

Meine Tochter bemerkte treffend: »Guck dir die Kinder auf dem Rücksitz an. Der Mann könnte mit ihnen sprechen, anstatt auf seinem Handy herumzutippen.«

Gerade als ich ihr zustimmen wollte, gab Avery ihren Senf dazu – und ihre Worte waren wie ein Schlag in die Magengrube: »Der Mann könnte mit seinen Kindern sprechen so wie Mary, wenn sie uns zur Schule fährt.«

Plötzlich schwang mein Ablenkungsradar von dem unberechenbaren Fahrer zu mir. Warum hatte meine Tochter nicht gesagt: »Er sollte mit seinen Kindern sprechen so wie *du*, Mama.«

Dafür gab es einen Grund, und den musste ich herausfinden.

Die Wahrheit schmerzt, aber die Wahrheit heilt auch.
Obwohl ich das Smartphone im Auto nur ganz selten benutze und die gefährliche Angewohnheit abgelegt habe, an Ampeln E-Mails und SMS zu checken, hatte ich das Hands-Free-Konzept noch nicht ganz ausgereizt. Beim Fahren das Smartphone *nicht* zu benutzen ist eine Sache. Rückblickend fiel mir auf, dass ich dazu neige, hinter dem Steuer wegzudämmern. Autofahren war zu einer Ruhezeit geworden, in der ich meine Gedanken sammelte und tief durchatmete. Und wenn auch an diesem Verhalten an sich nichts verkehrt war, hätte ich mir dafür doch eine bessere Gelegenheit aussuchen können. Plötzlich fiel es mir wie Schuppen von den Augen, was mir bei meinen Kindern alles entgangen war: die Kleinigkeiten ihres Schultags, Ereignisse, die ihnen am Herzen lagen, und vieles andere.

Es ist schon traurig, mit dem Telefon vor der Nase Auto zu fahren, aber mit geliebten Menschen während des Fahrens nicht zu sprechen ist noch schlimmer. Aber bevor mich zu viel Reue überkam, erinnerte mich meine innere Stimme daran, dass solche Fehler schließlich der Vergangenheit angehörten. Jetzt ging es um die Entscheidungen von heute. Daher beschloss ich, den Kommentar meiner Tochter als Anregung zu verstehen und mein Verhalten am Steuer zu verändern.

Und das ging so:
GESCHICHTEN ERZÄHLEN. Kinder mögen Geschichten. An ein paar Wochentagen erzähle ich also meinen Passagieren eine zwei Minuten lange Geschichte, in der es gewöhnlich darum

geht, im Schlaraffenland verlorenzugehen, oder die von einer albernen Figur handelt, die ich mir ausgedacht hatte, als sie noch klein waren. Ich liebe es, wenn sie dann gebannt und mit leuchtenden Augen an meinen Lippen hängen.

HYPOTHETISCHE FRAGEN STELLEN. Ich stelle ihnen »Was-wäre-wenn-Fragen«:

- Wenn ihr heute nicht in die Schule müsstet, wie würdet ihr den Tag verbringen?
- Wenn ihr hundert Dollar hättet, was würdet ihr damit machen?
- Wenn ihr überall wohnen könntet, wo würdet ihr wohnen und warum?
- Was war der beste Traum, den ihr jemals gehabt habt?
- Wenn ihr drei Wünsche frei hättet, welche wären das?
- Wenn ihr einen Obdachlosen sehen würdet und ihm etwas schenken könntet, was wäre das?

Jedes Mal überraschen mich die Antworten und die darauf folgenden Diskussionen.

ERINNERUNGEN ERZÄHLEN. Meine Kinder lieben Geschichten aus meiner Kindheit. Ich erzähle davon, wie ich gehänselt wurde und was ich heute anders machen würde. Ich beschreibe, wie ich jeden Tag nach der Schule ins Büro meines Vaters ging und meinen schwarzen Geigenkasten mitschleppte. Ich erzähle von den schlimmsten Schulfotos und meinen Lieblingslehrern. Meine Kindheitserinnerungen bringen die Kinder zum Lachen, und manchmal erzählen sie mir dann Begebenheiten aus ihrem Schultag, die sie mir sonst eher verschwiegen hätten.

MUSIK MACHEN. Eine der Lieblingsbeschäftigungen meiner Kinder beim Autofahren ist das, was wir eine »Tanzparty im Sitzen« nennen und was bedeutet, laute Musik zu hören und auf unseren Sitzen herumzuhüpfen (angeschnallt natürlich.) Sie suchen die CD aus, und ich drehe die Lautstärke auf. Der Tag wird kommen (wahrscheinlich schneller, als ich glaube), an dem ich solche Fahrten vermissen werde.

Nach ein paar Wochen hatte ich mein Ziel erreicht! Wenn ich den Kindern der Fahrgemeinschaft mitteilte, dass ich an diesem Tag nicht dran war, sie abzuholen, flüsterten sie sich zu: »Ich finde es toll, wenn Rachel uns abholt. Sie ist lustig und erzählt immer so tolle Geschichten.« Von diesem Moment an ist Rachel, die vor sich hin träumende Fahrerin, von der erzählfreudigen Rachel abgelöst worden.

Diese Veränderung habe ich den vier kleinen Fahrgemeinschaftsmädchen zu verdanken. Wenn es Ihnen ähnlich geht, dann bedenken Sie, was Sie verpassen, wenn Sie eine DVD abspielen oder vor sich hin träumen:

- Gespräche, die sonst nie stattfinden würden
- Sorgen und Gedanken Ihrer Kinder, von denen Sie niemals erfahren würden
- Ein Lächeln im Rückspiegel ...

Vielleicht haben Sie nicht unbedingt Ihr Smartphone neben sich, während Sie fahren, aber es gibt vieles andere, das Sie vom Wesentlichen ablenkt.

Denken Sie darüber nach.

Manchmal ist es gar nicht so schwierig, etwas zu ändern.

STRATEGIE DER WOCHE

Fahrzeit in Beziehungszeit verwandeln

Die Hinweistöne auf meinem Smartphone abzuschalten und es außer Reichweite zu legen, während ich fuhr, war die einfachste und zugleich wirkungsvollste Methode auf meinem Weg zu meinem neuen Leben. Ich musste nur eine Taste drücken. Da ich nicht länger von irgendwelchen Piepstönen herumkommandiert wurde, war ich ganz präsent. Sofort veränderte sich die Atmosphäre im Auto. Meine Kinder erzählten vom Schultag und begannen, ihre Sorgen, Träume und Interessen mit mir zu teilen. Innerhalb von wenigen Tagen wurde die Fahrzeit mit meinen liebsten Menschen zu einem so kostbaren Geschenk, dass ich dafür jedes Telefongespräch opferte.

Und das ist nicht der einzige Grund. Nach ein paar Monaten wurde mir klar, dass meine Fahrgewohnheiten die späteren Fahrgewohnheiten meiner Kinder prägen. Wenn ich mit gutem Beispiel voranging, würden auch meine Kinder später konzentrierte und gute Fahrer. Ich bereute, wie wenig ich mich früher darauf besonnen und an jeder Ampel meine E-Mails gelesen oder sogar telefoniert hatte. Aber jetzt ist es anders.

Jedes Mal, wenn ich in Versuchung gerate, frage ich mich: »Was wäre, wenn deine Töchter das jetzt machen würden?«

Nehmen Sie sich diese Woche ein paar der folgenden Dinge für Ihre Autofahrten vor:

- Smartphones und andere Geräte ausschalten, bevor Sie den Motor anlassen.
- Die Begrüßung auf dem Anrufbeantworter ändern, damit jeder weiß, Sie sind im Auto und rufen zurück, nachdem Sie es geparkt haben.
- Legen Sie das Telefon außer Reichweite.
- Wenn Sie jemanden anrufen müssen, halten Sie an einem geeigneten Ort an. Informieren Sie Ihre Kunden, Mitarbeiter und Geschäftspartner, dass Sie Anrufe nach der Fahrt beantworten.[1]

Ändern Sie heute Ihr Leben und das Ihrer Lieben.

Schalten Sie ab heute beim Autofahren das Telefon aus.

BETRACHTUNG

Verbundenheit

Das Publikum war wie gebannt, als ihre kleinen, geschickten Finger die letzten Akkorde von »Rainbow Dreams« auf den glänzenden Klaviertasten spielten. Mit schnellen Schritten lief das goldblonde Mädchen zu ihrer Familie hinüber, die in der fünften Reihe saß. Lächelnd legte sie ihre Hand sanft auf den Arm ihres Großvaters. Das war kein Zufall, und es war auch keine unabsichtliche Handbewegung. Es war ein Ausdruck liebevoller Verbundenheit. Ich bin mir dessen sicher, weil das kleine Mädchen seine Hand eine ganze Weile lang nicht wegnahm. Sie ließ sie auf dem kräftigen Arm ihres Großvaters liegen, während sie den anderen Musikern zuhörten.

Ich konnte den Blick nicht von den beiden losreißen. Diese kleine Porzellanhand auf dem schwarzen Tweedmantel des alten Mannes rührte mich zutiefst.

In dieser einfachen Geste
steckte Hoffnung für die Jugend,
für die Älteren,
für die, die sich genau dazwischen befanden,
für heute,
für morgen,
für die Abgelenkten,
für die Eiligen,
für dich und mich.

Nichts ist stärker als zwischenmenschliche Verbundenheit. Nichts kann uns das geben, was wir am höchsten schätzen: unsere Beziehungen, unsere Erinnerungen und unser kostbares Leben. Und dafür sollten wir uns jeden Tag einen Augenblick Zeit nehmen.

ZUM NACHDENKEN

Gibt es eine Beziehung, die besonders darunter leidet, dass Sie sich so häufig mit anderen Dingen beschäftigen?

Welche Auswirkungen könnte es auf lange Sicht haben, wenn Sie Ihr Verhalten nicht in den Griff bekommen?

Welche Ängste oder Sorgen bereitet es Ihnen, Ihr Verhalten zu ändern? Könnten Sie mit jemandem darüber sprechen?

Welche positiven Erfahrungen haben Sie gemacht, als Sie Ihr Verhalten tatsächlich geändert haben?

KAPITEL 3

ENTSCHEIDE, WORAUF ES ANKOMMT – VORSÄTZE

Nimm dir mindestens drei Mal am Tag einen Moment Zeit, und frage dich, was wirklich wichtig ist. Und sei weise genug, dein Leben um die Antwort herumzubauen.

Dr. Lee Jampolsky

Inzwischen sind Sie weit genug, um eine wichtige Tatsache zu verstehen. Wenn Sie am Leben vorbeileben, entgehen Ihnen unbezahlbare, unwiederbringliche Momente. Wenn Sie dagegen Ihr Augenmerk auf das Wesentliche legen, erleben Sie die Freude darüber, ganz mit anderen verbunden zu sein. Es liegt ganz an Ihnen. Der nächste Schritt besteht darin, die positive Wirkung zu erkennen, die bewusste tägliche Entscheidungen auf Ihre Beziehungen haben können.

Als ich begann, mein Leben zu verändern, dachte ich, dazu sei etwas Monumentales vonnöten. Aber es stellte sich heraus, dass es viel einfacher war. Ich bemerkte bald, dass es die kleinen, alltäglichen Entscheidungen waren, die mein Leben bereicherten. Jedes bisschen Zeit, Kraft und Aufmerksamkeit waren die Bausteine des sinnerfüllten Lebens, das ich mir wünschte, und der Kindheit, die ich für meine Kinder wollte. Zu wissen, dass es meine Entscheidung war, solche Gelegenheiten anzunehmen oder abzulehnen, verlieh mir die Kraft, diese Augenblicke zu nutzen. Alles würde noch da sein, nachdem ich meinem Kind eine Geschichte vorgelesen, mich mit meinem Partner unterhalten oder meiner Tochter in die Augen gesehen hatte, während sie mir von ihrem Tag erzählte. Bald merkte ich, dass es der Schlüssel zu einem zufriedenen, glücklichen Leben war, wenn ich mich regelmäßig auf meine Mitmenschen einließ, anstatt über verpasste Gelegenheiten zu jammern.

Zu verstehen, dass man die Wahl hat, ist hierzu essentiell. Ich hoffe, dass Sie im folgenden Kapitel erfahren, wie erfüllend so ein Leben sein kann. Machen Sie sich auf einen unerwarteten Bonus gefasst: Die Menschen, auf die es ankommt, werden Ihre Veränderung bemerken und schätzen – und das wird nicht nur Ihr Herz mit Freude erfüllen, sondern auch das Ihrer Mitmenschen.

ICH WÄHLE DICH

Ich wollte, dass alle Aufgaben im Haushalt so effizient wie möglich erledigt würden. Der Kontrollfreak in meinem Kopf glaubte, wenn die Arbeit nicht von jemand anderem perfekt gemacht werden konnte, müsste ich sie selbst erledigen. Aber das änderte sich eines denkwürdigen Tages, als ich mit einem Riesenkorb sauberer Wäsche aus dem Keller stolperte. Als ich den Korb absetzte, fragte mich Avery, ob sie mir beim Zusammenlegen helfen könnte. Aus irgendeinem Grund nahm ich ihr Angebot an. An diesem Tag legte mein Kind nicht viele Kleidungsstücke zusammen, aber sie führte in den Unterhosen ihres Vaters einen Tanz auf, der mich Tränen lachen ließ. Und als ich diese Tränen wegwischte, sah ich das Licht.

Indem ich die Hausarbeit allein erledigte, betrog ich mich selbst – und meine Kinder auch. Hausarbeit gemeinsam zu erledigen war eine Gelegenheit, sich das zu nehmen, worauf es wirklich ankommt. Ja, mit der Hilfe eines kleinen Kindes verlängerte sich die Zeit, die ich für eine Arbeit brauchte, dramatisch, und der Unordnungsfaktor multiplizierte sich – aber auch das Lachen, die Freude und das Schaffen von Erinnerungen.

Danach bot mir Avery weiterhin ihre Hilfe an. Eines Abends fragte sie, ob sie die Schüsseln und Messbecher abwaschen könnte, nachdem wir Muffins gebacken hatten. Ich stimmte zu, wenn auch nach kurzem Zögern. Bevor ich ihr antwortete, hatte mein innerer Einpeitscher seinen Senf dazugegeben. Der Gedanke an die große Pfütze auf dem Fußboden ließ mich schaudern.

Doch diese Bedenken verstummten in dem Moment, in dem meine Tochter begeistert losrannte, um den Hocker zu holen, den sie benutzte, um an das Spülbecken zu kommen. Sie sauste mit der Spülbürste in der Hand zurück, und sie strahlte, als ich einen Spritzer Spülmittel ins Spülbecken gab. Sobald es schaumig wurde, legte sie die Spülbürste weg und griff begierig nach einer Handvoll des magischen Schaums.

An diesem Punkt hatte ich die Wahl.

Hier war meine Tochter, die glücklich mit dem Schaum spielte und alles um sich herum vergessen hatte. Ich hätte einfach anfangen können, die Arbeitsplatte abzuwischen und die Backutensilien aufzuräumen. Oder noch besser, ich hätte mich an den Küchentisch setzen und die neue Zeitschrift durchblättern können. Aber stattdessen entschied ich mich für das, worauf es wirklich ankam. Ich entschied, auf *wen* es wirklich ankam.

Das kleine Mädchen, dessen rotblonde Haare häufig an Dreadlocks erinnern, weil es keine Haarbürsten mag. *Ich weiß ganz genau, dass diese Locken sich bald in eine weiche, gepflegte Mähne verwandeln, die ich nicht mehr kämmen muss.*

Das kleine Mädchen, das noch einen Hocker brauchte, wenn sie ihre Hände waschen und beim Abwasch helfen wollte. *Eines Tages ist sie groß genug, um ohne Hocker das Spülbecken zu erreichen, und dann wird sie Besseres zu tun haben, als mit ihrer Mutter zusammen abzuwaschen.*

Das kleine Mädchen, das so schöne, selbst erfundene Lieder über riesige Seifenblasen singt, die sie in den blauen Himmel hinauftragen. *Eines Tages wird sie zu erwachsen dafür sein, und ich werde ihre schöne Stimme nur noch selten singen hören.*

In einer unordentlichen Küche und zig Möglichkeiten, mich zu beschäftigen, entschied ich mich für meine Tochter. Weil ich es noch kann. Denn heute steht mein Kind vor mir und hofft darauf, dass ich sie wähle. Morgen schon kann das anders sein.

Nach einem Augenblick, in dem ich meine schöne »Entscheidung« in all ihrer Glorie betrachtet hatte, nahm ich eine Handvoll Schaum und verzog sie zu ovalen Formen. Meine Tochter lächelte erstaunt – ob über die Formationen oder darüber, dass ihre Mama damit spielte, weiß ich nicht genau. Auf jeden Fall fing sie an, meine Bewegungen mit ihrem Haufen Schaum nachzuahmen.

Als die Schüssel mit Seifenwasser im gedämpften Licht der Küche glitzerte, wurde ich plötzlich wieder zu einer vierjährigen Ausgabe meiner selbst. Ich konnte mich daran erinnern, wie ich auf einem Küchenstuhl stand, wie ich einen Lappen ins Wasser hielt und seine seifigen Fäden glattzog. Für mich war es kein Lappen. Es war eine schöne Puppe, die eine ganz tolle hochgekämmte Frisur bekam. Meine Mutter hatte sich zu mir heruntergebeugt und gefragt, ob der Ball bald anfinge. (Für sie war es auch kein Spüllappen.) Dann lächelte sie ihr wunderbares Lächeln, bei dem ich mich auch heute noch ganz und gar geliebt fühle.

Das musste ich meiner Tochter erzählen. Als ich begann: »Als ich ein kleines Mädchen war«, hielt sie inne und sah mir in die Augen. Ich erzählte ihr von meiner Spüllappenprinzessin. Ich erzählte ihr alles über die wunderschönen Seifenfrisuren. Ich erzählte ihr, wie meine Mama, ihre Oma, mir zugeschaut und nicht ein Mal gesagt hatte, ich sollte mich wieder um den Abwasch kümmern. Ich erzählte ihr, dass ich so lange mit dem Spüllappen gespielt hatte, bis meine Finger runzelig geworden waren wie Backpflaumen.

Avery sah mich gespannt an, sie sog jede Einzelheit auf. Sie genoss die Geschichte und wollte mehr aus der Kindheit ihrer Mutter hören. Ich schwor mir, meine Kindheitserinnerungen mit meinen Töchtern zu teilen. Wenn ich mir nämlich jetzt nicht die Zeit dafür nahm, wären sie vielleicht für immer verloren.

»Guck, Mama«, unterbrach die begeisterte Stimme meiner Tochter meine nostalgische Träumerei. Sie hielt eine Schaumskulptur hoch, die wie ein glitzerndes Herz aussah.

Während ich ihr einzigartiges Werk bewunderte und ihre kleinen Hände ansah, erinnerte ich mich an den treffenden Kommentar, den ein Leser meines Blogs abgegeben hatte: »Für jemandes Kindheit verantwortlich zu sein ist eine große Sache. Wir schaffen nicht nur unsere eigenen Erinnerungen, sondern auch die unserer Kinder.«

Wenn ich das beherzige, werde ich besser in der Lage sein, das, worauf es wirklich ankommt, den Verlockungen des digitalen Zeitalters vorzuziehen.

Die Erinnerungen, die meine Kinder in ihr erwachsenes Leben mitnehmen, hängen größtenteils von mir ab. In den alltäglichen Abläufen des Lebens habe ich die Macht, meine Kinder mit zahllosen liebevollen Erinnerungen auszustatten. Ich kann diese Momente der Gemeinsamkeit aber auch reduzieren.

Ich habe die Wahl. In diesem Augenblick wollte ich unsere Tage mit Schaum, Lachen und Liebe erfüllen. Und eines Tages wird uns vielleicht eine wichtige Erinnerung im gedämpften Licht des Spülbeckens miteinander verbinden, auch wenn wir viele Kilometer voneinander entfernt sind.

STRATEGIE DER WOCHE

Hausarbeit gemeinsam erledigen

Denken Sie an die banalen Alltagstätigkeiten in Ihrem Leben. Das sind die Momente, die die Erinnerungen Ihrer Kinder prägen. Was käme Ihren Kindern in den Sinn, wenn sie sich an den heutigen Tag erinnern? Dass Sie Ihrem Smartphone mehr Aufmerksamkeit schenkten als ihnen? Dass Sie das ganze Haus geputzt haben, ohne ihnen einmal in die Augen zu sehen? Dass Sie jedes Mal, wenn sie Sie zum Spielen aufforderten, »zu viel zu tun« hatten? Oder erinnern sie sich an gemeinsames Lachen, als Sie zusammen das Auto gewaschen haben? Wie Sie Ihre Tochter die Eier fürs Frühstück haben aufschlagen lassen? Nach dem Abendessen Ball gespielt haben? Oder wie Sie Ihrem Sohn geduldig bei seinen Mathematikhausaufgaben geholfen haben?

Diesen Zwang, alles so effizient wie möglich zu erledigen, konnte ich nicht von einem Tag auf den anderen ablegen. Aber ich habe mit kleinen Aufgaben angefangen, die wir gemeinsam erledigen konnten, und das war ein entscheidender Schritt. Im Alter von vier Jahren half meine Tochter mir bei der Zubereitung des Abendessens, beim Bodenwischen und Bettenmachen. Okay, Handtücher zusammenlegen wurde manchmal zu einer Modenschau, und der Abwasch artete in ein wissenschaftliches Experiment aus, aber wir verbrachten Zeit miteinander – und nur darauf kommt es an.

Den Haushalt gemeinsam zu erledigen schafft nicht nur Gemeinsamkeit, es zeigt den Kindern auch, dass sich diese Aufgaben nicht wie von Zauberhand allein erledigen. Als Familienmitglieder müssen sie mit dafür Verantwortung übernehmen. Außerdem kann man durchaus Spaß dabei haben. Während wir zusammen arbeiten, reden wir miteinander, tauschen Erinnerungen aus, tanzen und albern herum. Nichts muss perfekt sein. Wir schaffen Unordnung, aber jeder hilft beim Aufräumen.

Laden Sie Ihre Kinder ein, bei einer der täglichen oder wöchentlichen Haushaltsarbeiten zu helfen:

- Staub wischen
- Spielzeug aufräumen
- Abendessen zubereiten
- Tisch decken
- Fenster putzen

- das Haustier ausführen oder baden
- Wäsche zusammenlegen.

Die Aufgaben werden möglicherweise nicht schnell oder perfekt erledigt, aber es geht um etwas viel Wichtigeres dabei: Zeit, die wir bei banaler, täglicher Arbeit miteinander verbringen, bereichert unsere wichtigsten Beziehungen und füllte unsere Erinnerungskonten mit Liebe.

JEMAND WARTET AUF DICH

Gleich am Anfang wurde ich auf die Probe gestellt. Natalie hatte ein medizinisches Problem, was mehrerer Besuche bei einem Spezialisten bedurfte. Da dieser Arzt einen hervorragenden Ruf hatte, bedeutete ein Termin bei ihm stets eine Geduldsprobe. Das Wartezimmer war ein winziger Raum ohne Fenster, in dem die Leute in Zeitschriften blätterten oder auf ihre Telefone starrten.

Ich hätte es bis vor Kurzem genauso gemacht. Bei zahlreichen Arztbesuchen haben meine Töchter Bücher gelesen oder mit Bauklötzen gespielt, während ich E-Mails checkte, bei Facebook nach Neuigkeiten suchte oder SMS schrieb.

Aber jetzt hat sich das geändert.

Wartezeit war zu gemeinsamer Zeit geworden. Schließlich hat man nichts anderes zu tun. Und so wurden unsere zwei Stunden Wartezeit beim Arzt mehr als nur erträglich – sie wurden zu einem Geschenk.

DIE ERSTE HALBE STUNDE

Zuerst lasen meine Kinder und ich die Briefe, die Natalie von Priscilla bekommen hatte, ein Kind aus Ghana, das sie durch eine gemeinnützige Organisation unterstützt. Wir lasen Priscillas Briefe mehrfach. Hier hatten wir Zeit, ausführlich darüber zu sprechen und die mitgeschickten Bilder anzusehen. Und wir konnten auf alle Fragen meiner Tochter eingehen. Dann schrieb sie einen sorgfältigen Brief zurück und verzierte ihn liebevoll mit Herzen, Blumen und Smileys.

Wenn ich mit meinem Smartphone beschäftigt gewesen wäre, hätte ich diesen gemeinsamen Moment verpasst.

DIE ZWEITE HALBE STUNDE

Danach malten meine Töchter und ich im Wartezimmer um die Wette. Glücklicherweise hatte ich Averys Hello-Kitty-Malbuch und ihre Stifte mitgenommen. Ich entdeckte bald, dass man, egal, ob man vier, sieben oder neununddreißig Jahre alt ist, nie zu alt zum Ausmalen ist. Wir vertieften uns alle drei in unsere Werke und tauschten nur gelegentlich Stifte und Komplimente aus. Als die Bilder fertig waren, waren sie so schön, dass wir ihnen allen den ersten Platz gaben.

Auch diese Erfahrung war nur möglich, weil ich den Kopf und die Hände dazu frei hatte.

DIE DRITTE HALBE STUNDE

Nun war die Zeit für eine gemeinsame Unterhaltung gekommen. Wir sprachen darüber, dass Avery bald in den Kindergarten ging und dass ich bestimmt weinen würde, wenn es so weit war.

Wir lobten Averys Fortschritte im Schwimmen und redeten über ihren Traum, in die Schwimmmannschaft aufgenommen zu werden wie ihre große Schwester. Das Thema »Schwimmen« führte dann zu einer sehr kurzen (und etwas verstörenden) Diskussion über Haie.

Wir sprachen über unsere Pläne, im Sommer nach Norden zu fahren und ihren süßen kleinen Cousin Sam zu besuchen. Dessen Begeisterung für landwirtschaftliche Maschinen führte zu dem längsten Gespräch über John-Deere-Traktoren, das die Mädchen je geführt hatten.

Wir sprachen über das anstehende Frühlingskonzert und wie entzückt Oma wäre, wenn Avery »Amazing Grace« singen und dazu auf ihrer Ukulele spielen würde.

Auch dieses Erlebnis hätte ich mit meinem Smartphone nicht gehabt.

DIE VIERTE HALBE STUNDE

Und dann war es Zeit zu kuscheln. Zu meiner Überraschung rollte sich Natalie auf meinem Schoß zusammen. Sie schmiegte ihren Kopf in meine Halsbeuge und stieß einen tiefen Seufzer aus. Ich konnte mich nicht mehr daran erinnern, wann sie zuletzt länger als ein paar Sekunden auf meinem Schoß gesessen hatte. Aber jetzt brauchte meine Tochter die Sicherheit in den Armen ihrer Mutter. Während sie an meiner Brust lehnte, wünschte ich ihr Kraft und Frieden.

Wenn ich stattdessen auf mein Smartphone gesehen hätte, wäre die Gelegenheit vergangen, mein Kind zu trösten, als sie es brauchte.

Endlich, nach zwei Stunden, wurden wir in das Untersuchungszimmer geführt. Der Arzt entschuldigte sich für die Wartezeit, aber ich versicherte ihm, dass wir die Zeit gut genutzt hätten.

Als ich nach der Untersuchung mein Smartphone hervorholte, um den nächsten Termin darauf einzutragen, bemerkte ich, dass ich es vollkommen vergessen hatte. Früher hätte ich mir eine zweistündige Wartezeit ohne mein Telefon nicht vorstellen können. Aber jetzt weiß ich, dass ich meine Zeit viel sinnvoller nutzen kann.

Einmal mehr wurde mir klar, wie viel wichtiger Menschen sind, als ein Erzieher in unserer Hands-Free-Gruppe diesen Kommentar in meinem Blog hinterließ: »Letztes Jahr zum Muttertag wollte ich mit den Kindern Karten basteln. Ich bat jedes Kind, mir etwas über seine Mutter zu sagen, was sie so besonders machte. Ein Kind sagte, wie sehr seine Mutter ihr Smartphone liebte.«

Das Kind tat mir leid, aber auch die Mutter. Ich wusste nur zu gut, wie ein Smartphone trotz der großen Liebe, die man für seine Familie empfindet, der Mittelpunkt des Lebens werden konnte. Ich hoffte, dass die Nachricht des Kindes seiner Mutter zu der Erkenntnis verholfen hatte, ihre Smartphone-Besessenheit zu bremsen und stattdessen die Hände nach ihrem Kind auszustrecken.

Es ist so wichtig, was wir machen, während wir mit unseren Kindern irgendwo warten. Wenn wir SMS schreiben, im Internet surfen, Facebook und andere Medien durchsehen oder E-Mails lesen, verpassen wir eine Gelegenheit, uns geliebten Menschen zu widmen, unsere Beziehungen zu pflegen, eine Erinnerung zu schaffen und solche Eltern zu sein, die unsere Kinder brauchen.

Das nächste Mal, wenn Sie warten müssen, stecken Sie das Telefon weg. So wird die Zeit zu einem Geschenk für Sie und die, die Sie lieben.

STRATEGIE DER WOCHE

Wartezeit in gemeinsame Zeit verwandeln

Die wirkungsvollste Strategie, dem Griff zum Telefon in Leerlaufzeiten zu widerstehen, besteht darin, es außer Reichweite zu lassen. Also habe ich mir angewöhnt, mein Telefon in meiner Handtasche zu lassen. So ist es außer Sichtweite und mein Drang, darauf zu schauen, merklich reduziert.

Im Folgenden habe ich ein paar Vorschläge aufgelistet, die Sie die nächste Wartezeit mit Ihrem Kind leichter überbrücken lassen.

- Rätselbücher mit Wortspielen und anderen Aktivitäten
- Filzstifte und Malbücher

- Karten und Umschläge, um Verwandten zu schreiben
- Ein Satz Spielkarten
- Klebezettel und Buntstifte
- Kleine Puppen oder Spielzeugautos
- Ein Kinderbuch
- Ein Wissensquiz

Eigentlich lässt sich Wartezeit kaum besser verbringen als in der Gesellschaft von Menschen, die wir lieben. Denken Sie nur, wie Ihre Kinder das empfinden. Gut möglich, dass Sie der einzige Mensch in diesem Wartezimmer sind, der nicht auf sein Telefon starrt – und Ihre Kinder werden davon profitieren – jetzt und in Zukunft.

GANZ EINGETAUCHT

Meine jüngere Tochter Avery hat gerade Schwimmen gelernt – richtig schwimmen. Ich spreche vom Kopf unter Wasser, von kräftigen Tritten und ausholenden Armen.

Es bedeutet unglaublich viel für sie. Es ist so großartig, wie einen ganzen Schultag lang nicht am Daumen zu lutschen und tapfer die riesige Rutschbahn im Park zu meistern. Avery hat nämlich drei Jahre ihres Lebens damit verbracht, am Beckenrand zu stehen und zuzusehen, wie ihre große Schwester mit der Schwimmmannschaft genug Auszeichnungsschleifen sammelte, um ihren Kleiderschrank damit zu tapezieren. Obwohl Avery Schwimm-Slang wie »vom Startblock« und

»stromlinienförmig« versiert verwendete und Delphinschwimmen erkannte, wenn sie es sah, hatte dieses kleine Mädchen eine Höllenangst vor Wasser.

Aber dank Miss Missy, einer geduldigen und geschickten Schwimmlehrerin, überwand Avery ihre Angst und stellte fest, dass ihr das Wasser tatsächlich gefiel! Und jetzt, wo sie schwimmen kann, möchte sie das jedem erzählen. Aber sie sagt nicht: »Ich kann schwimmen.« Sie sagt: »Ich kann so schwimmen wie meine große Schwester Natalie.«

Seit sie Schwimmen gelernt hat, will sie ständig ins Wasser. Es vergeht kein Tag, an dem sie mich nicht anbettelt, sie zum Schwimmen zu bringen.

Und Muttertag war keine Ausnahme.

Eigentlich hatte ich mir meinen Muttertag anders vorgestellt, als ihn im Schwimmbad in unserem Fitnessstudio zu verbringen. Als Avery mich fragte, hätte ich am liebsten vorgeschlagen, dass die beiden Mädchen doch mit ihrem Vater gehen sollten. Er hätte ihnen gern den Gefallen getan. Ich malte mir aus, wie ich mich im Bett entspannte, in einem dieser schönen Bücher auf meinem Nachttisch las und danach einen langen, genüsslichen Mittagsschlaf hielt. Das hörte sich doch nach einem perfekten Muttertag an!

Aber meine hochmotivierte, wenn auch manchmal unzeitige, befreite innere Stimme war vollkommen anderer Meinung. Sie drängte mich dazu, mit meiner Familie schwimmen zu gehen – aber das war noch nicht alles. Sie schlug vor, dass ich nicht nur klatschend am Beckenrand stehen, sondern mich mitten ins Gefecht begeben und in die Spritzzone stellen sollte.

Es gab da nur ein kleines Problem. Ich mag es nicht, wenn meine Haare nass werden.

Ich weiß ... *lahm.*

Eine meiner liebsten Freundinnen hat mich einmal als die perfekte Mischung aus »robust« und »vornehm« bezeichnet. Es ist ganz klar der vornehme Teil von mir, der ungern nasse Haare bekommt. Und wenn ich schon mal dabei bin, gebe ich auch zu, dass ich mich nicht mehr daran erinnern kann, wann meine Haare das letzte Mal im Schwimmbad nass geworden sind.

Doch nun hatte ich die Wahl. Ich nahm mir einen Moment Bedenkzeit. Ich dachte an all die kleinen Aufmerksamkeiten, die ich von meiner Familie das ganze Wochenende bekommen hatte, damit ich mich geliebt und geschätzt fühlte. Ich sah Averys freudigen Gesichtsausdruck beim Schwimmen. Ich bewunderte Natalies Muskelspiel, als sie mühelos durchs Wasser glitt. Ich sah, wie Scott die Kinder hochhob und sie dann laut lachend mit großem Platschen fallen ließ.

Solche Augenblicke würde es so nie wieder geben. Und bei dieser unvergesslichen, herzerwärmenden Szene, die eines Tages eine der Lieblingserinnerungen meiner Kinder werden könnte, fehlte – ich.

Meine Familie hatte mir so viele wundervolle Geschenke gemacht. Verdienten sie mein kostbarstes Geschenk – meine Zeit, meine Aufmerksamkeit etwa nicht? Denn das ist das beste Geschenk, das man denen, die man liebt, machen kann. Auch wenn das bedeutet, immer wieder das schreckliche Puzzle zusammenzusetzen, Wissen über giftige Schlangen zu erwerben, Ball zu spielen und ja, sogar meine Haare nass zu machen.

Also hielt ich kurz die Luft an und warf mich in die Arme meiner Familie.

Ich schwamm mit meiner Tochter um die Wette – und fiel ihrem ansteckenden Lachen zum Opfer, als sie mich besiegte.

Ich schlug Purzelbäume, bis mir schwindelig war – und ich mir das Wasser aus den Ohren schütteln musste, wie damals, als ich ein Kind war.

Ich sprang vom Beckenrand und spritzte alle, die draußen standen, nass – und beobachtete den erstaunten Ausdruck meiner Mädchen: »Wow! Mama benimmt sich wie ein großes Kind!«

Ich hielt meine Tochter an der Hand, als wir zusammen auf den Boden tauchten – und freute mich über ihre Beschreibung eines lila gepunkteten Schnabeltiers, das sie in ihrem fantasievollen Spiel gesehen hatte.

Ich ließ mich auf dem Rücken treiben – und verlor mich in der friedlichen Unterwasserwelt, die mir eine vorübergehende Zuflucht bot vor allem, was mich ablenkte und erschöpfte.

Ich ertappte mich dabei, wie ich rief: »Guckt mal!«

Meine Kinder nannten mich plötzlich beim Vornamen.

Mein Herz schlug heftig.

Meine Hände wurden ganz runzelig vom Wasser.

Ich wurde leicht wie eine Feder.

Der Stress verließ meinen Körper.

Ich tauchte völlig in meine Familie ein.

Und es gab keinen Ort, an dem ich lieber sein wollte.

An diesem Muttertag durften meine Haare nass werden. Die Belohnung war ein unvergesslicher Tag, an dem ich etwas gab und ein großartiges Geschenk bekam.

STRATEGIE DER WOCHE

Sich einem geliebten Menschen hingeben

Es macht mich traurig, wenn ich daran denke, was ich alles verpasst habe, weil ich mich so fest an meine selbst auferlegten Regeln geklammert habe. Ich hatte immer eine Ausrede, warum ich nicht loslassen und Spaß haben konnte:

Ich habe zu viel zu tun.

Ich will keine Unordnung.

Es ist zu umständlich.

Ich mach mir Sorgen, was andere über mich denken könnten.

Es passt nicht.

Ich weiß nicht, wie ich dabei aussehe.

Ich fürchte, ich kann das nicht.

Ich muss etwas schaffen – Spaß zu haben bedeutet »es schleifen lassen«.

Als ich mich für ein entschleunigtes Leben entschieden hatte, bestand ein lebensverändernder Schritt auf meinem Weg darin, diese Fesseln abzulegen und aktiv an den Aktivitäten meiner Familie teilzunehmen. Wenn ich anfänglich Angst hatte oder zögerte, so löste sich das in dem Moment auf, wenn ich sah, wie glücklich meine Familie über meine Anwesenheit war. Welche Leistung ich erbrachte oder wie ich dabei aussah, war ihnen egal – Hauptsache, ich war dabei.

Nehmen Sie sich vor, in dieser Woche Ihre ganze Aufmerksamkeit den Menschen zu schenken, die Sie lieben. Wofür begeistern und interessieren sich Ihre Kinder? Welche Zeitvertreibe oder Hobbys liebt Ihr Partner? Nehmen Sie anteil, wenn einer Ihrer Lieblingsmenschen seiner Lieblingsbeschäftigung nachgeht? Stehen Sie am Beckenrand, oder machen Sie aktiv mit? Ziehen Sie sich zurück, wenn Sie einen Sonnenuntergangsmoment schaffen könnten? Hier sind ein paar Ideen für Sie und Ihre Familie:

- Gehen Sie mit Ihrem Kind auf Insektenjagd, und sehen Sie zu, wie es über die Kellerassel staunt, die Sie tapfer in der Hand halten.
- Spielen Sie eine Runde Schach mit Ihrem Vater.
- Assistieren Sie dem Sternekoch am Kinderherd.
- Gehen Sie als Hardrock-Fan mit Ihrer Frau zu einem Konzert ihrer Lieblings-Country-Band.
- Sehen Sie sich mit Ihrem Mann ein Fußballspiel an.

Widmen Sie sich von Zeit zu Zeit voll und ganz den Leidenschaften und Interessen eines geliebten Menschen, denn das ist es, worauf es wirklich ankommt. Wenn Sie mit einem Menschen die schönsten Momente teilen, fühlen Sie sich wahrhaft lebendig.

HANDS FREE – WIE MAN SEIN LEBEN VERÄNDERT

Vorsatz

Du entscheidest dich für mich.

Früher hast du morgens als Erstes an irgendwelche
Dinge gedacht.
Jetzt denkst du an mich.
Du sagst: »Guten Morgen!«, und:
»Wie hast du geschlafen?«
Du umarmst mich,
kein Telefon, das dich daran hindert,
du gibst Müsli auf meinen Teller und streichst mir
durchs Haar.
Danke.

Früher hast du vor dem Schlafengehen
ein letztes Mal noch Nachrichten gesehen.
Jetzt siehst du nach mir.
Du versicherst dich, dass die Bettdecke feststeckt, dass
die Seiten umgeblättert

und die Monster vertrieben sind.
Deine Stimme und deine Aufmerksamkeit bleiben bei mir, während ich einschlafe,
jetzt, da du sie nicht mehr jemandem auf einem Bildschirm schenkst.
Danke.

Früher hast du dich endlos mit anderen Dingen beschäftigt.
Jetzt sprichst du mit mir.
Du fragst mich nach meinen Träumen, meinen Zeichnungen,
meinen neusten Witzen und nach meinen schlimmsten Ängsten.
Du hörst mit deinen Augen zu, hörst mir wirklich zu,
nicht länger fremdbestimmt vom Piepen und Klingeln.
Danke.

Stets hieltest du dein Telefon in den Händen,
wenn du durch die Zimmer gingst.
Jetzt hältst du mich.
Du hältst mich in deinem Blick,
nimmst mich in die Arme
und nimmst meine Hand in deine.
Deine Hände sind frei ...
um mich in Liebe zu hüllen.
Danke.

Es war deine liebste Gesellschaft beim Abendessen,
dein Reisebegleiter und dein Alleinunterhalter.
Jetzt suchst du nach mir.
Dein Gesicht strahlt mich durch dein Lachen und
durch deine Tränen hindurch an,
wenn ich dir zeige, was ich kann, und erzähle,
was ich weiß.
Du sagst: »Alles andere kann warten.
Jetzt bin ich bei dir.«
Danke.

Ich dachte immer, dass du ohne deine elektronischen
Geräte nicht leben kannst.
Aber jetzt sehe ich, dass es etwas Wichtigeres in
deinem Leben gibt.
Mich.
Du kannst dir nicht vorstellen, ohne mich zu leben.
Mich zu verlieren, könntest du nicht ertragen.
Mir gehört deine Aufmerksamkeit.
Ich bringe deine Welt zum Strahlen.
Du wählst mich.
Und jedes Mal merke ich es.
Und mein Herz fließt vor Freude über.
Das Telefon ist nicht mehr so wichtig.
Du bist nicht länger bereit, meine Kindheit zu opfern.
Danke.

ZUM NACHDENKEN

Greifen Sie beim Warten an der Ampel, im Restaurant, bei Sportveranstaltungen), zu Ihrem Smartphone? Können Sie stattdessen mit den Menschen um Sie herum in Kontakt treten?

Welche kleinen Momente im Alltag nutzen Sie, um mit Menschen anstelle von digitalen Medien zu kommunizieren?

Rufen Sie sich eine Zeitspanne in der letzten Woche in Erinnerung, in der Sie beschlossen hatten, sich nicht ablenken zu lassen, sondern einen Moment zu nutzen, auf den es ankam. Was hat Ihnen dabei geholfen?

KAPITEL 4

ERKENNE DIE BEDEUTUNG DER GEGENWART

Ein Tag nach dem anderen – das reicht. Blicke nicht zurück in die Vergangenheit, sie ist vorbei. Und sorge dich nicht um die Zukunft, sie ist noch nicht hier. Lebe in der Gegenwart, und gestalte sie so schön, dass du dich gern an sie erinnerst.
Ida Scott Taylor

Als ich meine Freiheit noch nicht wiedergewonnen hatte, nahm ich Zeit als etwas Selbstverständliches hin. Als hätte ich magische Kräfte, die mir garantierten, dass mir die Zeit niemals ausgehen würde. Ich verschob also ständig meine Vorhaben – nicht die »dringenden« täglichen Aufgaben wie Telefonanrufe, E-Mails, Dankschreiben und Hausputz. Nein, ich verschob die wichtigen Vorhaben. »Wenn ich dieses Projekt beendet habe, werde ich Zeit mit der Familie verbringen« oder »Wenn ich das aufgeholt habe, dann unternehmen wir etwas Lustiges zusammen« waren nur einige der leeren Versprechungen, die mir so leicht von den Lippen gingen. Ich hätte alles Wichtige im Leben wahrscheinlich weiter aufgeschoben, wäre da nicht diese unleugbare Wirklichkeit gewesen: Es gab immer noch ein Projekt; ich würde niemals alles aufholen; ich würde nie langsamer leben. Aber all das änderte sich, als ich anfing, die Bedeutung der Gegenwart zu erkennen.

Irgendwann wurde ich mir des Wertes des *Jetzt* schmerzlich bewusst. Ich sah ein, dass Sätze wie »vielleicht später« und

»sofort« nicht nur ein paar kostbare Sekunden kosten; sie kosten mich eine Zukunft – eine zukünftige Beziehung zu den Menschen, die ich liebe, und kostbare zukünftige Erinnerungen an Zeit, die wir gemeinsam verbracht haben. Durch wiederkehrende Augenblicke bedeutsamer Verbundenheit wurde mir klar, dass unsere Erinnerungen an unsere gemeinsame Zeit als Familie in den profanen, alltäglichen Augenblicken des Lebens entstanden sind – quatschen, während wir auf den Bus warten, lachen, wenn wir gemeinsam das Abendessen zubereiten, und kuscheln, während die Lieblingssendung im Fernsehen läuft.

Der nächste Schritt markierte das Ende der leeren Versprechungen. Ich wollte mich nicht länger auf Familienurlaube und Feiertage verlassen, um Zeit in Beziehungen zu investieren und Erinnerungen zu schaffen. So begann ich, an jedem Tag, an dem ich mit Leben gesegnet war, zu leben, zu lachen und zu lieben.

Wir müssen uns ständig daran erinnern, wie wichtig es ist, Gemeinsamkeit und Erinnerungen zu schaffen. Ich hoffe, dass die Geschichten in diesem Kapitel Sie dazu inspirieren, Ihre Beziehungen zu pflegen, Familientraditionen ins Leben zu rufen und Erinnerungen zu schaffen, die den Alltag überdauern.

GLAUBE AN DEIN TALENT

Avery kam daumenlutschend mit ihrem Spielzeughasen in die Küche geschlendert. Als ich Butter auf den Toast schmierte, dachte ich, dass sie sich an mein Bein schmiegen und ihre

Wange an meinen Oberschenkel legen würde. Aber sie wollte noch mehr. Früher wäre ich dazu zu beschäftigt oder zu abgelenkt gewesen, heute verpasste ich so etwas nicht mehr.

Ich wusste, was sie wollte, bevor noch eine E-Mail, noch eine SMS und noch eine unnötige Verpflichtung uns einen weiteren kostbaren Augenblick stehlen konnten.

Ich wusste es, bevor mir in den Sinn kam, dass ich noch Wäsche zusammenlegen oder aufräumen könnte.

Ich wusste es, bevor mich irgendetwas davon abhielt, zu tanzen, zu lachen und wirklich zu leben.

Deshalb erkannte ich eine Gelegenheit, das zu ergreifen, worauf es wirklich ankommt. Unter mir stand mein hübsches Kind, das plötzlich ihren rosa Hasen hatte fallen lassen und nicht länger am Daumen lutschte, sondern ihre Arme zu mir hochstreckte – wie damals, als sie noch ein Baby war.

Einen Augenblick lang war ich wie gelähmt. Ich konnte mich nicht mehr an das letzte Mal erinnern, an dem sie auf den Arm gewollt hatte. Zwischen diesen Tagen und heute hatte es viele unterbrochene und schlaflose Nächte gegeben, die mich wertvoller Gehirnzellen beraubt hatten. Das hatte ich nicht erwartet. Ich dachte, die »Nimm mich auf den Arm«-Zeiten wären vorbei, genau wie die Zeit, zu der sie den Namen ihrer Schwester zu »Nana« verkürzt hatte. Ich konnte den Tag, an dem es geschah, nicht genau bestimmen – ich wusste es nur, als es vorbei war.

Obwohl ich noch lange nicht am Ende des Weges angekommen war – es gab immer noch Momente, in denen ich es nicht schaffte, langsamer zu werden und die Kontrolle abzugeben –, erkannte ich eine einmalige Gelegenheit, wenn ich sie sah. Und hier war eine vor mir in ihrem flauschigen, rosagepunkteten Schlafanzug.

Ich wandte mich von dem heißen Toast ab, den ungemachten Schulbroten und den nicht unterschriebenen Hausaufgabenheften. Ich wandte mich meiner Tochter zu. Ich breitete die Arme aus und hob sie hoch – so wie damals, als sie noch ein Baby war. Obwohl ihre ungelenken Arme und Beine sich merkwürdig anfühlten, als sie sich um meinen Hals und meine Taille schlangen, passte ihr Kopf noch immer genau in meine Halsbeuge. Sie schmiegte sich hinein. Dieses kleine Mädchen hatte vor, dort eine Weile zu bleiben.

In diesem Augenblick leistete ich einen Eid. Egal, was um mich herum geschieht, egal, was ich meine, erledigen zu müssen, ich werde nie als Erste loslassen. Ich atmete den Geruch ihres Haares ein. Der Geruch eines Mädchens, das sich ungern die Haare waschen lässt, löste einen Schwall Erinnerungen aus ... wie sie früher ihre Nase gestreichelt hatte, während sie an ihrem kleinen Daumen lutschte ... wie sie geschickt auf den Knien herumrutschte, bis sie beinahe zwei Jahre alt war ... wie ihre kleinen Finger im Takt zu ihrer hübschen Stimme auf der Ukulele zupften, als sie drei war.

Mit jeder Minute, die in diesem glitzernden Kaleidoskop von Erinnerungen verstrich, wurde ihr 18 Kilo schwerer Körper leichter und leichter in meinen Armen. Als ich dastand und mein kostbares Kind wiegte, erinnerte ich mich an die Worte einer Leserin in meinem Blog:

»Ich bin jetzt über sechzig. Ich wünschte, ich hätte damals gewusst, was ich jetzt weiß. Ich habe mir eine Menge Gelegenheiten mit meinen Kindern und anderen lieben Menschen entgehen lassen, weil ich damit beschäftigt war, »Wichtigeres« zu erledigen. Meine jetzige Beziehung zu meinen Kindern ist okay, aber ich kann mir nur vorstellen, wie sie wäre, wenn ich mehr Zeit mit ihnen verbracht, mehr mit ihnen gesprochen und gelacht hätte. Ich glaube, sie haben diese Erfahrungen im Leben gemacht, aber nicht mit mir. Der Preis für die vielen Ablenkungen ist verdammt hoch. Er kann dich dein Leben kosten und dein Glück. Lassen Sie sich das von einer Frau sagen, die weiß, wovon sie redet.«

Ich war froh, dass das Schicksal mir rechtzeitig die Augen geöffnet hatte, bevor es zu spät war. Während ich mein Kind festhielt, ging mir etwas durch den Kopf. Es war beinahe zu schön war, um wahr zu sein:

Ich habe das Heute. Gestern ist vorbei. Alle Fehler, Misserfolge, schlechten Entscheidungen – vorbei.

Das Heute steht mit offenen Armen vor mir.

Ich muss es nur ergreifen.

STRATEGIE DER WOCHE

Nimm dir Zeit für das Wesentliche.

Bisher war ich fest davon überzeugt, dass es meinen Tag aus der Bahn werfen würde, wenn ich mittendrin einmal innehielt. Doch als ich anfing, Pausen einzulegen – wenn auch nur eine Minute lang –, um meinem Kind in die Augen zu sehen, wenn es mir etwas erzählen wollte, seine Kunstwerke zu bewundern oder ihm beim Suchen seiner Lieblingsstiefel zu helfen, bemerkte ich sofort eine positive Veränderung. Solche Momente veränderten die

Stimmung zu Hause deutlich. Meine Familie brachte mir mit einem Mal dieselbe Freundlichkeit und denselben Respekt entgegen, wenn ich etwas sagte oder etwas von ihnen brauchte. Diese kurzen Augenblicke bewusster Verbundenheit verbesserten unser Zusammenspiel, so dass es jeden Tag mehr Gelegenheiten gab, miteinander in Kontakt zu treten und Erinnerungen zu schaffen. Meine Kinder waren außerdem geduldiger, wenn sie auf meine Aufmerksamkeit warten mussten, weil sie wussten, dass ich mein Bestes tat.

Schenken Sie diese Woche Ihrem Kind oder einem anderen geliebten Menschen sofort einen Augenblick, wenn er mit Ihnen spricht oder eine Bitte an Sie richtet, anstatt ihn auf später zu vertrösten.

Sogar sechzig Sekunden ungeteilter Aufmerksamkeit können eine positive Wirkung auf das Verhalten und die Atmosphäre zu Hause haben. Wenn Sie über den Tag verteilt bewusst diese Pausen machen, wird das nicht nur Ihre Beziehungen stärken, sondern Ihnen auch Zeit dafür geben, Erinnerungen zu schmieden.

DIE GEGENWART, DIE VERGANGENHEIT IST

Im Briefkasten lag ein kleiner Umschlag, auf dem handgeschrieben mein Name stand. Eingeklemmt zwischen einem Stapel Geschäftspost, freute mich dieses pastellfarbene Juwel sehr.

Als ich die Karte herausnahm, dachte ich, es wäre eine Geburtsanzeige oder die Einladung zu einer Party. In diesem Fall handelte es sich um ein Dankschreiben für einen Beitrag zu einem Grabstein, den ich als Beileidsbekundung geschickt hatte. Normalerweise lese ich gern Mitteilungen von Dank und Wertschätzung, aber nicht dieses Mal. Der Inhalt des Schreibens war nett und ernsthaft, aber ich hatte kein wohlig warmes Gefühl dabei.

Ich blieb an einem Satz hängen.

Er beeindruckte mich durch die unstrittige Wirklichkeit, dass ein Mensch von der Gegenwart in die Vergangenheit gehen kann – einfach so. Die Zerbrechlichkeit des Lebens stand dort in blauem Kugelschreiber. Dort stand: »Meine Schwester hätte dich gemocht.«

Hätte ...

Auf der Karte stand nicht »Meine Schwester liebt dich« und auch nicht »Meine Schwester wird dich lieben«, weil nämlich diese Möglichkeit vorbei war. Eine junge, lebenssprühende Mutter war zu früh gegangen, und ihr Leben hatte eine nicht zu füllende Lücke hinterlassen.

Als ich die Karte in eine Schublade legte, beschäftigte mich der Gedanke ans Sterben – nicht das Sterben von Menschen, sondern das Sterben von Augenblicken.

Ich weiß, dass der Moment, den ich jetzt gerade erlebe, Vergangenheit werden wird, aber nur selten behandle ich diese kostbaren Augenblicke so, wie ich sollte. In den alltäglichen Momenten mit unseren ganz gewöhnlichen Handlungen schaffen wir Vergangenheit.

Das Abendessen mit Ihrer Familie gestern Abend – das ist jetzt Vergangenheit.

Das morgendliche Weckritual mit Ihrem Sohn, seit er klein

war, ob Sie nun Lust dazu hatten oder nicht – das ist jetzt Ihre Vergangenheit.

Der samstägliche Einkauf auf dem Markt ist jetzt Ihre Vergangenheit.

Die Gespräche und das Zusammensein mit Ihrem Partner letzten Freitagabend – ebenfalls Vergangenheit.

Die täglichen und wöchentlichen Rituale im Leben summieren sich. Und sie kreieren nicht nur Ihre Vergangenheit, sondern sie schaffen möglicherweise auch die Vergangenheit von jemandem, den Sie lieben. Was Sie aus diesen Momenten machen, und der Wert, den Sie ihnen zumessen, kann den Unterschied zwischen bleibenden Erinnerungen oder Vergessen ausmachen.

Wir können nicht in die Zukunft sehen. Wir können nicht voraussagen, wozu sich all diese besonderen Gutenachtrituale oder Familientraditionen addieren ... oder doch? Vor Kurzem kam es mir vor, als hätte ich einen kurzen Blick in die Zukunft geworfen. Und diese Wahrnehmung veränderte meine Sicht auf meinen Alltag tiefgreifend.

Meine Einsicht kam als Gefälligkeit einer Blogleserin mit Kindern, die viel älter sind als meine. Ihre Geschichte veranschaulicht schön, wie Minuten, die man aktiv damit verbringt, den Alltag zu leben, sich zu etwas Bedeutsamem summieren können:

»Vor langer Zeit haben mein Mann und ich uns entschieden, fünfzig Minuten von der Stadt entfernt zu leben, in der wir arbeiten. Das bedeutete täglich knapp zwei Stunden Autofahrt mit meiner Tochter, solange sie zur Schule ging.

Eine Möglichkeit war, die lange Fahrt als Unannehmlichkeit zu sehen. Das wollte ich aber nicht.

Alternativ konnte ich die Fahrzeit nutzen, Anrufe oder E-Mails für meine Arbeit zu erledigen, so dass ich weniger zu tun hätte, wenn ich nach Hause kam. Das wollte ich aber auch nicht.

Stattdessen nahm ich diese tägliche Fahrt als Gelegenheit, mich meiner Tochter zu widmen. Solange wir zusammen im Auto sitzen, hören wir uns aufmerksam zu. Wir führen wichtige Gespräche, machen Witze und schütten einander unser Herz aus. Jedes Mal, wenn wir gemeinsam fahren, erfahre ich die wichtigen Ereignisse ihres Tages.

Diese Gewohnheit, diese alltägliche Routine ist zu einer wundervollen Basis für unsere Mutter-Tochter-Bindung geworden. Ohne diese langen Fahrten hätte ich meine Tochter, die ich nächstes Jahr auf die Universität schicken werde, nicht halb so gut kennengelernt.«

Verehrte Leserinnen, die Quintessenz ist folgende:

Verbringen Sie so viel Zeit wie möglich mit Ihrer Familie am Abendbrottisch.

Bringen Sie Ihr Kind abends ins Bett, sooft Sie die Zeit dafür finden können.

Sprechen Sie so oft wie möglich mit dem Menschen, den Sie lieben.

Schreiben Sie, malen Sie, nähen Sie, bauen Sie, oder verfolgen Sie Ihre Träume.

Zehn Minuten Autofahrt, diese Extrastunde Zeit am Abend, diese letzten zwanzig Minuten des Tages Ihres Kindes –*alles addiert sich.* Und in zwanzig Jahren sind diese Minuten entweder bedeutungslos, oder sie sind zu etwas geworden, *was zählt.*

STRATEGIE DER WOCHE

Eine Familientradition begründen

Als ich beschloss, Hands Free zu leben, nahm ich mir vor, an jedem Wochenende etwas zu tun, an das ich mich gern erinnerte. Ich suchte nicht länger Ausreden, um nicht wenigstens einen Teil der Zeit am Wochenende mit Menschen und Aktivitäten zu verbringen, die mir wichtig sind. Ich fand schnell heraus, dass es keine Rolle spielte, *was* wir machten, auch nicht, wie viel Zeit es in Anspruch nahm, die schlichte Ankündigung, zusammen als Familie etwas Besonderes zu unternehmen, löste schon Verbundenheit und Freude aus.

Begründen Sie eine Familientradition, gleich dieses Wochenende! Zum Beispiel:

- Spieleabend mit der ganzen Familie
- Eine Gutenachtroutine, an die sich alle gern erinnern: Gutenachtgeschichten und Kuscheln, Huckepack ins Bett reiten oder von den eigenen Kindheitserinnerungen erzählen.
- »Etwas Neues lernen« an jedem Wochenende, wie zum Beispiel einen Kräutergarten pflanzen, ein Rad schlagen, ein paar Akkorde auf der Gitarre spielen oder jonglieren.
- Anregungen für das Gespräch am Esstisch: Wort des Tages, Höhepunkt und Tiefpunkt, etwas erzählen, wofür jedes Familienmitglied dankbar ist.

Das liebste Ritual unserer Familie ist das abendliche Erzählen, das von meiner älteren Tochter eingeführt wurde, als sie noch ein Kleinkind war. Im weichen Schein der Nachttischlampe sprach Natalie von ihren Träumen, Lehrerin zu werden, und enthüllte, dass sie gehänselt wurde. In die Wärme der Bettdecke eingehüllt, stellte sie Fragen über den Himmel, das Leben und darüber, sich zu verlieben. Das abendliche Erzählen sind die besten Minuten des Tages. Gleichgültig, wie müde, gestresst oder abgelenkt ich zu ihr gehe: Wenn ich ihr Zimmer verlasse, fühle ich mich verbunden, von Frieden erfüllt und erfrischt. Es kostet mich zehn Minuten, aber der Lohn ist enorm. Ich weiß, was in den Herzen und Köpfen meiner Kinder vorgeht. Und ich glaube, dass ich in zehn Jahren noch dankbarer dafür sein werde.

Die Zeit, die Sie in die Menschen investieren, die Sie lieben, wird sich immer zu etwas Bedeutendem summieren. Diese Traditionen werden sich nicht nur heute positiv auf Ihr Leben auswirken, sondern auch in der Zukunft.

EIN VIELGELIEBTES KIND

Einen Tag lang konnten mein Mann und ich es hinausschieben, Natalie zu sagen, dass ihr geliebter rosa Stoffhund Dog Dog in einem Durcheinander aus Bettzeug im Hotel zurückgeblieben war, hastig vergessen bei einer eiligen Abfahrt am Morgen.

Meine Tochter hat riesige braune Augen, wie Schokoladenteiche, in denen ich leicht ertrinken kann. An diesem Abend konnte ich es kaum ertragen, sie anzusehen. Verzweiflung sprach aus ihnen. Und sie warteten auf einen Hoffnungsschimmer.

»Wird Dog Dog zurückkommen, Mama?«, fragte sie, wobei ihre Tränen glitzernde Spuren auf ihren geröteten Wangen hinterließen.

Ich fühlte mich schuldig, auch nur angedeutet zu haben, dass Dog Dog vielleicht zurückkehren würde, aber ich machte es mir leicht: »Wir haben mehrere Nachrichten im Hotel hinterlassen, und ich hoffe, dass wir morgen etwas hören.« Meine Stimme stockte, aber meine Gefühlswallung blieb unbemerkt, da mein Kind dieses Fünkchen Hoffnung wie einen Rettungsring ergriff, der plötzlich aus dem Nichts aufgetaucht war. Sie warf sich mit ihrem ganzen Körper darauf und klammerte sich mit aller Kraft daran.

»Ich wette, morgen bekommen wir gute Nachrichten, Mama«, flüsterte sie, schon etwas gefasster.

Gott sei Dank hatte ich mich schon in der Nacht davor ausgeweint, als ich die E-Mail las, die mein Mann an die Leitung des Hotels geschrieben hatte. Sie war ergreifend: »Im Zimmer Nr. 556 hat unsere Tochter ihr Stofftier vergessen, das sie seit ihrer Geburt immer zum Schlafen bei sich hatte.« Diese Worte brachten mein Herz einen Moment lang zum Stillstand. Ich stellte mir vor, wie meine Tochter dieses Stofftier in jeder Phase ihres Lebens von sechs Monaten bis acht Jahren hielt. Sobald sie gelernt hatte, etwas festzuhalten, wurde Dog Dog überallhin mitgeschleppt. Mit jedem Jahr, das verging, verlor ihr ständiger Begleiter etwas mehr Haare und wurde etwas weniger rosa. Auch büßte er an Form ein, weil er stets von Ort zu Ort getragen wurde. Sein Etikett war mittlerweile unleserlich.

In anderen Worten, die Zeit hatte ihre Spuren hinterlassen.

Von Jahr zu Jahr sah ich zu, wie mein Kind im Schlaf ihren Kopf auf ihr geliebtes Stofftier legte. Ich bin so dankbar, dass ich ihr in der Nacht, bevor Dog Dog so fahrlässig zurückgelassen wurde, beim Schlafen zugesehen hatte. Er lag direkt unter der Nase meiner Tochter. Beim Schlafen atmete sie seinen Geruch ein, lächelnd, als träumte sie von endlosen Sommertagen und riesigen Eiscremebechern. Ich fragte mich kurz, wann Natalie beschließen würde, dass sie zu groß war, um mit Dog Dog zu schlafen. Sie hatte einmal gesagt, dass sie ihn in einer Schachtel in ihrem Schrank aufbewahren wollte, wenn sie älter wurde, damit sie ihn eines Tages ihrem eigenen Kind zeigen konnte. Ich wusste, der Tag würde kommen, an dem sie ihr kostbares Stofftier nicht mehr zum Schlafen brauchte, aber so hatte ich mir das nicht vorgestellt. Nicht auf diese herzzerreißende Art und Weise, mit der brutalen Endgültigkeit eines unerwarteten Verlustes.

Während mein Kind hellwach im Bett lag und sich fragte, ob sie ihren geliebten Kameraden jemals wiedersehen würde, kam mir dieses Gedicht in den Sinn, und ich musste es unbedingt aufschreiben. Es taucht in schmerzhaftes Terrain ein, wohin zu gehen wir unseren Gedanken und Gefühlen selten erlauben.*

---

* Update: Kurz nachdem diese Geschichte geschrieben war, wurde Dog Dog vom Hotelpersonal entdeckt. Ein Engel mit Namen Narciso erkannte Dog Dog als den geliebten Kameraden eines Kindes, der verlorengegangen war. Dog Dog trat eine weite Reise an, um wieder mit Natalie vereint zu werden – und hat seitdem das Haus nicht wieder verlassen.

DER TAG WIRD KOMMEN

Der Tag wird kommen, an dem sie nicht länger
meine Hand halten will.
Also halte ich ihre Hand, solange ich es noch kann.
Der Tag wird kommen, an dem sie mir nicht mehr erzählt,
was sie beschäftigt.
Also werde ich ihr zuhören, solange sie noch mit
mir sprechen will.
Der Tag wird kommen, an dem sie nicht länger sagt:
»Guck mal, Mama!«
Also werde ich hinsehen und sie ermutigen,
solange ich es noch kann.
Der Tag wird kommen, an dem sie mich nicht länger dazu
einlädt, ihr Schulbrot mit ihr zu essen.
Also werde ich mit ihr essen, solange ich es noch kann.
Der Tag wird kommen, an dem sie meine Hilfe beim
Plätzchenbacken oder beim Tennisspielen
nicht länger braucht.
Also werde ich neben ihr stehen und sie sanft anleiten,
solange ich es noch kann.
Der Tag wird kommen, an dem sie meine Meinung
über Kleider, Freundschaft, Tod und den Himmel
nicht länger hören will.
Also werde ich ihr meine Gedanken mitteilen, solange sie
sie noch hören will.
Der Tag wird kommen, an dem sie mir nicht länger erlaubt,
ihre Gebete und ihre Träume zu hören.
Also werde ich die Hände falten und jedes Wort aufsaugen,
solange ich es noch kann.

Der Tag wird kommen, an dem sie nicht länger mit ihrem
geliebten Stofftier schläft.
Und dieser Tag könnte schneller kommen, als ich glaube.
Weil nämlich manchmal unerwartete Dinge geschehen, die
die Tage vorbeisausen und die Jahre sich überschlagen lassen.
Ihr Lachen hören,
ihre Tränen wegwischen,
ihren Geruch einatmen
und sie umarmen,
all dies könnte eines Tages vorbei sein.
Wenn ich früher dachte, alle Zeit der Welt zu haben,
so weiß ich heute, dass das nicht stimmt.
Der kleine rosa Hund, ohne den mein Kind jetzt nach
acht Jahren einschlafen musste, erinnert mich daran,
dass mir das Morgen vielleicht nicht mehr alles erlaubt,
was ich tun möchte.
Anstatt also zu beschäftigt zu sein,
zu müde, oder zu abgelenkt, wenn sie meine Liebe und
Aufmerksamkeit sucht,
werde ich bereit sein und darauf warten,
sie zu einem vielgeliebten Kind zu machen,
solange ich es noch kann.

STRATEGIE DER WOCHE

Liebevoll sprechen

Eines der wichtigsten Geschenke auf meinem Weg stammt aus einem Artikel, der hieß »Drei Dinge, die man seinem Kind täglich sagen soll«, von Lisa A. McCrohan von der Universität Georgetown.[2] Sie erklärt die Macht dieser drei Sätze:

Ich sehe dich.
Du bist wichtig.
Ich sehe dir gern zu.

»Wenn man sie jeden Tag ausspricht und wiederholt«, schreibt sie, »setzen sich diese Botschaften in der Seele eines kleinen Kindes fest. Es beginnt, an seinen Wert zu glauben. Es verinnerlicht diese Botschaften. Es lernt, andere zu sehen. Es lernt, sich und andere zu lieben ... nur durch ein paar Augenblicke, in denen man innehält und seine Kinder wirklich wahrnimmt. Immer wieder. Jeden Tag.«
Sagen Sie Ihren Kindern diese liebevollen Sätze. Sie werden sich maßgeblich auf unsere kostbarsten Beziehungen auswirken.

ABSCHIEDSKUSS NICHT VERGESSEN!

Manchmal hat sich etwas erübrigt. Quasi über Nacht. Kennen Sie das? Plötzlich müssen Sie Ihr Kind/Ihr Enkelkind nicht mehr hochheben, damit es aus dem Wasserhahn trinken kann. Der Hocker, den es brauchte, um Ihnen in der Küche zu helfen, ist nicht mehr nötig. Am schlimmsten ist es, wenn das Kind ein Wort, das es lange nicht richtig aussprechen konnte (bei uns war es das »Defektionsmittel« statt des »Desinfektionsmittels« und »rechen« statt »unterbrechen«), ihm jetzt korrekt über die Zunge kommt.

Wenn der Augenblick der Erkenntnis zuschlägt, fühle ich mich, als hätte ich einen Schlag in die Magengrube bekommen. Es ist ein Mini-Verlust. Wenn mir so etwas bewusst wird, mache ich immer eine kurze Trauerzeit durch, weil ich weiß, es wird nie wieder ein »Witter« statt eines Gewitters geben oder ein falsch herum geschriebenes »s«.

So ein Verlust wurde mir bewusst, als ich eines Nachmittags in der Autoschlange darauf wartete, mein Kindergartenkind abzuholen. An jenem Tag konnte ich es kaum erwarten, sie zu sehen. Ich sehnte mich danach, sie zu umarmen.

Und dann wurde es mir klar – einer dieser Mini-Verluste.

In den ersten Monaten, in denen sie in den Kindergarten ging, war es ein tägliches Ritual, dass wir uns kurz umarmten und küssten, bevor sie ins Auto unserer Freunde stieg. Drei ganze Monate war Avery nie ohne diese liebevolle Verabschiedung weggefahren.

Plötzlich fiel mir auf, dass es nicht mehr passierte.

Ich zermarterte mir das Hirn … wann hatte es aufgehört?

Ich schämte mich, weil ich es nicht wusste.

Ich wusste nur, dass mein kleines Mädchen jetzt einfach jeden Morgen mit einem Lächeln und einem schnellen »Hab dich lieb, Mama!« ins Auto unserer Freunde stieg.

Ich bin mir sicher, dass Sie jetzt denken: »Das ist doch gut. Das möchtest du doch – dass dein Kind unabhängig wird.«

Stimmt ja ... außer dass ... ich gerade jeden Moment ergreifen will, der zählt. Und eine Umarmung und ein Kuss, bevor man jemanden verlässt, den man liebt, stehen ganz oben auf meiner Liste wichtiger Augenblicke. Er könnte sogar den ersten Platz einnehmen.

Ich hatte den leisen Verdacht, dass mein Kind immer noch eine Umarmung und einen Kuss brauchte, aber die Tradition einfach im morgendlichen Chaos untergegangen war.

Die tägliche Ablenkung hatte wieder zugeschlagen.

Nun, ich wollte diese Tradition wiederbeleben.

Und ich hatte die Möglichkeit dazu.

Im selben Moment musste ich an die Eltern denken, die diese Möglichkeit nicht hatten, und ich empfand Mitleid mit ihnen. Wann immer ich über einen Verlust lese, zwinge ich mich dazu, die herzerweichenden Geschichten von Anfang bis Ende durchzulesen. Ich brauche diese beeindruckenden Mahnungen; ich muss von der Erkenntnis übermannt werden, dass es einen Tag geben könnte, an dem mein Kind durch diese Tür hinausgeht und nicht wiederkommt. Hoffentlich geschieht das nicht an einem Tag, an dem ich es versäumt habe, sie zu umarmen und ihr einen Abschiedskuss zu geben.

Als Avery und ich also abends noch im Bett kuschelten, gab ich sofort zu, dass ich mich schlecht gefühlt hatte. »Erinnerst du dich daran, wie du mich immer umarmt und mir einen Kuss gegeben hast, bevor du morgens zum Kindergarten gefahren bist?«, fragte ich.

Sie nickte ernst, und ich fuhr fort: »Nun, jetzt steigst du einfach ins Auto und winkst mir zu, ohne mich zu umarmen und mir einen Kuss zu geben. Und vielleicht liegt es daran, weil ich so mit Hausaufgaben, Rucksack, Schulbrot, Snack, Schuhen, Socken und Haaren beschäftigt bin.«

Jetzt sah sie auch traurig aus.

Ich zog sie auf meinen Schoß und flüsterte: »Das soll wieder anders werden. Du sollst morgens nicht ohne eine Umarmung und einen Kuss weggehen. Ist dir das recht?«

Avery wartete kaum, bis ich meinen Satz beendet hatte, bevor ein überschwängliches Ja aus ihrem Mund kam. Dann hatte mein schlaues Kindergartenkind, das mit farbigen Klebezetteln auf Mikrowelle, Türen und Tischplatten aufgewachsen war, eine Idee, wie sie sich erinnern würde. Sie griff nach ihrem Tagebuch, schlug eine leere Seite auf und schrieb. Kurz darauf stand auf dem Erinnerungsschild: ABSCHIEDSKUSS NICHT VERGESSEN! Wunderbar!

Am nächsten Morgen hatte meine Tochter das Kuss-Schild noch frisch im Gedächtnis. Sie rannte direkt zur Tür, die in die Garage führte, um sicherzugehen, dass ich es dorthin gehängt hatte, wie sie mich angewiesen hatte. Als sie es sah, strahlte sie über das ganze Gesicht – da wusste ich, dass ich ins Schwarze getroffen hatte.

Kurz darauf waren wir mit dem morgendlichen Gerangel beschäftigt, um Schuhe, Mäntel und Schultaschen zusammenzusammeln. Aber heute hatte ich anderes im Sinn. Und es bekam den Vorzug vor den nicht so wichtigen Kleinigkeiten. Ich rief: »Wir dürfen unseren Kuss nicht vergessen!«

Natalie, die abmarschbereit dastand, zog die Augenbrauen hoch und fragte: »Was soll denn das sein?«

Meine Tochter antwortete, indem sie es ihr fröhlich vormachte. Sie warf sich in meine Arme und umarmte mich mit aller Kraft, dann küsste sie mich zärtlich auf die Wange.

Obwohl meiner älteren Tochter »Ihr spinnt« ins Gesicht geschrieben stand, umarmte ich sie und gab ihr ebenfalls einen Kuss. Sie schmiegte sich tatsächlich ein paar Sekunden lang an mich. Ich schwöre, sie atmete meinen Geruch wie einen alten, wohlbekannten Freund ein, den sie lange vermisst hatte. Hands Free fühlte sich so herrlich an! Das merkte ich oft dann, wenn ich es am wenigsten erwartete.

Minuten später hielten wir in der Autoschlange vor der Schule. Avery war die Letzte, die ausstieg, nach Natalie und zwei ihrer Freundinnen. »Abschiedskuss!«, rief sie, wobei ein paar rosa Lippen ohne Vorwarnung noch einen Kuss auf meine Wange pflasterten.

Statt einem Kuss bekam ich drei an einem Morgen – und so viel mehr. Meine Wange kitzelte an der Stelle, wo ich geküsst worden war. Ich hoffte, es würde den ganzen Tag anhalten.

Ich legte meine Hand auf den warmen Fleck auf meinem Gesicht und dankte meinem Schicksal: Obwohl ich keine Kontrolle darüber habe, was geschieht, wenn meine Kinder mich verlassen, kann ich doch über diese heiligen Minuten bestimmen, bevor wir uns verabschieden.

STRATEGIE DER WOCHE

Verabschiede dich immer richtig.

Früher bedurfte es einer Beinahe-Tragödie, damit ich innehalten und meiner Familie sagen konnte, warum genau ich sie liebe. Jetzt habe ich entdeckt, dass ich in den ein oder zwei Minuten, die es dauert, meine Liebe zu zeigen, Frieden und Dankbarkeit verspüre.

Bestehen Sie auf dieser Minute, die Sie für einen liebenden Abschied ohne Eile brauchen.

- Lassen Sie Ihre Kinder ein Erinnerungsschild malen, damit es in der morgendliche Hetze nicht vergessen wird.
- Organisieren Sie die Abfahrt am Abend vorher (Schulbrote packen, Hausaufgaben kontrollieren, Kleider herauslegen usw.).
- Schalten Sie den Computer nicht ein, solange die Kinder noch zu Hause sind.

Nutzen Sie jede noch so kleine Gelegenheit, das zu erfassen, worauf es ankommt. Lassen Sie sich nicht ablenken, wenn Ihr Kind oder jemand, den Sie lieben, weggeht. Ganz gleich, wie lange sie weg sein werden, lassen Sie sie wissen, dass Sie sie lieben. Das Leben ist unvorhersehbar. Machen Sie das Beste aus jedem Abschied.

BETRACHTUNG

In der Gegenwart leben

Dies will ich heute besonders schätzen.

Ich vergesse, wie es sich anfühlt, ihren kleinen Körper im einteiligen Schlafanzug zu umarmen, bis sie plötzlich herausgewachsen ist und verkündet: »Ich will einen richtigen Schlafanzug – einen, der keine Füße hat.«

Lass mich heute die perfekte Größe und Form würdigen, jetzt, in diesem Moment.

Heute will ich mein Kind besonders schätzen.

Ich vergesse, die seltsamen Eigenheiten zu schätzen, die mich zum Wahnsinn treiben, bis wir eine Zeitlang getrennt sind und ich mich plötzlich danach sehne, eine dieser albernen Marotten mitzubekommen.

Lass mich heute das Kaugummikauen schätzen, das Knöchelknacken und sogar das Summen, weil ich nämlich, wenn ich diese Geräusche höre, weiß, dass ich mit demjenigen zusammen bin, den ich liebe.

Heute will ich meinen Mann besonders schätzen.

Ich vergesse, den Reichtum meines Lebens zu schätzen, bis ich über eine verkehrsreiche Straße gehe und Traurigkeit entdecke – Menschen mit leeren Händen, leeren Augen und leeren Seelen.

Heute will ich die Tatsache besonders schätzen, dass ich in meinem Leben die Liebe kennengelernt habe, und sie mit jemandem teilen, der diese Erfahrung nicht gemacht hat.

Heute will ich den Wert schätzen, den es hat, Freundlichkeit zu verbreiten.

Ich vergesse alles, was unwichtig ist, die Falten, Hamsterbacken und die Tränensäcke, und denke an all das, was ich erlebt habe, um dorthin zu kommen, wo ich heute bin.

Heute will ich jede schöne Erinnerung in meinem Leben besonders schätzen, die mein Gesicht und mein Körper widerspiegeln.

Heute will ich das Positive am Älterwerden besonders schätzen.

Die Sonne – auch wenn sie sich hinter den Wolken versteckt.

Den Abschied – auch wenn es nicht der letzte ist.

Die Güte – auch wenn ich etwas suchen muss, um sie zu finden.

Heute will ich die Geschenke in den ganz gewöhnlichen Augenblicken würdigen. Denn auch wenn sie weit von der Vollkommenheit entfernt sind, so sind dies doch die Augenblicke, die ein Leben ausmachen.

Und für dieses *ganz und gar nicht kleine* Wunder, das mein Leben ist, bin ich dankbar.

ZUM NACHDENKEN

Verschieben Sie es manchmal, Zeit mit geliebten Menschen zu verbringen, oder schieben Sie Dinge auf, die Spaß machen, bis bestimmte Aufgaben erledigt sind oder Sie »mehr Zeit« haben? Kommt dieser ideale Moment jemals?

Welche täglichen oder wöchentlichen Rituale sind für Ihre Familie etwas Besonderes? Wie schaffen Sie es, mit den wichtigsten Menschen Kontakt zu halten? Wie bewahren Sie diese Woche diese Rituale, und wie führen Sie neue Rituale ein?

KAPITEL 5

MACH MAL PAUSE – GELASSENHEIT

Es gibt Wichtigeres im Leben,
als immer nur dessen Geschwindigkeit zu erhöhen.
Mahatma Gandhi

In der Mitte meines Weges erkannte ich, warum mein bisheriges Leben so ermüdend war. Zwei lange Jahre lang hatte es nur eine Geschwindigkeit gegeben: Vollgas. »Beeil dich«, diese beiden Worte kamen mir am häufigsten über die Lippen. Wir mussten immer irgendwohin, immer etwas tun, und es gab nie genug Zeit. Wenn ich mich dann schließlich einmal hinsetzte, dachte meine Familie, ich sei krank. Nur das konnte mich vollständig zum Innehalten bringen.

Vielleicht war der nächste Schritt deshalb so wichtig. Eines Tages holte ich mein Kind aus der Vorschule ab. Anstatt auf das Display meines Smartphones zu sehen oder meine To-do-Liste zu checken, wartete ich einfach auf sie. Als sie mich sah, ging ein Leuchten über ihr Gesicht. Sie winkte heftig mit ihrer Patschhand, als würde sie Micky Maus höchst persönlich begrüßen. Als ich zurückwinkte, musste ich weinen. *Unglaublich, ich wusste nicht, dass sich jemand so darüber freuen kann, mich zu sehen* – weil ich nie lang genug innegehalten hatte, um es zu bemerken. Von diesem Augenblick an schwor ich mir, die Begrüßungen, die Abschiede oder die anderen schönen Momente, die im Kielwasser meiner Eile untergegangen waren, nicht mehr zu verpassen.

Dafür musste ich meinen inneren Einpeitscher entlassen. Was hatte ich davon, wenn ich eine lange Liste überflüssiger Aufgaben abgearbeitet hatte und dabei das Lächeln meiner Kinder und ihre zärtlichen Worte verpasste? Sofort spürte ich, was es mir einbrachte, mir Zeit zu nehmen und einfach nur zu *sein*. Mehr liebevolle Worte, mehr Kuscheln und mehr Lächeln. Ich war nicht länger ein Wirbelwind, der innerhalb von Nanosekunden von A nach B zischte. Ich war bereit, an einem geschäftigen Tag in den geheiligten Pausen Liebe zu schenken und anzunehmen.

Auf dem Weg zu einem entschleunigten Leben ist es wichtig, den hohen Preis für ein Leben, das zu aufgedreht, zu durchgeplant, zu gehetzt und zu gestresst ist, zu erkennen. Die Geschichten und Ziele in diesem Kapitel sollen Ihnen dabei helfen, neue Gewohnheiten einzuführen, um mit den wichtigen Menschen Ihres Lebens zu warten, sich zu erholen, sich zu entspannen, zu spielen und sich mit ihnen zu verbinden.

FROHES WIEDERSEHEN

Als Studentin arbeitete ich mehrere Sommer lang in einem Kinderhort. Mein Lieblingsmoment bei der Arbeit war, wenn ich den Eltern die Babys zum Abholen präsentieren durfte. Wenn sie sich in die Augen sahen, spürte ich eine spontane Woge von Freude zwischen Eltern und Kind. Ich freute mich auf den Tag, an dem ich selbst ein Kind haben würde, damit ich das erleben konnte.

An diese Erfahrungen musste ich später immer wieder denken, als mein kleiner Neffe in den Hort ging. Der Moment, in dem er abgeholt würde, war alles, woran ich den ganzen Tag lang denken konnte. Später hörte ich aufmerksam zu, als meine Schwägerin mir jede Einzelheit ihres frohen Wiedersehens erzählte. Dank ihrer detaillierten Beschreibung konnte ich mir meinen anbetungswürdigen kleinen Neffen mit seinen perfekten Locken vorstellen, wie er seine kleinen Hände nach der Frau ausstreckte, die seine Welt war. Er sabberte ein zahnloses Lächeln, als er sich in die Arme seiner Mutter warf. Bestimmt fing meine Schwägerin in diesem Augenblick an, Begrüßungen zu sammeln, und mein Neffe ebenfalls. Begrüßungen zu sammeln bedeutet, sich an den freudigen Ausdruck eines geliebten Menschen zu erinnern, wenn man sich nach einer Trennung wieder vereint. Diese mentalen Schnappschüsse sind heilig und können während einer langen Trennungszeit Trost spenden.

Meine Schwägerin dachte jede Minute dieses schrecklich langen ersten Tages an ihren Sohn und konnte es nicht erwarten, ihn abzuholen. Bestimmt hat sie vor Freude gestrahlt, als sie ihn wieder abholen durfte.

Wenn mein Neffe von seiner Mutter hochgehoben wurde, stand die Welt für ihn still. Er sah nur das Lächeln seiner Mutter. Und da ich seine Mutter kenne, glaube ich, dass ihre Begrüßung nach diesem ersten Tag im Hort nur die erste von vielen freudvollen Begrüßungen in seinem Leben war.

Aber es brachte mich zum Nachdenken.

Was ist mit meinen eigenen Kindern? Als ich im Hort arbeitete, sehnte ich mich nach dem liebevollen Wiedersehen der Eltern mit ihrem Kind. Aber jetzt, wo meine Kinder nicht mehr so viel von mir fordern und die Ablenkungen des einundzwanzigsten Jahrhunderts zugenommen haben, sind die liebevollen Begrüßungen irgendwo auf der Strecke geblieben.

Manchmal sehe ich nicht einmal vom Computerbildschirm auf, wenn mein Kind ins Zimmer kommt.

Manchmal telefoniere ich, während ich meine Kinder von einer Freizeitaktivität abhole.

Manchmal ist das Erste, was mein Kind am Morgen sieht, nicht mein lächelndes Gesicht, sondern mein gesenkter Kopf, wenn ich dabei bin, E-Mails zu verschicken, oder mein Hinterkopf, während ich die Morgennachrichten schaue.

Die Wahrheit schmerzt, aber die Wahrheit heilt – und bringt mich der Mutter näher, die ich sein will.

Sogar als zwanzigjährige Studentin hatte ich erkannt, wie wichtig eine Begrüßung ist. Vielleicht, weil das in meinen eigenen prägenden Jahren eine Konstante war. Trotz der Tatsache, dass ich manchmal ein schwieriges Kind, Teenager und junge Erwachsene war, begrüßte mich meine Mutter immer mit derselben Herzlichkeit. Sie war stets froh, mich zu sehen. Und obwohl ich verärgert tat und ihre Liebe nicht immer erwiderte, schätzte ich die Begrüßungen meiner Mutter. Ich *verließ* mich darauf. Das Wissen, dass ich diesen freudigen Blick auf das Gesicht meiner Mutter zaubern konnte, hat mich wohl ein oder zwei Mal gerettet. Wenn das Leben es mal wieder nicht so gut mit mir meinte, waren die Begrüßungen meiner Mutter wie Sonnenstrahlen in meiner hoffnungslosen Seele.

Ich will nicht, dass meine Kinder ohne liebevolle Begrüßungen aufwachsen.

Es spielt keine Rolle, was ich gerade mache,

Es spielt keine Rolle, wie lästig es ist aufzusehen,

Es spielt keine Rolle, womit ich mich gerade beschäftige,
Wenn meine Kinder ins Zimmer kommen,
Wenn meine Kinder ins Auto steigen,
Wenn meine Kinder und ich uns nach einer Trennung wiedersehen,
Dann steht die Welt für einen Augenblick still.
Und ich werde meine Liebe in ihre Augen strahlen lassen und in ihre Herzen,
Damit meine Kinder *sehen* und *fühlen*, wie sehr ich sie liebe.

STRATEGIE DER WOCHE

Momente schaffen

Meinen Lieben meine ganze Aufmerksamkeit zu schenken, um sie zu begrüßen, war ein Meilenstein auf meinem Weg zu Hands Free. Ich stellte fest, dass es keiner großen Anstrengung bedurfte, auf meine üblichen Ablenkungen zu verzichten, wenn ich mich nach einer Trennung mit meinem Kind oder meinem Partner wiedervereinte, aber die Wirkung war immens.

Schenken Sie jeden Tag für eine bestimmte Zeit ungeteilte Aufmerksamkeit. Das ist gut zu schaffen. Die Kindererziehungsexpertin Janet Lansbury schlägt drei Gelegenheiten vor, zu denen unsere Kinder unsere Aufmerksamkeit am meisten brauchen:

- Wenn wir nach einer Trennung wieder zusammenkommen
- Wenn unsere Kinder etwas vorführen oder sich anstrengen (zum Beispiel auf dem Fußballfeld)
- Beim Essen

Lansbury schreibt: »Wenn Eltern auf dem Nachhauseweg SMS schreiben, während eines Fußballspiels E-Mails schreiben oder bei geselligen oder intimen Augenblicken wie zu den Essenszeiten am Computer kleben, dann stellen sie nicht die Verbundenheit her, die ein Kind braucht.«[3]

Zu sagen »Ich hab dich lieb« ist einfach, aber Liebe zu zeigen – das ist anstrengend. Man kann es nicht vortäuschen. Man kann es nur leben, indem man alle Ablenkungen beiseiteschiebt, und wenn auch nur für einen Augenblick, und sich auf den Moment und die Person vor einem konzentriert.

Suchen Sie sich eine Gelegenheit, um Ihren Lieben ungeteilte Aufmerksamkeit zu schenken. Wenn Eltern ihre Kinder mit Begeisterung, Interesse und Wärme begrüßen, dann überbringen sie eine Botschaft: *Du wirst geliebt.* Ich bin davon überzeugt, dass es am wichtigsten ist, unsere Kinder mit Freude und Liebe zu begrüßen.

STEHST DU ZUR VERFÜGUNG?

Als meine Tochter die Serie »Unsere kleine Farm« auf DVD zum Geburtstag bekam, war ich fast so aufgeregt wie sie. Es gehört zu meinen Lieblingserinnerungen aus meiner Kindheit, wie ich mit meiner Familie auf dem Sofa kuschelte, während sich auf einem krisseligen Schwarzweiß-Fernseher das Leben in Walnut Grove abspielte.

Als ich aber auf die DVDs blickte und feststellte, dass vierundzwanzig Folgen der Kleinen Farm darauf waren, war ich nicht sehr begeistert. Ich sah die DVDs und sah vierundzwanzig Gelegenheiten, produktiv zu sein, statt Filme zu gucken.

Obwohl mein innerer Einpeitscher nicht mehr dieselbe Autorität besaß wie früher, versuchte diese fordernde Stimme der Produktivität und Effizienz noch immer, mich auf ihre Seite zu ziehen – direkt in die Arme der Ablenkung. *Überleg nur mal, wie viel du schaffen kannst, während die Mädchen »Unsere kleine Farm« schauen. Sie werden die ganzen* fünfund*vierzig Minuten, die eine Folge dauert, keinen Piep von sich geben, und in der Zeit kannst du spielend leicht mehrere Punkte deiner To-do-Liste abarbeiten!*

Aber meine befreite innere Stimme erinnerte mich sanft daran, worauf es wirklich ankam. *Das ist deine Chance, ruhiger zu werden, deine Töchter auf der Couch im Arm zu halten und Teil ihrer Welt zu sein. Vermassele das nicht.*

Also zogen wir uns nach dem Abendessen am nächsten Freitag unsere Schlafanzüge an, machten Popcorn, holten uns Kuscheldecken und drückten auf den Einschaltknopf für Folge eins »Das neue Land«.

Ich war die Erste, die sich ein Plätzchen auf der Couch sicherte. Eine Sekunde später tauchten meine beiden Kinder auf, als würden sie vom stärksten Magneten der Welt zu mir gezogen. Ein Kind klebte an meiner linken Seite, das andere an meiner rechten, und nicht das kleinste Stück Popcorn hätte sich zwischen uns quetschen können.

Sitzt du oft auf der Couch, Rachel Stafford?

Ich beschloss, dass jetzt nicht der rechte Augenblick war, um mich dafür zu schelten, dass ich nicht mehr Zeit mit meinen Kindern auf der Couch verbrachte. Es war an der Zeit, diesen Moment zu genießen, für den ich mich statt Abwasch, Wäsche, Schreiben, Putzen, E-Mails oder alles gleichzeitig entschieden hatte. *Diese* Entscheidung war richtig.

Und die nächsten dreiundzwanzig Folgen machte ich es auch richtig.

Ich hielt mich an mein Versprechen. »Unsere kleine Farm« bedeutet Familienzeit, und meinen Kindern ist das ganz klar, und sie freuen sich, dass wir es gemeinsam ansehen. Diese fünfundvierzig Minuten lang bin ich nicht das bewegliche Ziel, das meine Töchter nur mit klitzekleiner Chance treffen können. Stattdessen sitze ich mit ihnen auf der Couch und habe sie einfach lieb.

Ich denke nicht so gern daran, aber meine ältere Tochter wird nur noch zehn Jahre bei uns wohnen. Zehn Jahre. Das ist nichts – ein Wimpernschlag.

Und wenn ich weiter so durchs Haus schieße, auch die nächsten zehn Jahre von einer Aktivität zur nächsten hetze, dann kann ich mir eines gewiss sein: Ich werde die Gedanken, Fragen, Enthüllungen, Sorgen oder Triumphe meiner Kinder nicht mitbekommen.

Denn so sieht die Realität aus:

Kein Kind will sich mit dem Hinterkopf seiner Mutter oder seines Vaters unterhalten.

Kein Kind will sich mit seinen Eltern verabreden müssen, um ein wenig von ihrer Zeit abzubekommen.

Kein Kind will sich mit seiner Mutter oder seinem Vater unterhalten, die sich von ihren elektronischen Spielzeugen nicht lösen können.

Dank der Erfahrung, die eine Blogleserin mir mitgeteilt hat, habe ich etwas Einsicht in das erhalten, was Kinder von ihren Eltern *wollen.*

»Mein achtzehnjähriger Sohn, der im August aufs College gegangen ist, rief mich am Sonntagabend an. Nachdem wir die Standards – »Wie sind die Kurse?«, »Wie viel Geld ist auf deinem Konto?«, »Hast du noch saubere Wäsche?« – abgehakt hatten, sagte er: »Du fehlst mir wirklich, Mama.« Ich dachte mir: *Ja, bestimmt fehlt dir, dass ich deine Kleider wasche und das Essen koche.*

Dann fragte ich ihn: »Ach ja, warum vermisst du mich denn?«

Seine Antwort war einfach, aber sie verblüffte mich.

»Ich vermisse es, mit dir zu sprechen. Weißt du, abends, wenn wir beide zu Hause waren ... Ich vermisse es einfach, mit dir zu sprechen.«

Bevor ich es merkte, hatte ich angefangen zu weinen. Von allem, was ich als Mutter für ihn getan hatte, vermisste er es am meisten, mit mir zu sprechen.

Ein paar Tage, nachdem ich dies gelesen hatte, suchte ich nach einer Beschäftigung für Avery, während wir bei Natalies Schwimmstunde saßen. Normalerweise hätte ich meinen Notizblock eingepackt, aber es kam mir in den Sinn, dass vielleicht dies nicht der rechte Augenblick war, um etwas von meiner Liste zu erledigen … Vielleicht war es eine Gelegenheit, *da zu sein.*

Ich ließ meine Arbeit zu Hause und nahm stattdessen ein paar Lieblingsbücher meiner Tochter mit und einen Snack, den wir uns teilen konnten. Avery verbrachte einen Großteil der Zeit einfach damit, auf meinem Schoß zu sitzen – auf dem endlich mal kein Laptop lag. Wir hatten die schönste Rede- und Kuschelzeit.

Als meine Beine unter dem Gewicht ihres Körpers taub wurden, drehte sie sich zu mir um und sagte die schönsten Worte, die ich seit Beginn meines Weges gehört habe: »So eine Mama wollte ich immer schon haben.«

Und ich wusste genau, was sie mit »so eine« meinte.

Präsent

Aufmerksam

Anwesend

Verfügbar

Verfügbar

Vollkommen verfügbar, um sie zu lieben.

STRATEGIE DER WOCHE

Zeit für Müßiggang

Für diesen Schritt musste ich meine Geisteshaltung ändern. Viel zu lange hatte ich Aktivitäten ohne sichtbares produktives Ergebnis für Zeitverschwendung gehalten.

Aber dann geschah oft etwas Magisches, wenn ich mich einfach dort hinsetzte, wo meine Kinder sich trafen. Meine Kinder wurden wie magnetisch von mir angezogen. In diesen Momenten des Nichtstuns hörte ich das zarte Gespräch, das in ihren Herzen und Köpfen vor sich ging.

Plötzlich bekam das Pausieren einen großen Wert – tatsächlich war und ist es ein unbezahlbares Geschenk, meine Kinder in diesen Momenten kennenzulernen.

Nehmen Sie sich einen Moment des Nichtstuns:

- Kuscheln Sie sich aneinander.
- Gehen Sie spazieren (lassen Sie das Kind die Geschwindigkeit bestimmen).
- Legen Sie Ihr Ohr auf die Brust von jemandem, den Sie lieben, und lauschen Sie seinem oder ihrem Herzschlag.
- Sitzen Sie draußen, und beobachten Sie die Natur.
- Sehen Sie Ihrem Kind beim Spielen zu.

Indem Sie für die Menschen, die Ihnen wichtig sind, verfügbar sind, bieten Sie ihnen eine zuverlässige und konstante Quelle der Liebe und Unterstützung. In Momenten der Freude oder der Unsicherheit werden Ihre Lieben genau wissen, wo sie Sie finden können.

MIT FREUDEN WARTEN

Vor Kurzem waren Avery und ich auf dem Weg zur Schule, als mein Blick auf die Uhr fiel. Wir waren spät dran, weil sie im letzten Augenblick beschlossen hatte, noch einmal auf die Toilette zu gehen, ihrem Outfit noch ein funkelndes Accessoire hinzuzufügen und ihr Lieblingspaar Fellstiefel zu suchen.

Vor nicht allzu langer Zeit hätte es mich gestresst, so spät dran zu sein. Aber an diesem schönen Tag hielt ich mich weiter an die Geschwindigkeitsbegrenzung und unterhielt mich mit meiner Tochter über ein Projekt aus Marshmellowbuchstaben, das sie am Tag vorher in der Schule beendet hatte.

In Augenblicken wie diesem ertappe ich mich bei einem bestimmten Gedanken: *Ich kann nicht glauben, dass ich das* bin. *Meine neue Rolle gefällt mir so gut.* Verstehen Sie mich nicht falsch, ich bin noch lange nicht am Ziel – aber ich mache Fortschritte, und das gibt mir Hoffnung.

Ein paar Minuten später hatten wir auf dem Schulparkplatz geparkt. Ich drehte mich um, um meine Tochter anzusehen, und beobachtete, wie sie den Sicherheitsgurt löste und dann geschäftig damit begann, ihren geliebten Plüschfrosch in den Kindersitz zu schnallen. Avery hatte gerade erst gelernt, die Sicherheitsgurte zu bedienen, und kämpfte darum, das magische Klicken zu hören. Sie war so konzentriert, dass ihre rosa Zunge aus ihrem Mundwinkel hervorlugte.

Sie war bereits mehr als ein paar Minuten zu spät für den Unterricht. Ich sah in den Rückspiegel und wollte gerade sagen: »Komm, wir müssen los«, aber etwas hielt mich zurück.

Ich sagte nichts. Ich beschloss zu warten.

Ich sah, wie entschlossen meine Tochter war, ihren Frosch anzuschnallen! Ihre kleinen Finger schoben die Schnalle in die eine und in die andere Richtung. Wunderbarerweise ließ sie sich nicht entmutigen, sondern wurde nur noch entschlossener. Ich war versucht, sie zu fragen, ob sie Hilfe brauchte. Und wieder hielt ich mich zurück und wartete.

In dem Augenblick richtete Avery die kostbarsten Worte an ihren Frosch. Während sie eifrig an dieser unkooperativen Schnalle arbeitete, flüsterte sie mit leiser, besänftigender Stimme: »Wenn ich dich erst einmal an deinen Platz gesetzt habe, Fröschchen, wird's dir gutgehen. Alles wird gut, Fröschchen.« Dann fügte sie hinzu. »Es wird supergut.«

Und dann hörte ich das fröhliche Klicken des Gurtes.

Mein lockiges Kind verabschiedete sich von seinem vielgeliebten Spielzeug, das träge in dem zu großen Kindersitz hing. Jetzt war mein Kind bereit zu gehen.

Nachdem ich Avery in ihre Klasse gebracht hatte, kam ich heraus und saß noch eine Zeitlang im Auto. Ich spürte eine Woge der Dankbarkeit, dass ich meine Tochter an diesem Morgen nicht zur Eile angetrieben hatte. Es hatte zwei Gelegenheiten gegeben, wo ich sie hätte drängen können. Aber stattdessen hatte ich geduldig gewartet. So wie man auf ein festliches Ereignis wartet oder auf eine besondere Gelegenheit: Ich hatte mit Freuden gewartet.

Wenn ich sie gedrängt hätte, hätte ich die süßen Versprechen nicht vernommen, die sie ihrem Frosch zugeflüstert hatte. Obwohl sie mit ihrem Spielzeug gesprochen hatte, war ich überzeugt, dass die Botschaft mir galt.

Wenn ich dich erst einmal an deinen Platz gesetzt habe, wird's dir gutgehen.

Früher saß ich nicht am richtigen Platz. Ich war durcheinander, rannte hierhin und dorthin, hetzte meine Familie und mich selbst durchs Leben. Ich verpasste die unvergesslichen Sonnenuntergangsmomente und die geflüsterten Botschaften mit schicksalhafter Bedeutung.

Erst nach meinem Zusammenbruch bremste ich endlich genug ab, um zuzuhören. Es war ein Zeichen, und es beinhaltete dieselbe Botschaft, die meine Tochter heute ausgesprochen hatte.

Wenn ich dich erst einmal an deinen Platz gesetzt habe, wird's dir gutgehen.

In diesem Moment wusste ich es.

Ich finde meinen Platz, wenn ich meine Hände frei habe.

Wenn ich die Hetze und den Stress loslasse ...

Wenn ich das exzessive Tun und die vollgepackten Terminkalender aufgebe ...

Wenn ich das klingelnde Telefon und die tickende Uhr ignoriere ... wird mir meine Bestimmung im Leben immer klarer. Das meiste aus jedem Tag herauszuholen. Die Geschenke meines Lebens zu genießen. Nichts als selbstverständlich hinzunehmen.

Wir bemerken solche Geschenke nicht, wenn wir dauernd rennen ... und rennen ... und rennen.

Es ist an der Zeit, abzubremsen und zuzuhören. Die Welt wird zweifellos an dir vorbeizischen, aber warte ab. Warte einfach ab. In Zeiten von Ruhe können dich Freude und Liebe finden und dich dem Ort näher bringen, an den du gehörst.

Und es wird nicht nur alles gut sein, es wird supergut sein. Und das, meine Freunde, ist eine wunderschöne Art und Weise zu leben.

STRATEGIE DER WOCHE

Warten macht Spaß

Bei diesem Schritt erkannte ich den hohen Preis, den ich für meine Ungeduld zahlte.

Diese eilige Lebensweise bescherte mir nicht nur unnötige Frustration, Stress und Zorn, sie beraubte mich außerdem zahlloser wertvoller Momente.

Wenn ich in Versuchung geriet, meiner Ungeduld nachzugeben, gab es zwei Möglichkeiten:

- Ich fragte mich: »Was kann schlimmstenfalls passieren, wenn ich zu spät komme?« Damit überzeugte ich mich davon, dass ein paar Minuten Verspätung besser waren, als meine Kinder anzuschreien oder einen Strafzettel für Geschwindigkeitsüberschreitung (oder gar einen Unfall) zu riskieren.
- Ich redete mir gut zu, dass die Verspätung ein Segen war – möglicherweise vermied ich damit einen Un-

fall. Das machte es mir leichter, abzubremsen und meine Entscheidung gut zu finden.

Wie fühlen Sie sich, wenn Sie spät dran sind oder warten müssen? Bleiben Sie gut gelaunt, statt sich von Frustration, Zorn und Stress verschlingen zu lassen. Dann lehnen Sie sich zurück, und beobachten Sie, wie etwas Schönes sich offenbart und Sie dahin bringt, wo Sie immer schon sein wollten.

ES GIBT EINEN ORT, AN DEM DAS LEBEN EINFACH IST

Vor Kurzem habe ich einen alten Studienfreund wiedergetroffen, der jetzt Prozessanwalt ist. Da Matts Beruf ihn mit Menschen in Kontakt bringt, die sich sehr von denen in meinem Leben unterscheiden, freute ich mich darauf, von seinen Erfahrungen zu hören. Besonders gefiel mir, als er erzählte, was ihm passiert war, nachdem er einen Mann in einem Hochsicherheitsgefängnis besucht hatte.

Matt sagte, dass er beim Verlassen des Gefängnisses eine große Dankbarkeit dem Leben gegenüber empfunden hatte. Er atmete seine Freiheit bewusst tief ein und holte noch ein paarmal extra Luft für den Mann im Gefängnis, den er in den vergangenen Stunden beraten hatte.

Als Matt wegfuhr und die Festung aus Stacheldraht im

Rückspiegel kleiner werden sah, kurbelte er das Fenster herunter und ließ so viel frische Luft wie möglich ein. Aus einer Laune heraus beschloss er, die Panoramastraße nach Hause zu nehmen, und genoss die ungezähmte, natürliche Pracht der Berge Kentuckys.

Er erreichte einen kleinen Ort, in dem es ein einfaches Gasthaus gab. Dort aß er ein Sandwich mit gebratener Fleischwurst. Drei Getränke standen zur Auswahl: Sprite, Coca Cola und Wasser. *Hier ist das Leben einfach.*

Nach dem Mittagessen entdeckte er eine kleine Bäckerei und bekam Lust auf einen Cupcake. Wahrscheinlich würde Mama Hazels Bäckerei die besten Vanillecupcakes anbieten, die er je probiert hatte – und die wollte er sich nicht entgehen lassen.

Als er ins Auto steigen wollte, bemerkte er einen unberührten See, dessen ruhige Schönheit ihn lockte.

Einen Augenblick überlegte er, ob er sich die Zeit nehmen sollte, um am Ufer zu sitzen, aber dann sah er einen großen, glatten Stein.

An diesem Punkt unterbrach ich Matt: »Die Entscheidung ist dir bestimmt leichtgefallen.«

Ich habe Matts Antwort nie vergessen: »Ich hatte zu tun, aber eigentlich hatte ich auch wieder nichts zu tun.«

Auf diesem Stein am See hatte Matt zum ersten Mal über ein für ihn schmerzhaftes und stürmisches Jahr nachgedacht. Zum ersten Mal seit langer Zeit empfand er tiefen Frieden mit sich und seinem Leben. Er schloss mit den Worten: »Du kannst das Leben nur genießen, wenn du auch mal langsam machst«, – als ob ich das als Hands Free-Mama nicht bereits wüsste.

Natürlich wusste ich es, ebenso wie ich wusste, Hands Free zu meiner Lebenspraxis zu machen.

Mehrere Tage lang dachte ich über das Gespräch mit Matt nach. Seine Bemerkung, dass er zwar zu tun hatte, aber eigentlich auch wieder *nichts*, bekam ich nicht aus dem Kopf.

Ich würde gewiss demnächst kein Hochsicherheitsgefängnis besuchen. Ich wusste, dass meine gegenwärtigen Verpflichtungen keine langen, geruhsamen Fahrten durch die Berge zuließen. Und ich hatte nicht solchen Schmerz und Verlust erlebt wie Matt im letzten Jahr. Aber ein Quantum Entschleunigung und Freude über die einfachen Dinge des Lebens, das fehlte mir. Ich beschloss, es in Zukunft zuzulassen, genau wie Matt.

Am nächsten Sonntag hatte meine Familie einen vollen Tagesplan und verschiedene Verpflichtungen. Aber in meinem Kopf wiederholte sich ständig eine Frage: »Natürlich haben wir etwas vor, aber müssen wir das *wirklich* alles machen?«

Ich hatte Lust, diese Verpflichtungen zu vernachlässigen und einfach einen Tag mit meiner Familie zu verbringen. Scott und ich hatten schon öfter darüber gesprochen, dass wir unsere Töchter zum Angeln an einen See in der Nähe mitnehmen wollten, aber wir fanden nie Zeit dafür. Plötzlich war es mir wichtig, angeln zu gehen.

Wir sagten unseren Töchtern, was wir vorhatten, dann zogen wir uns alle begeistert bequeme Kleidung an und setzten unsere Lieblingshüte auf. Gemeinsam packten wir eine Kühltasche mit Wasser und Snacks. Mein Mann holte die Angelruten. Kurz darauf waren wir am See – dessen Oberfläche so hell funkelte, als wäre sie eigens für uns poliert worden.

Wir mieteten ein klappriges Boot, das über einen fragwürdig aussehenden (aber überraschend kräftigen) Motor verfügte. Nach dem Gesichtsausdruck meiner Kinder zu urteilen, als das Boot beschleunigte, hätte man denken können, dass wir auf einer Yacht in der Karibik fuhren.

Die wichtigsten Fragen an diesem Tag waren, wo auf dem großen See wir das Boot ankern sollten und ob wir Grillen oder Würmer als Köder benutzen sollten. Als wir einen perfekten schattigen Ort gefunden hatten, warfen die Mädchen ihre Angeln aus und warteten gespannt.

Während wir warteten ...

bewunderten wir eine perfekte Wolke,

spürten wir die wärmenden Sonnenstrahlen durch die Bäume,

lehnten wir uns zurück und ließen uns vom beruhigenden Schaukeln des Wassers einlullen,

gaben wir den Würmern alberne Namen und lachten, bis uns die Bäuche weh taten,

empfanden wir tiefe Dankbarkeit für die Schönheit, die uns umgab.

Mit anderen Worten ... wir nahmen unglaublich viel wahr. Wir hörten Geräusche, die sonst in der Hektik des Alltags untergehen. Wir spürten einen Frieden und eine Verbundenheit, die man nur erfährt, wenn man nicht durch den Tag hetzt.

Es gab viele Orte, an denen wir diesen Tag verbringen konnten. Es gab genug zu erledigen. Aber stattdessen hatten wir beschlossen, uns einfach einen schönen Tag zu machen.

Und hier ist die beste Nachricht überhaupt: Man muss nicht erst ein Hochsicherheitsgefängnis besuchen, um das zu schätzen. Man muss nicht erst durch die Berge fahren, um es zu sehen. Man muss nicht erst auf einen alten Landgasthof stoßen, um es zu schmecken.

Das einfache Leben ist gleich hinterm Haus.

Aber man muss sich dafür entscheiden. Ganz bewusst und

gegen alles, was einen daran hindert, zu hören, zu sehen und zu spüren, worauf es wirklich ankommt.

Das Leben ist einfach, du kannst es erreichen ... wenn du es zu etwas Wichtigem machst.

STRATEGIE DER WOCHE

Dorthin gehen, wo das Leben einfach ist

Bevor Achtsamkeit für mich so wichtig geworden war, gab es zahllose Gelegenheiten, bei denen ich am liebsten für ein Picknick angehalten hätte, über die Panoramastraße gefahren wäre und die Kinder über die Geschwindigkeit entscheiden lassen wollte – aber ich tat es nicht. Der innere Einpeitscher trieb mich immer weiter. Aber irgendwann tauchte immer häufiger die Frage auf: »Wann, wenn nicht heute?« Ich stellte auch fest, dass sich die besten Momente im Leben fast immer spontan ereignen. Man braucht keinen Masterplan, keine große Inszenierung, um Spaß zu haben und Erinnerungen zu schaffen.

»Die Freuden des einfachen Lebens« können darin bestehen ... einen Haufen Laub zusammenzuharken und darin herumzuspringen; Brot zu backen und die Hände in den klebrigen Teig zu stecken; in den Himmel zu schauen, sich eine Wolke auszusuchen und sie zu beobachten; eine Hand zu halten und einen Spaziergang im

Sonnenschein zu machen. Die Freuden des einfachen Lebens entdecken Sie, wenn Sie sich dafür entscheiden und langsamer machen.

Kann das, was Sie noch erledigen müssen, wirklich nicht bis Montag warten?

Setzen Sie für diese Woche unverplante Familienzeit an.

Was sind die Freuden des einfachen Lebens für Sie? Erkennen Sie sie, und nehmen Sie sich vor, sie irgendwann einmal zu genießen?

Pflastern Sie Ihr Leben mit Verpflichtungen und To-do-Listen zu? Oder denken Sie gar nicht mehr an das einfache Leben? Lassen Sie heute alles sein. Suchen Sie heute »die Freuden des einfachen Lebens«. Sie müssen sich nur die Zeit dafür nehmen.

BETRACHTUNG

Gelassenheit

Jetzt ist es an der Zeit

Manchmal muss erst etwas passieren, damit wir etwas verändern. Als wären die Sinne geschärft, und jede Minute erscheint als ein Geschenk, das man langsam auspackt, um es besser zu genießen.

Genau das geschah, als ein mittelschwerer Tornado in den frühen Morgenstunden unser Viertel traf. Während meine Familie sich für den zweiten Ansturm wappnete, vor dem der Wetterbericht warnte, dass er noch verheerender sein würde als der erste, beobachtete ich sie.

Ich sah, wie meine jüngere Tochter sich ganz allein anzog.

Ohne Eile, ohne Hast.

Ich hörte, wie meine ältere Tochter laut vorlas,

ohne sie zu verbessern oder zu seufzen.

Ich staunte, als meine Kinder die Topfpflanzen auf der Terrasse gossen,

ohne sie wegen »Wasserverschwendung« oder schmutzigen Händen zu schelten.

Ich lachte, als sie orange leuchtende Cheese Puffs verschlangen.

Ich bürstete verknotetes Haar sanft und zärtlich,

ohne den Schmerz, der mit der Eile kommt.

Ich prägte mir ihr melodisches Lachen ein,

ohne den Gedanken daran, ihre Freude mit Multitasking zu erschlagen.

Und meine befreite innere Stimme sprach klarer zu mir als je vorher.

Jetzt ist die Zeit.

Jetzt ist die Zeit, ihnen beim Einschlafen zuzusehen.

Jetzt ist die Zeit, so oft »Ich hab dich lieb« zu sagen, dass du davon heiser wirst.

Jetzt ist die Zeit, sie festzuhalten, bis deine Arme müde werden.

Jetzt ist die Zeit zu lachen, bis dir der Bauch weh tut.

Jetzt ist die Zeit, Dankesgebete zu flüstern.

Jetzt ist die Zeit, gewöhnliche Augenblicke als Geschenke zu erkennen.

Jetzt ist die Zeit, den Moment zu leben.

Jetzt ist die Zeit.

Jetzt ist die Zeit.

Weil du nämlich nie weißt, was als Nächstes kommt.

ZUM NACHDENKEN

Wie schwer fällt es Ihnen, stillzusitzen, zu entspannen und für diejenigen, die Sie lieben, verfügbar zu sein?

Welche positiven Auswirkungen hätte es, sich jeden Tag Zeit dafür zu nehmen?

Ist es für Ihre Lieben schwer, Ihre ungeteilte Aufmerksamkeit zu bekommen (und zu behalten), wenn sie mit Ihnen sprechen? Versuchen Sie, häufiger Gelegenheiten für ernsthafte Gespräche zu schaffen.

KAPITEL 6

EIN LEBEN OHNE ABLENKUNG – KLARHEIT

Sieh alles so, als sähest du es zum ersten oder zum letzten Mal. Dann wird deine Zeit auf Erden von Herrlichkeit erfüllt sein.
Betty Smith

Ich hatte wirklich einen Tunnelblick. Ich war so darauf konzentriert, was als Nächstes dran war – mein nächstes Ziel zu erreichen, mein nächster Abgabetermin, irgendwo anzukommen – dass ich die schönen Ausblicke auf dem Weg dorthin verpasste. Es gab für alles einen Masterplan, und jede Kleinigkeit, die diesen Plan gefährdete, erschien mir ärgerlich oder lästig. Und nicht nur Warteschlangen und Staus lösten negative Gefühle in mir aus, sogar Verspätungen, an denen meine Kinder schuld waren, nervten mich. Mein Drang, jede Situation unter Kontrolle zu halten, machte mich blind für die kostbaren Geschenke direkt vor meiner Nase. Ich erkannte die Gelegenheiten für Wichtiges nicht, weil ich mich auf Nichtigkeiten konzentrierte.

Mit Hands Free hob sich mein negativer Schleier. Mein nächster Schritt bot mir einen klaren Blick auf mein Leben – sogar, wenn die Dinge nicht so liefen wie geplant. Plötzlich konnte ich die Gelegenheiten, das zu ergreifen, worauf es wirklich ankommt, nicht mehr übersehen. Stand ich vor einer Ampel, wurde dies zu einer Gelegenheit, über etwas nachzudenken. Die Verspätung des Musiklehrers gab meiner Tochter die Chance, mir ein privates Konzert zu geben. Mein Smartphone zu vergessen verschaffte mir die Gelegenheit, ohne Ablenkung mit dem Mann, den ich liebe, zusammen zu sein. So belebte sich die Schönheit der Welt, und aus Unannehmlichkeiten wurden Gelegenheiten.

Während Sie dieses Kapitel durcharbeiten, verrate ich Ihnen, wie Sie den negativen Filter der Kontrolle ablegen, der Sie so schöne Gelegenheiten verpassen lässt, und das Leben mit den Menschen, die Sie lieben, zu genießen.

FREIWILLIG SCHLAFLOS

Ich war nach einer langen Nacht des Schreibens gerade dabei, friedlich einzuschlafen, als ich Averys unterdrücktes Weinen hörte. Ich ging nach oben zu ihrem Zimmer und sah, dass sie die Treppe hinuntergehen wollte.

Ohne ein Wort zu sagen, streckte mein Kind die Arme aus. Ich hob sie hoch und merkte sofort, dass sie vor Fieber glühte. Ich trug sie ins Bett zurück, maß ihre Temperatur und gab ihr Wasser. Obwohl sie ziemliches Theater machte, überzeugte ich sie davon, ein fiebersenkendes Medikament zu nehmen.

Schließlich lag sie ruhig im Bett. Ich sah kurz auf den digitalen Wecker und stellte fest, dass dieses Intermezzo nur zehn Minuten gedauert hatte. Wenn ich gleich nach unten rannte und sofort wieder einschlief, würde ich noch fünfeinhalb Stunden Schlaf bekommen. Irgendwo hatte ich gelesen, dass Menschen mindestens fünf Stunden Schlaf benötigen, um ernste Gesundheitsrisiken zu vermeiden – und ich wollte meine fünf Stunden!

Hastig küsste ich die Wange meiner Tochter in der Absicht, sofort wieder ins Bett zu gehen – das war zumindest der Plan. Aber ich hätte wissen müssen, dass Kinder für gewöhnlich ihren eigenen Plan haben – besonders, wenn es Mitternacht ist und sie krank sind.

»Kannst du mir den Bauch massieren, Mama?«, bat meine Tochter mit dieser kläglichen, kränklichen Stimme. »So, wie du es gemacht hast, als ich noch ein Baby war«, fügte sie als zusätzliches Druckmittel hinzu.

Ich gehorchte und massierte etwa dreißig Sekunden lang ihren Bauch, bevor meine Hand müde wurde – was mich daran erinnerte, dass ich unbedingt ins Bett wollte.

In der Hoffnung, dass sie sich nicht rühren würde, schlich ich mich leise hinaus. Ich rannte ins Bett zurück. Ahhh ... es war kurz vor ein Uhr. Noch innerhalb der fünf Stunden. Ich versicherte mir, dass ich einen frühen Tod noch vermeiden konnte.

»Mama! Mama!«

Ich schrak auf. Und gerade, als ich dachte, dass sie nicht noch lauter werden könnte, ließ mir ihr Schrei das Blut in den Adern gefrieren.

»MaMAAAAA!«

Ich nahm zwei Treppenstufen auf einmal und war auf das Schlimmste gefasst. Aber nein, das Einzige, was ich sah, war der leidende Ausdruck auf dem Gesicht meines kranken Kindes.

»Kannst du mir noch ein bisschen den Bauch massieren?«, fragte Avery schwach.

Diesmal massierte ich zwei Minuten lang. Ich war noch nie so froh, sie Daumen lutschen zu sehen. Ihre Augenlider fingen an zu flattern, was darauf hinwies, dass sie dabei war einzuschlafen. Ohne ein Geräusch zu verursachen, stand ich mit der Gewandtheit eines Navy SEALs von ihrem Bett auf. Gerade, als ich mich davonmachen wollte, schlug sie die Augen auf und fragte mich, warum ich so schnell wieder wegging.

Nachdrücklich und gleichzeitig liebevoll informierte ich sie: »Ich gehe zurück ins Bett. Du brauchst deinen Schlaf, und Mama braucht ihren Schlaf auch. Du hast Eiswasser, und deine Fiebermedizin wirkt jetzt.«

Sie nickte gehorsam.

Bevor ich ging, fügte ich hinzu: »Und wenn etwas ist, dann brauchst du meinen Namen nur einmal zu rufen. Ruf einfach ›Mama‹ und ich komme.«

Sie nickte wieder.

Gerade, als ich zurück in meinem Bett war und das Kissen aufgeschüttelt hatte, hörte ich ein einziges, einsames »Mama.«

Jetzt war ich diejenige, der nach Schreien zumute war. Der Wecker zeigte 01:20. Ich war jetzt im Weniger-als-fünf-Stunden-Bereich angelangt. Einfach toll, dachte ich mir. Auf einen Schlag hatte ich erfolgreich mein Risiko für eine koronare Gefäßkrankheit, für einen Schlaganfall und für Bluthochdruck erhöht!

»Was ist denn?«, fragte ich ruhig durch zusammengebissene Zähne, während ich nach meinem neuerlichen Sprint die Treppen hoch nach Luft schnappte.

»Mama, ich muss mal«, wimmerte sie.

Ich widerstand dem Drang, ihr zu sagen, dass sie mich dazu nicht brauchte. Stattdessen sank ich auf ihrem Bett zusammen und murmelte: »Ich warte hier auf dich.«

Wieder warf sie mir diesen Blick zu.

Als wir das Badezimmer erreichten, entdeckte sie ihre Büchertasche und ihre Leseliste, die neben der Toilette auf sie warteten.

»Ich muss lesen üben«, erklärte Avery.

Erstens war es jetzt 01:30 Uhr. Zweitens war dies keine Büchertasche von einer richtigen Schule. Oh nein, die war von der ausgedachten Schule der großen Schwester, die, in der die kleine Schwester Lesen üben musste – obwohl sie noch gar nicht wirklich liest. Dann muss Mama die Liste unterschreiben, um zu bestätigen, dass die Schülerin ganze zehn – ja, zehn – Minuten gelesen hatte.

In diesem Moment hätte ich ein Machtwort sprechen können. Ich hätte meine gutgeölte Lehrerinnenstimme einsetzen und erklären können: »Genug ist genug. Es ist Schlafenszeit.«

Aber aus irgendeinem Grund schwieg ich.

Vielleicht waren es ihre geröteten Wangen.

Vielleicht war es die Art, mit der sie bereits das Buch aufgeschlagen und damit begonnen hatte, für sich zu »lesen.«

Vielleicht war es die Art, wie ihre kleinen Füße baumelten, als sie auf der Toilette saß.

Vielleicht, weil sie so verzweifelt wollte, dass ich bei ihr war.

Vielleicht, weil mir meine schläfrigen Augen in einem schwierigen Moment so machtvoll geöffnet wurden.

Und ausnahmsweise konnte ich sehen, was im Leben am wichtigsten ist ... direkt vor meinen Augen. Vielleicht war der Plan meines Kindes viel besser als meiner.

Avery gab mir das Buch, das sie »gelesen« hatte, und bat mich, zu Ende zu lesen. Nach jeder Seite unterbrach sie mich, damit sie die Worte wiederholen konnte, als ob sie tatsächlich läse. Anstatt einen großen »das wird ewig dauern«-Seufzer auszustoßen, staunte ich über mein hübsches Kind.

Ich staunte über die kleinen braunen Sommersprossen auf ihrer Nase.

Ich staunte darüber, was sie über ihre Lehrerin sagte, die genau dieses Buch vorgelesen hatte.

Ich staunte darüber, wie liebevoll sie über ihre bewundernswerte Schwester/Lehrerin sprach.

Ich staunte über die Tatsache, dass dieses Kind mit einem Fieber von 38,6 und schlimmen Kopfschmerzen immer noch ihr grandioses Lächeln aufsetzen konnte.

Da gab ich auf. Ich hörte auf, die Stunden zu zählen, die ich noch schlafen wollte. Ich dachte nicht mehr daran, wie unbequem es war, auf dem Badewannenrand zu sitzen. Ich dachte nicht mehr daran, wie stimulierend ein Medikament gegen Fieber bei meinem Kind wirkte (und dass ich es ihr nie wieder mitten in der Nacht geben würde).

An diesem Punkt veränderte sich mein Blick grundlegend. Was als Ärger mitten in der Nacht begonnen hatte, war jetzt zu einem unerwarteten Geschenk geworden.

Ein paar Minuten später lag Avery wieder im Bett. Diesmal massierte ich ihren Bauch, bis sie eingeschlafen war. Ich bin mir nicht sicher, wie lange es dauerte, weil ich nicht auf die Uhr gesehen habe. Ich blickte auf ihre dunklen Wimpern und sah zu, wie ihre Brust sich im Schlafanzug hob und senkte. Ich betrachtete ihr hübsches Gesicht und die weichen Locken, die auf dem Kissen lagen.

Am nächsten Morgen war meine Tochter etwas angeschlagen. Ich fragte mich, ob sie sich überhaupt an die nächtliche Geduldsprobe erinnerte.

»Kann ich dir was sagen?«, fragte Avery mit etwas kratziger Stimme. Sie umarmte mich und sagte: »Du bist eine wirklich tolle Mama.«

Ich hatte zwar meine fünf Stunden Schlaf nicht bekommen, aber in dieser Nacht hatte ich einen treuen Fan gewonnen – einen gelockten, immer lächelnden Fan. Und es war durchaus vorstellbar, dass die lebenslangen Vorteile für meine Gesundheit den fehlenden Schlaf wieder wettmachen konnten.

STRATEGIE DER WOCHE

Erkenne deine Feinde.

Je weiter ich auf meinem Weg vorankam, umso bewusster wurde mir diese einfache Wahrheit: Ich wurde meistens in den Momenten mit meiner Entscheidung, Hands Free zu leben, konfrontiert, in denen ich es am wenigsten gebrauchen konnte. Mittlerweile wusste ich, bei welchen Gelegenheiten es am schwierigsten war. Schlafmangel war so ein Punkt; er machte mich ungeduldig und schlecht gelaunt. Hands Free war in diesem gereizten Zustand das Letzte, was mir in den Sinn kam. Nachdem mir das aufgefallen war, sorgte ich dafür, ab sofort ausreichend Schlaf zu bekommen. Innerhalb einer Woche verbesserte sich meine Laune deutlich. Ich war geduldiger, liebevoller und ruhiger. Nach einer gut durchschlafenen Nacht fiel es mir wesentlich leichter, meine Vorsätze zu beherzigen.

Finden Sie heraus, wie es sich bei Ihnen verhält. Versuchen Sie, den oder die Faktoren auszuschalten, die Sie daran hindern, Ihre Vorsätze in die Tat umzusetzen.

Denken Sie daran, dass es im Leben mehr gibt als die Unannehmlichkeit, die Ihnen zuerst ins Auge fällt. Manchmal ist es nur eine Sache der Perspektive.

HERZENSANGELEGENHEITEN

Meine Kinder haben beide einen Rucksack, den sie mit zur Schule nehmen. Darin steckt eine Mappe. Jeden Nachmittag leere ich die Mappen. Am nächsten Tag kommen sie prall gefüllt zurück.

Darauf kann ich mich verlassen.

Früher geriet ich schon unter Druck, wenn ich den Rucksack nur sah. Ich wusste, dass in den Mappen noch mehr Papiere, noch mehr Verantwortung und noch mehr Aufgaben steckten, für die ich keine Zeit hatte. Dieses Gefühl verstärkte den Druck auf mich enorm.

Da ich selbst Lehrerin bin, wusste ich, dass diese Mitteilungen der Schule wichtig waren. Ich sollte für jede Information dankbar sein, für jede Note, jeden Rechtschreibtest. Ich wusste, dass ich die Zeit und den Einsatz derer schätzen sollte, die diese Tests auswerteten und sie zurück in die Mappe steckten.

Aber wenn einem sowieso schon alles zu viel ist, hat man keinen Blick für das Positive. Wenn der tägliche Terminkalender aus allen Nähten platzt, nimmt man die Wohltaten, die in den alltäglichen, immer gleichen Ereignissen liegen, nicht mehr wahr. Man sieht nur, dass es immer *mehr* wird. *Ausgerechnet jetzt* noch mehr.

Am liebsten wollte ich also diese Mappe möglichst schnell abarbeiten. Ich sah sie rasch durch, um mich zu versichern, dass ich nichts unterschreiben oder bezahlen musste, dann warf ich alles in den Papierkorb.

Gelegentlich zog ich ein hübsch ausgemaltes Bild oder eine gutgeschriebene Geschichte heraus und sagte schnell: »Gute Arbeit, Süße.« Dann schickte ich das Werk an die Großeltern, weil ich wusste, dass es dort liebevoll am Kühlschrank oder auf dem Fensterbrett ausgestellt werden würde.

Ich verfiel auf die Großeltern, weil ich tief in meinem Herzen nicht ertragen konnte, ein potentielles Erinnerungsstück wegzuwerfen. Aber in meinem Zustand hatte ich nicht die Kraft dazu, es aufzuhängen, in ein Album zu kleben oder mich hinzusetzen und tatsächlich mit meinem Kind darüber zu sprechen.

So weit an meine Grenzen hatte mich mein Aufgebot an unnötigen Verpflichtungen gebracht. Ich war von dem Chaos, das ich geschaffen hatte, so überwältigt, dass mir sogar die Schulaufgaben meiner Kinder zu viel waren.

Es fällt mir schwer, diesen Satz auch nur zu tippen. Wenn ich ihn lese, treten mir Tränen in die Augen. Aber wenn ich auf meinem Weg eines gelernt habe, dann ist es dies: *Die Wahrheit schmerzt, aber die Wahrheit heilt und bringt mich dem Menschen, der ich sein will, einen Schritt näher.*

Jedes Mal, wenn ich wieder einen Stapel Papier wegwarf, verpasste ich die Gelegenheit, das zu sehen, worauf es wirklich ankam – obwohl es in der Handschrift meiner Kinder dort geschrieben stand.

Aber jetzt hat sich das geändert.

Jetzt haben wir eine neue Routine für das Ende eines Schultages gefunden. Nachdem ich jede Mappe durchgegangen bin, lege ich einen Stapel Arbeitsblätter beiseite. Dann warte ich einen Zeitpunkt ab, an dem wir uns zusammensetzen, um sie gemeinsam durchzusehen. Manchmal ist das erst abends, und ab und zu sammeln sich mehrere Tage an, aber ich gebe mir ehrlich Mühe, mit meinen Kindern über ihre Aufgaben zu sprechen.

Wir sprechen über die interessante Wortwahl der großen Schwester.

Wir sprechen über die faszinierende Farbwahl der kleinen Schwester.

Wir sprechen über die schöne Schrift der großen Schwester.

Wir sprechen darüber, wie schön die kleine Schwester ihre Buchstaben schreibt.

Wir sprechen über Wachstum, Risiken, Kreativität und Durchhaltevermögen.

Wir sprechen über Fehler und wie wir aus ihnen lernen können – und da spreche ich aus Erfahrung.

Nach zwei Wochen passierte etwas Erstaunliches. Sobald ich Avery von der Schule abholte, erzählte sie aufgeregt, dass sie es nicht erwarten könne, mir ihre Mappe zu zeigen. Noch bevor wir ins Haus gegangen waren, ging sie auf die Knie und öffnete ihren Rucksack. Dann zeigte sie mir jedes einzelne Blatt in ihrer Mappe. Nach ihrem Gesichtsausdruck zu urteilen, war jedes Stück Papier ein Meisterstück. Jedes Blatt war ihr gewinnendes Lächeln wert.

Auch bei Natalie bemerkte ich eine Veränderung. Wenn sie nach Hause kam, entdeckte sie gleich die Papiere ihrer kleinen Schwester und rief sie zum Sofa. Zusammen gingen sie jedes Einzelne durch.

»Du kannst das D aber wirklich gut schreiben!«, sagte Natalie zu Avery, die stolz danebensaß.

Eines Tages rief mich Avery zu einer der schwesterlichen Auswertungssitzungen. Ich sollte so schnell wie möglich dazukommen. Sie zog ein Malbuch zu dem Kinderbuchklassiker »Brown bear, brown bear, what do you see?« hervor. Mit einem begeisterten Blick verkündete mein Kind stolz: »Ich kann lesen!« Dann las sie Natalie das ganze Buch vor, während wir beide verblüfft zusahen.

Sie las mit Betonung.

Sie las mit Stolz.

Sie las mit reiner Freude und Begeisterung.

Nicht daran zu denken, wenn ich so einen Moment verpasst hätte!

Aber jetzt hat sich das geändert.

Jetzt sitze ich zwischen meinen Kindern, die auf einen Papierstapel blicken, der ihren Tag beschreibt und einen Pfad direkt in ihre Herzen weist.

Aus meiner Perspektive hat das Leben noch nie so gut ausgesehen.

STRATEGIE DER WOCHE

Zehn Minuten Zeit

Zusammen mit meinen Kindern ihre Schulaufgaben durchzusehen ist zu einem wichtigen Ritual geworden. Es kostet mich nur zehn Minuten, ein Bruchteil des Tages, aber in dieser Zeit bin ich ihnen nahe und erfahre, was in ihrem Leben geschieht.

Ich bin froh über dieses Ritual, weil es mir erlaubt, die Welt meiner Kinder zu betreten. Zwei lange Jahre habe ich viel zu wenig von meinen Kindern mitbekommen. Es schmerzt, daran zu denken, wie viel in der Welt meiner Kinder ich verpasst habe, weil ich mich ablenken ließ. Selbst ein paar Minuten am Tag reichen aus, um die Welt eines Kindes zu betreten und sie wirklich kennenzulernen. Verabreden Sie eine bestimmte Zeitspanne jeden Tag, in der Sie Ihren Kindern Ihre volle Aufmerksamkeit schenken.

Vielleicht wollen Ihre Kinder Ihnen etwas zeigen oder etwas vorführen, was sie jetzt können. Schenken Sie ihnen jeden Tag zehn Minuten dafür. Es ist eine Einladung, die Welt eines Kindes zu betreten. Wenn Sie zehn Minuten Zeit und einen Platz auf dem Sofa haben, können Sie sofort damit anfangen.

GEDULDSPROBEN

Ich griff nach einer Schachtel Pflaster, einer Tube Zahnpasta und einem Päckchen Kaugummi. Weil der Laden an diesem Nachmittag voll war, rechnete ich damit, lange an der Kasse anstehen zu müssen. Überraschenderweise stand nur eine Kundin an der Kasse, also stellte ich mich ein paar Schritte hinter sie. Während ich wartete, tauchte eine junge Frau mit einem Arm voller Sachen auf und stellte sich hinter mich.

Sekunden später kam ein Mann, der aggressives Selbstbewusstsein ausstrahlte, nach vorn, den Arm voller Haushaltswaren. Statt seinen Platz in der Schlange einzunehmen, pflanzte er sich mit seinen vielen Schachteln Glühbirnen unmittelbar vor mir auf. Es wäre einfach gewesen, jeden Zentimeter meines ein Meter sechzig großen Selbsts in seinem drohenden Schatten zu verstecken, aber ich beschloss, mich bemerkbar zu machen.

»Entschuldigen Sie«, sagte ich höflich, aber bestimmt zu dem Drängler. »Die Schlange endet da hinten.« Ich zeigte auf den Platz hinter der jungen Frau.

In einem Ton, der an sich für Schwerverbrecher reserviert sein sollte, sagte der Mann: »Wieso hat hier eigentlich keiner eine Ahnung, wie man sich richtig anstellt? Man stellt sich direkt hinter dem Vordermann an. Muss ich Ihnen das noch vormachen? So geht es nämlich nicht.«

Ich war fassungslos. Schnell sah ich mir die Gesichter der Kassiererin und der anderen Kunden an, um zu sehen, ob sie genauso empört waren wie ich. Das waren sie ganz sicher, aber offenbar wollte sie sich nicht dazu äußern.

Ich konnte dieses Verhalten einfach nicht unkommentiert hinnehmen, wandte mich also an ihn und sagte: »Ich weiß nicht, warum Sie sich so aufregen. Es ist doch nur eine Schlange.«

Da begann er eine Tirade über sein Recht, sich aufzuregen – aber ehrlich gesagt hörte ich nicht mehr zu. Es war alles gesagt. Und außerdem hatte sich der Mann inzwischen ans Ende der Schlange gestellt.

Während Herr Drängler dastand und weiter schwadronierte, ging ich in mich.

Es war noch nicht lange her, dass auch ich mich aufgeregt hatte, wenn ich auf der Post oder im Supermarkt anstehen musste. Oder dass ich frustriert gestöhnt hatte, wenn ich keine passenden Socken fand oder die Spülmaschine sich nicht schließen ließ. Oder dass Kleinigkeiten wie eine nicht funktionierende Zapfsäule ohne Hinweis, eine unerwartete Umleitung mich in Alarmbereitschaft versetzt hatten. Obwohl ich noch nie einen solchen öffentlichen Wutanfall gehabt hatte wie der Mann im Laden, war mir eine solche Reaktion nicht völlig fremd.

Aber jetzt hat sich das geändert.

Je besser ich es schaffe, mich auf das Wesentliche zu konzentrieren, umso mehr verändert sich meine Perspektive. Folgendes habe ich herausgefunden:

Wenn ich nicht mit Höchstgeschwindigkeit durchs Leben sause,

wenn mein Terminkalender nicht vollgepackt und jeder freie Moment als solcher ausgewiesen ist,

wenn meine Aufmerksamkeit nicht von meinem Smartphone in Anspruch genommen wird,

wenn ich von unnötigem Druck befreit bin,

dann ärgern mich kleinere Unannehmlichkeiten, wie etwa in einer Schlange zu warten, nicht sonderlich. Stattdessen fange ich an, alle Augenblicke – sogar die schlechten, frustrierenden und ermüdenden – als Geschenk wahrzunehmen.

Warum?

Weil ich am Leben bin, um sie zu erfahren ... und diese Tatsache sollte man nicht unterschätzen.

Ich habe entdeckt, dass es die guten Momente noch schöner macht, wenn ich die nicht so tollen Momente als Geschenke annehme. Es sind Momente, auf die es ankommt. Ich habe vor noch nicht allzu langer Zeit angefangen, sie auf einer Liste zu notieren. Ich will Sie nicht mit der ganzen Liste langweilen, aber hier ein paar Beispiele:

Der freudige Ausdruck auf Averys Gesicht, wenn sie mir vorführt, dass sie jetzt lesen kann.

Natalie zuzuhören, wenn sie mutig vor unserer Kirchengemeinde darüber spricht, wie sie sich in einer Kinderhilfsorganisation engagiert.

Scott dabei zuzusehen, wie er unseren Töchtern geduldig beibringt, wie man einen Football wirft.

Mir der wunderbaren Tatsache bewusst zu werden, dass meine beiden Eltern am Leben sind, meine Kinder kennen und eine Beziehung zu ihnen haben.

Innezuhalten, um eine schöne Wolkenformation zu entdecken.

Zeit mit einer Freundin zu verbringen, die mich so sein lässt, wie ich bin.

Am selben Tag, an dem sich der Vorfall im Laden ereignete, bekam ich eine Nachricht von einer Leserin meines Blogs – für mich ein Zeichen, dass ich auf dem richtigen Weg war. Alles, was ich über die Überreaktion des Dränglers gedacht hatte, wurde mir in dieser wichtigen Nachricht bestätigt:

»Als unsere Tochter Lexi neun Monate alt war, waren wir wieder im Krankenhaus. Sie hatte einige Tests hinter sich und war jetzt in ihrem Zimmer, um sich zu erholen. Eine der Krankenschwestern kam herein, um nach ihr zu sehen. Als sie mein schlafendes Baby zudeckte, nachdem sie sie untersucht hatte, sagte sie: »Genießen Sie jeden Moment mit ihr.« Diese Schwester wusste etwas, das ich nicht wusste. Die meisten

Leute hätten sich über ihre Worte aufgeregt, und ich natürlich auch, aber du hast keine Ahnung, wie froh ich war, dass sie mir die Wahrheit sagte. Und ich beschloss, auf sie zu hören.

Von diesem Moment an nahm ich alles in mich auf – all die Augenblicke von Liebe und Freude, Verzweiflung und Frustration, die schweren Zeiten und die guten Zeiten. Wir bekamen beinah vierzehn Jahre voller Augenblicke mit unserer Lexi geschenkt. Aber das Beste ist, dass ich diese Momente damit verbrachte, sie wissen zu lassen, wie sehr sie geliebt wurde.«

Ich beschließe dieses Kapitel mit einer Frage, die ich mir stelle, wenn ich anfange, mich über etwas zu ärgern, was sich eigentlich gar nicht lohnt:

Wenn du dich über die kleinen Probleme im Leben aufregst, wie um alle Welt willst du dann mit den großen fertig werden?

Anstatt wegen kleiner Unannehmlichkeiten zu brodeln, konzentrieren wir uns besser auf die Momente, auf die es ankommt, und sammeln sie – solange wir es können. Wir wissen nie, wann ohne Vorwarnung eines der großen Probleme im Leben auftaucht und dafür sorgt, dass wir uns nach der Zeit sehnen, als es unser größtes Problem war, in einer Schlange anstehen zu müssen.

STRATEGIE DER WOCHE

Eine Liste von Augenblicken, auf die es ankommt

Mein Leben wandte sich zum Besseren, als ich damit anfing, mich nicht mehr über kleinere Unannehmlichkeiten aufzuregen. Als ich erst einmal die Kontrolle abgegeben hatte, entdeckte ich unzählige Gelegenheiten, um Augenblicke, auf die es ankommt, zu sammeln. Hier ein paar Beispiele:

- Die Zeit im Wartezimmer wurde zu einer Gelegenheit, mit meinem Kind zu sprechen.
- Ein ungeschickter Kellner wurde zu einer Lebenslektion in Sachen Mitgefühl für meine Kinder.
- Am Tag des Schwimmunterrichts in einem Unwetter festzusitzen wurde zu einer Gelegenheit, unter einem Regenschirm durch Pfützen zu springen.
- Ein verspäteter Flug ergab die Gelegenheit, einem Soldaten zu danken, der ebenfalls in meinem Flugzeug war.

Wann immer ich mich dabei ertappte, mich über die kleinen Unannehmlichkeiten zu ärgern, dachte ich an diejenigen, die wirklich litten und die sich nur wünschen konnten, so unbedeutende Probleme wie meine zu haben. Diese Erkenntnis rückte meine kleinen Probleme schnell ins richtige Verhältnis.

Kaufen Sie sich ein kleines Notizbuch, und schreiben Sie eine Liste von Augenblicken, auf die es ankommt.

Tragen Sie das Notizbuch bei sich, oder legen Sie es auf Ihren Nachttisch, damit Sie die wichtigen Erfahrungen aufschreiben können, die Sie jeden Tag machen. Dadurch, dass Sie Hands Free zu Ihrer Lebenspraxis machen, haben Sie zweifellos bereits unzählige Augenblicke erlebt, die Ihnen sonst entgangen wären. Nun, solche Momente können sich vervielfachen, wenn sich Ihre Sicht auf das Leben ebenso verändert wie Ihr Handeln. Wenn Sie eine kontinuierliche Liste über Augenblicke, auf die es ankommt, führen, werden Ihnen die positiven Dinge in Ihrem Leben eher auffallen. Diese neue Achtsamkeit wird Sie weiter sensibilisieren, Ihr Leben bewusst zu leben.

Bestehen Sie nicht länger darauf, das Ergebnis zu bestimmen. Erwarten Sie nicht länger, dass Situationen sich genau so entwickeln müssen, wie Sie es geplant haben. Lassen Sie los, und öffnen Sie die Augen für einen klaren Blick auf ein erfülltes Leben.

BETRACHTUNG

Klarheit
Das Gute sehen

Die guten Noten auf ihrem Zeugnis
vor den schlechten zu sehen ...
Ihren schönen Schwimmstil zu schätzen,
ohne daran zu denken, welchen Platz sie erreicht ...
Sehen, dass sie sich allein angezogen hat,
bevor ich bemerke, dass sie Winterstiefel und Trägerhemd kombiniert hat ...
Sehen, dass sie sich allein Frühstück gemacht hat,
bevor ich das auf dem Tisch verschüttete
Müsli bemerke ...
Das künstlerische Talent in ihrem Werk erkennen,
bevor ich die Unordnung bemerke ...
Ihre Liebe zur Musik schätzen,
bevor ich die falschen Töne höre ...
Die Mühe und das Bestreben erkennen,
bevor ich die Fehler und Mängel bemerke ...
Die Schönheit und Güte sehen,
bevor ich die Schwächen und Makel bemerke ...
Die Gelegenheiten erkennen,
bevor ich die Unannehmlichkeiten bemerke ...
Die Versprechen jedes Tages sehen,
bevor ich die Herausforderungen bemerke ...
So will ich leben.
Das Gute zu bemerken
das Gute immer zuerst
vor und über allem.

ZUM NACHDENKEN

»Hands Free zu leben ist immer dann am wichtigsten, wenn es mir am schwersten fällt.« Was bedeutet dieser Satz für Sie?

Gibt es Aufgaben im Alltag Ihrer Kinder (Schlafenszeit, Hausaufgaben, Essen kochen oder Fahrgemeinschaft), die Sie zurzeit als Unannehmlichkeit ansehen, die aber in Wirklichkeit eine Gelegenheit sein könnten, um Kontakt aufzunehmen? Wie könnten Sie Ihre Perspektive verändern, um Positives in der Langeweile oder in den schwierigen Momenten zu erkennen?

Wenn Sie sich dabei ertappen, wie Sie sich über kleinere Unannehmlichkeiten oder triviale Ärgernisse aufregen, wie könnten Sie es schaffen, die Dinge wieder im richtigen Verhältnis zu sehen?

KAPITEL 7

SAG JA – MACH ES DIR LEICHT

Du kannst alles Mögliche tun, aber nicht alles gleichzeitig
David Allen

Als ich an diesem Punkt meines Weges angekommen war, hatte ich die Beschäftigung mit meinen elektronischen Geräten gut im Griff, und mein Lebenstempo hatte sich beträchtlich reduziert. Aber es gab hundert andere Kleinigkeiten, die noch immer meine Zeit, meine Aufmerksamkeit und meine Kraft beanspruchten. Meine Neigung, alle möglichen Bitten und Forderungen zu erfüllen, schuf einen unendlichen Beschäftigungskreislauf, der meine Beziehungen, meine Gesundheit und mein Glück sabotierte. Meine Talente waren so in Anspruch genommen, dass sie sich wie Lasten anfühlten statt wie Gaben. Das Licht in meinen Augen war beinahe erloschen. Ich war so bemüht, andere zufriedenzustellen, dass ich meine eigenen Leidenschaften aus den Augen verloren hatte. Es war an der Zeit, mich der Wirklichkeit zu stellen. Ich musste etwas aufgeben.

Dieser nächste Schritt war der Schlüssel, mich endgültig von einer überplanten Existenz zu befreien. Ich ging in mich und lernte auszuwählen. Ich gab unnötige Verpflichtungen auf und konnte meine Zeit, meine Aufmerksamkeit und meine Talente darin investieren, worauf es mir wirklich ankam. Zum ersten Mal in meinem Leben verwendete ich meine

Energie ausschließlich auf die Aktivitäten, die sich mit meinem Lebensinhalt deckten.

Ihre Zeit und Ihre Begabungen vor Aktivitäten zu beschützen, die Sie auslaugen, ist ein notwendiger Schritt für ein befreites Leben. Wenn Sie die drei folgenden Geschichten lesen, überlegen Sie, welchen Preis Sie für ein Leben zahlen, das von zu vielen Verpflichtungen dominiert wird. Ich hoffe, dass Sie die Ich-tue-alles-Einstellung ablegen können, um Zeit für das Wesentliche zu haben, und lernen, Ihre wichtigsten Energien für die Menschen und Tätigkeiten aufzubewahren, die Ihnen wahre Freude und Erfüllung bescheren.

MAN KANN SO VIEL VERPASSEN

Ich sehe sie immer noch stolz auf der Bühne vor mir, mit ihrer winzigen Mütze und dem Hemd, wie sie Lieder darüber sang, wie sie groß wurde und in die Vorschule kam. Ich gebe zu, ich habe geweint. Aber da war noch etwas – etwas Schmerzliches, das ich mir bislang noch nie eingestanden hatte, bis zu dem Moment, in dem ich Avery am Tag ihres Abschieds vom Kindergarten sah.

Als mein Kind dort stand und lächelte, winkte und mir direkt in die Augen sah, wäre ich am liebsten auf die Knie gefallen. Ich war so dankbar, dass ich nicht bei ihrem Schulabschluss saß und ein Kind ansah, das mir fremd war. Ich hätte ganz leicht durch achtzehn Jahre ihres Lebens segeln können, unaufmerksam und blind für all das, was ich versäumte. Ich war bedrohlich nah daran gewesen, alles zu verpassen.

Ich habe zwei Jahre mit meiner Tochter verpasst. Und das nicht wegen einer privaten Tragödie, einer Krankheit oder weil ich verhindert war. Nein, es lag ausschließlich an mir. Dies zählt nicht zu den glänzenden Momente meines Elterndaseins, aber ich beschreibe ihn in der Hoffnung, dass jemand es lesen und sagen wird: »Das bin ich. Ich bin dabei, etwas sehr Wichtiges zu verlieren, das ich nie zurückbekommen kann.«

Als Avery zwei Jahre alt war, kam Natalie in den Kindergarten. Ich hatte die letzten fünf Jahre als Hausfrau und Mutter verbracht und mich ausschließlich mit meiner Familie befasst. Als also Natalie in den Kindergarten kam und Avery kein Baby mehr war, übernahm ich diverse Ehrenämter, bei denen ich mich mit anderen Erwachsenen austauschen konnte, was mir schrecklich gefehlt hatte. Mit jeder erfolgreichen Veranstaltung fühlte ich mich bestätigt. Ich entdeckte eine andere Identität als »Mama«. Ich füllte eine fünfjährige Leere.

Aber ich übertrieb es.

Während ich für so viele Gutes tat, verlor ich meine Familie, besonders meine zweijährige Tochter mit dem rotblonden Haar und der sommersprossenübersäten Nase. In ihrem zufriedenen Naturell ließ sie es zu, dass ich sie von einem Treffen zum nächsten schleppte. Sie ertrug meine nie endenden freiwilligen Verpflichtungen und allzeitige Bereitschaft geduldig, an Schul-, Kirchen- und Gemeindeveranstaltngen teilzunehmen, wann immer Hilfe gebraucht wurde. Mein Kind beklagte sich nicht ein einziges Mal über die völlig gestresste und überarbeitete Frau, die sie »Mama« nannte. Meine niedliche Zweijährige machte mein überladenes Leben mit, ohne zu wissen, dass sie nur die Reste bekam, die wertlosen Überreste der Zeit und Aufmerksamkeit ihrer überforderten Mutter.

Ich fühlte mich unwohl angesichts meiner zahlreichen Verpflichtungen, rechtfertigte aber meinen aus den Nähten platzenden Terminkalender damit, dass meine Mitwirkung notwendig war. Ich leugnete die Tatsache, dass diese Aktivitäten meine Beziehungen sabotierten, meine Gesundheit und mein Glück.

Aber dieses Leugnen endete an dem Tag meines ausschlaggebenden Zusammenbruchs. Eines Vormittags musste ich meine Pläne aufgeben, weil ich die Straße vor mir nicht mehr erkennen konnte. Als tausend Tränen aus meinen Augen flossen, eine für jeden kostbaren Moment, den ich verpasst hatte, stellte ich fest, dass ich nicht länger so leben wollte, nicht einen Tag. Aber wie? Wie konnte ich aufhören, der Mensch zu sein, den alle von mir erwarteten?

In diesem Augenblick hatte ich das Gefühl, als hätte Gott mir seine Hand auf den Kopf gelegt – wie ein Vater seinem Kind – und gesagt: »Wenn du dir erlaubst, dich auszuruhen, dann werde ich dir helfen und dich mit Frieden erfüllen.« Ich schwor mir aufzuhören, meine Kraft in hundert verschiedene Richtungen zu verschwenden, und auf *eine* Richtung zu vertrauen.

Am selben Tag noch unternahm ich den ersten Versuch, einfach nur ich zu sein. Ich begann mit Avery, weil ich annahm, dass sie das größte Opfer meiner allseits bewunderten Fähigkeit war, »alles zu schaffen«. Ich saß einfach neben ihr, hörte zu, sah sie an und nahm alles auf, das sie mir bot. Sofort erfüllten mich Frieden und ein Gefühl der Verbundenheit, wie ich es in meiner verplanten Existenz nicht gekannt hatte. Ich dehnte diese Momente aus und lernte dadurch meine Tochter kennen.

Ich weiß …

Sie ist unter dem Kinn kitzlig, an diesem zarten Fleck, unter ihrem kleinen, runden Gesicht, wo sie noch etwas Babyspeck hat.

Ihr linker, oberer Schneidezahn ist etwas schief, weil sie am Daumen lutscht, seit sie zwei Wochen alt ist.

Wenn sie zu sehr lacht, bekommt sie Schluckauf, was sie noch mehr zum Lachen bringt.

Ich weiß ...

Ein verträumter Ausdruck legt sich über ihr Gesicht, wenn sie Geschichten über sich als Baby hört.

Sie sagt »rauchen« anstatt »brauchen«, und ich kann den Gedanken nicht ertragen, dass sie es bald richtig aussprechen wird.

Sie nennt Löwenzahn »Wunschblumen« und wünscht sich jedes Mal, wenn sie auf eine Pusteblume bläst, dasselbe: »Ich wünsche mir, in Disneyland zu leben.«

Ich weiß ...

Sie bietet mir großzügig an, mir beim Backen von Muffins und Plätzchen zu helfen, und verschwindet dann spurlos, wenn sie die Quirle des Mixers abgeleckt hat.

Sie beherrscht den Zwei-Finger-F-Akkord auf ihrer winzigen Ukulele nicht ganz, aber der C-Akkord klingt himmlisch.

Sie lauscht intensiv Liedern im Radio und sieht enttäuscht aus, wenn sie den Text eines Liedes anfechten muss. »Das stimmt nicht, Mama. Es ist nie zu spät, um sich zu entschuldigen.«

Ich weiß ...

Sie kann hervorragend Salate machen, allerdings isst sie alle Paprikastücke auf, bevor sie es in die Salatschüssel schaffen.

Sie ballt ihre Hände zu kleinen Fäusten, wenn sie rennt.

Sie gerät schier außer sich vor Freude, wenn sie sich selbst die Milch ins Glas eingießen darf.

Ich weiß ...

Sie liebt es, eine Gruppe zu unterhalten ... je größer, desto besser.

Sie bittet freiwillig darum, Mittagsschlaf machen zu dürfen, wenn sie müde ist.

Sie liebt den besonderen Geschmack von Hummus und Sushirollen, behauptet aber, Zahnpasta sei »zu scharf«.

Und ich weiß ...

Aus irgendeinem Grund riecht sie nach Gummibärchen, wenn sie aufwacht (obwohl sie sich geweigert hat, die scharfe Zahnpasta zu benutzen).

Sie singt selbsterdachte Lieder und schafft es irgendwie, dass sie wie die schönsten Melodien klingen.

Sie kann mein Herz zum Stillstand bringen, wenn sie die Arme um meinen Hals legt und sagt: »Du bist meine beste Freundin, Mama.«

Die Liste enthält nur einen Bruchteil von dem, was ich über meine jüngere Tochter erfahren habe, seit ich damit aufgehört habe, so viel anderes zu tun. Ich freue mich darauf, meine Tochter jeden Tag besser kennenzulernen, indem ich einfach Zeit mit ihr verbringe, ihr zuhöre und sie beobachte. Und was für ein freudiger Augenblick wird es sein, wenn meine strahlende achtzehnjährige Tochter stolz bei ihrer Abschlussfeier steht. Ich werde sagen können: »Das ist meine Tochter Avery. Ich kenne sie. Ich kenne alles Gute und Kostbare an ihr.«

Ich werde für immer für die unvergessliche Lektion dankbar sein, die ich bekam, bevor es zu spät war – die, die ich in meinem Kopf jeden Tag wiederhole, um mich daran zu erinnern, wie ich leben will:

Tu weniger – du verpasst mehr als das Leben.

Sei mehr – du hast so viel, wofür es sich zu leben lohnt.

STRATEGIE DER WOCHE

Stellen Sie sich Ihre künftigen Beziehungen vor.

Ein wichtiger Bestandteil, um nachhaltig Hands Free zu leben, waren die täglichen zehn Minuten für persönliche Betrachtungen. In dieser Zeit betete ich oder ging in mich. Ich hörte in mich hinein, wie ich meine Zeit verbringen sollte. Ich begann, das Gesamtbild zu sehen – warf einen flüchtigen Blick darauf, wie meine Beziehung zu meinen Kindern in der Zukunft aussehen würde. Aber um mein verplantes Leben in den Griff zu bekommen, musste ich ein paar unangenehmen Wahrheiten ins Auge sehen. Wenn ich weiterhin den Großteil meiner Zeit und Aufmerksamkeit außerhalb meiner Familie investierte, würden meine erwachsenen Kinder mir fremd sein. Aber wenn sich das änderte, könnten die Kindheitserinnerungen meine Kinder so aussehen:

Meine Mutter hat mich stets so behandelt, dass ich wusste, dass ich ihr wichtig war. Sie sah mich an, wenn wir miteinander sprachen. Sie hatte immer Zeit für mich. Ich wandte mich an sie, wenn ich ein Problem hatte oder ihr etwas erzählen wollte. Ich erzählte meiner Mutter gern etwas, weil sie mir wirklich zuhörte – mit ihren Augen und ihrem Herzen. Und heute ist immer noch sie der Mensch, dem ich mich gerne anvertraue.

Reservieren Sie diese Woche zehn oder fünfzehn Minuten zum Nachdenken. Denken Sie über die Geschwindigkeit Ihres Lebens nach und darüber, womit

Sie Ihre Zeit verbringen wollen. Wenn es Ihnen hilft, machen Sie sich Notizen, um über Fragen wie diese nachzudenken:

- Spiegeln die Zeit und die Aufmerksamkeit, die ich zurzeit meinem Kind widme, seine Bedeutung in meinem Leben wider? Worin investiere ich den Großteil meiner Zeit und Energie? Füllen mich diese Tätigkeiten aus?
- Lässt mir meine derzeitige Agenda Zeit, mit meinem Kind zusammen zu sein? Habe ich zusätzlich Verantwortung übernommen, oder gebe ich mich zeitverschwendenden Ablenkungen hin, die ich abgeben könnte, um jeden Tag ein paar Minuten oder eine besondere Zeit mit meinem Kind zu verbringen?

HAUPTSACHE, MIT LIEBE

Als meine Gesprächspartnerin sagte, sie hätte gehört, ich wäre toll darin, große Gruppen zu organisieren und dafür zu sorgen, dass alles klappte, wusste ich, was als Nächstes kam. Würdest du bitte ein wichtiges Projekt übernehmen, das vielen Kindern in der Gemeinde guttut?

Ich wusste, dass es darauf nur eine richtige Antwort gab – die, die sie glücklich machen würde. Und gleichzeitig war es für mich die falsche Antwort.

Solche Bitten abzulehnen ist mir immer schwergefallen, um nicht zu sagen, es war mir unmöglich. Als lebenslanges Opfer eines perfektionistischen Helfersyndroms weiß ich, dass die Leute ein Ja erwarten.

Also verbrachte ich die Hälfte meines Lebens damit, alles zu tun, worum ich gebeten wurde, und zwar mit maximaler Kraft – selbst, wenn es mich umbrachte. Und ich erledigte alles so gut, dass beinahe jeden Tag eine neue Bitte um freiwillige Arbeit an mich gerichtet wurde.

Aber Sie wissen schon, wie die Geschichte endet. Mein Sklavenherz und die fehlenden Grenzen waren eine beinahe tödliche Kombination. Also lernte ich, nein zu sagen. Es fällt mir immer noch gelegentlich schwer, zum Beispiel, wenn eine wirklich nette Frau auf eine positive Antwort hofft.

Aber diesmal sagte ich: »Es tut mir leid, aber dieses Jahr kann ich das nicht machen.«

Und dann wartete ich.

Wie durch ein Wunder flackerten die Lampen nicht, mein Haar fiel mir nicht aus, und die Welt kam auch nicht kreischend zum Stehen.

Die Frau sagte einfach »Herzlichen Dank.« Und das war's!

Obwohl es sich komisch anfühlte, war es die richtige Antwort – für mich … und für meine Familie. Mein Herz machte vor Freude einen Satz.

Wie hatte ich es geschafft, dass ein Nein mich nicht schuldbeladen zurückließ und ich mich nicht fragte, ob ich irgendwie noch mehr helfen könnte, indem ich einfach nicht mehr schlief?

Es geschah nicht über Nacht.

Bei meinem Zusammenbruch, der mein Leben veränderte, wurde mir klar, dass ich auch darüber bewusst entscheiden musste, wie ich meine kostbare Zeit hier auf Erden verbrachte. David Allens Zitat »Du kannst alles Mögliche tun, aber nicht alles gleichzeitig« sprach Bände. Ich schrieb eine Leitlinie, in der stand, was ich im Leben erreichen wollte. Ich nannte sie meine »Lebensliste«, und sie war überraschend kurz.

RACHELS LEBENSLISTE

- Ich möchte meine Kinder und meinen Mann als Individuen kennenlernen, indem ich immer präsent und eine Quelle der Liebe und der Unterstützung für sie bin.
- Ich will meine Talente als Lehrerin, Autorin und Förderin dazu nutzen, Menschen dabei zu helfen zu erkennen, worauf es im Leben wirklich ankommt.

Jedes Mal, wenn ich gefragt wurde, ob ich mich an etwas beteiligen könnte, was außerhalb meiner gewöhnlichen Pflichten lag, sah ich auf meine Lebensliste. Wenn es nicht zu den Zielen auf meiner Liste passte, dann sagte ich nein. Es dauerte ein wenig, aber am Ende waren meine zusätzlichen Verpflichtungen auf ein oder zwei jährliche Projekte geschrumpft, die mir wirklich Spaß machten und meine Familie direkt mit einbezogen. Ohne diese Liste wäre ich heute nicht da, wo ich bin. Sie würden dieses Buch nicht in den Händen halten. Es gäbe keine befreite Mama. Meine Kinder hätten wesentlich weniger Erinnerungen an eine Mutter, die glücklich, albern, spontan, interaktiv, dankbar und völlig präsent war. Ich hätte mehr Sonnenuntergangsmomente verpasst, als ich zählen konnte.

Hier kommt der lustige Teil.

Jeden Tag nehme ich meinen Terminkalender von damals zur Hand. Ich verwende ihn nicht mehr als Kalender, sondern um einen regelmäßigen Stundenplan beim Schreiben einzuhalten und Blogposts zu planen. Aber was ich an meiner Agenda so witzig finde, ist der Slogan, der groß auf der Vorderseite geschrieben steht: »Mach es richtig.«

Eine *Agenda* für die entschleunigte Mama.

Vielleicht bin ich allein damit, aber ich finde das lustig.

Mach-es-richtig-Rachel ist von gestern.

Ich habe daran gedacht, den Slogan zu überkleben, weil ich mich jedes Mal darüber ärgere. Warum?

Eigentlich ist ja nichts verkehrt an dem Satz. Wir alle wollen uns produktiv, zielorientiert, bestätigt und lebendig fühlen.

Mach es richtig, bedeutet, mit ganzem Herzen in etwas einzutauchen, mit aller Leidenschaft und Energie.

Es bedeutet, sich mit dem abzufinden, was einem über den Weg läuft. Es bedeutet, etwas einfach deswegen zu tun, weil man gebeten wurde. Es bedeutet, durch zusammengebissene Zähne ja zu sagen, weil man nicht nein sagen kann.

Es bedeutet, nicht bewusst zu entscheiden, womit man seine kostbare Zeit verbringt.

Was wäre ein besserer Slogan auf der täglichen Agenda für ein Leben nach dem Motto Hands Free?

Mach es freiwillig.

Hört sich das nicht verlockend an? Klingt es nicht befreiend? Klingt es nicht, nun ... machbar?

Wenn es um die zusätzlichen Verpflichtungen in meinem Leben geht, ziehe ich »Mach es freiwillig« einem »Mach es richtig« vor. Und wenn ich an die kurze Liste von Verpflichtungen an der Schule meiner Kinder, in der Kirche und in der

Gemeinde denke, die ich dieses Jahr übernehmen werde, sehe ich ein Motiv. Ich sehe Gelegenheiten zu helfen, bei denen ich mein Lebensziel verwirkliche.

Aber warten Sie, es kommt noch besser.

Weil die Verpflichtungen auf dieser Liste nicht 365 Tage in meinem Terminkalender ausfüllen, gibt es Zeit zum Atmen. Es gibt Zeit zum Lachen, zum Spielen, zum Erinnerungen-Schaffen und (huch!) vielleicht sogar für ein bisschen Entspannung mit den Menschen, die ich am liebsten habe. Da ist Zeit für alles, worauf es wirklich ankommt. Da ist Zeit zum Leben.

Ich glaube, es ist an der Zeit, den Slogan auf meiner Entschleunigungsagenda zu ändern.

STRATEGIE DER WOCHE

Schreiben Sie eine Lebensliste.

Vor einigen Jahren las ich den folgenden Absatz in dem brillanten Buch von Patti Digh »Life is a Verb«[4]:

»Früher arbeitete [Toni] Morrison beim Verlag Random House. Eines Tages wurde ihr alles zu viel, und sie erstellte eine seitenlange To-do-Liste.

Und dann stellte sie sich schließlich eine Frage:

Worum geht es mir wirklich?

Nachdem sie diese Frage beantwortet hatte, waren auf ihrer To-do-Liste nur noch zwei Punkte übrig: 1) Ihren Kindern eine Mutter sein. 2) Schreiben.«

Dighs Worte weckten mich auf. Ich verstand, dass ich allein bestimmte, wie meine tägliche To-do-Liste aussah. Und solche Listen bestimmten mein Leben. Wenn ich weiterhin meine Familie und meinen Traum, Schriftstellerin zu werden, auf meiner To-do-Liste ausließ, würde ich es nie schaffen.

Anfänglich stolperte ich immer wieder über Patti Dighs Worte. An dem Tag, an dem ich meine To-do-Liste verbrannte, tat ich genau das, wonach sich mein Herz sehnte – ich verbrachte Zeit mit meiner Familie, und ich schrieb. Es war einer der glücklichsten Tage meines Lebens.

Was ist Ihnen wirklich wichtig? Zeit mit Ihrer Familie zu verbringen? Für eine bestimmte Organisation als Freiwillige zu arbeiten? Fit und gesund zu sein? Wenn Sie erst einmal herausfinden, was Ihnen wirklich wichtig ist, nehmen Sie Ihren Terminkalender zur Hand, und gleichen Sie Ihre freiwilligen Verpflichtungen mit Ihrer Lebensliste ab. Wenn eine Tätigkeit kein Thema auf dieser Liste unterstützt, dann streichen Sie sie aus dem Terminkalender.

Sie haben die Macht zu entscheiden, womit Sie Ihre Zeit verbringen. Sie haben die Macht zu entscheiden, wie Sie Ihre Gaben und Talente einsetzen. Wenn Sie nämlich all Ihre Zeit verbraucht und all Ihre Talente genutzt haben, dann ist nichts mehr für Sie und Ihre Familie übrig. Glauben Sie mir, ich habe es zwei lange Jahre lang versucht. Es kostete mich beinahe das Liebste, was ich habe.

ERSTE SCHRITTE

Trotz meines Vorsatzes, entschleunigt zu leben, loszulassen und zu leben, gibt es immer noch Tage, an denen ich mich völlig überfordert fühle.

Wie an jenem Montag.

Wie ein unerfahrener Schlittschuhläufer auf sehr dünnem Eis würde ich einbrechen, wenn noch ein einziger Punkt auf meinen bereits übervollen Kalender käme.

Obwohl ich meine Verpflichtungen drastisch eingeschränkt hatte, schien immer alles an einem Tag zusammenzukommen – der Magen-Darm-Virus bei mir zu Hause, der vergessene Geldbeutel, die kaputte Toilette.

Wenn dies alles zusammenkommt, kann es schon passieren, dass Sie sich wie ein gestresster, reizbarer Irrer gebärden.

So wie ich an jenem Montag.

Entschleunigung und Achtsamkeit waren so weit entfernt wie nur möglich. Mir war, als würde mein Kopf explodieren. Als strebte mein Blutdruck nach neuen Rekorden. Ich hatte das Gefühl, in meinen wachen Stunden nicht genug schaffen zu können, daher legte ich Nachtschichten ein. Ich kam nicht zu dem, was ich wollte, fand keine Zeit, mit meinen Kindern zu spielen und meine Geschichten zu schreiben. Ich war am Ende. Der ultra-organisierte, hyperproduktive, kontrollierende Einpeitscher Rachel schmiss den Laden.

Habe ich schon gesagt, dass ich es hasste?

Und dann war da diese ständige Frage: *Warum tust du dir das an? Wie konntest du das hier geschehen lassen?*

Ich hatte keine Antwort. Und ich habe immer noch keine. Genaugenommen weiß ich, dass ich vielleicht niemals eine

Antwort darauf finden werde. Vielleicht wird das Leben so weitergehen ... fünf befreite Babyschritte vorwärts und einen riesigen Schritt zurück. Vor noch nicht langer Zeit fand ich es völlig normal, mich so gestresst zu fühlen. Mein innerer Einpeitscher ruhte sich nie aus. Jeder Tag war wie jener Montag, frei von allem, worauf es wirklich ankommt, und ohne zu erkennen, was wirklich wichtig war. Im Leben ging es nur darum, eine Aufgabe nach der anderen abzuarbeiten.

In diesem Augenblick wurde mir klar, was ich nicht wollte. Tatsächlich machte mich meine Situation so traurig, dass ich lieber weggesehen hätte.

Die Wahrheit schmerzt, aber die Wahrheit heilt – und lässt Veränderungen geschehen.

Ich fasste zusammen:

Ich will nicht mehr zu viel um die Ohren haben.

Ich will meine Töchter nicht herumhetzen, damit ich rechtzeitig zu einem Termin komme.

Ich will nicht, dass meine Familie auf meiner Prioritätenliste ganz hinten steht.

Ich will nicht, dass der Drang, mein Telefon oder meine E-Mails zu checken, mich packt wie eine Sucht, die ich nicht kontrollieren kann.

Die bittere Kostprobe meines früheren Lebens erneuerte meine Bereitschaft, meinen Weg fortzusetzen. Ich habe vielleicht keine Antwort gefunden, aber durch die Erfahrung eines schlechten Montags gelang es mir doch, einiges herauszufinden:

Ich bin am weitesten von meinem Ziel entfernt, wenn ...

- ich ständig zu spät dran bin.
- nicht genug Zeit ist, richtig zu schlafen oder Sport zu treiben.

- ich meine Mahlzeiten hastig inhaliere, während ich an der Arbeitsplatte in der Küche stehe.
- ich keine Zeit für tiefsinnige Unterhaltungen mit den Menschen habe, die ich liebe.
- ich meinen Kindern nicht in die Augen sehe, wenn sie mit mir sprechen.
- ich grundlos verärgert und negativ bin.
- ich meine Kinder anschreie, obwohl ich eigentlich nur mich selbst anschreie oder das Chaos erzeuge, in dem ich mich befinde.
- ich keine Zeit habe, zu schreiben oder zu träumen.
- meine Gedanken von der Ablenkung durch Telefon und E-Mail unterbrochen werden.
- ich mich an einen unrealistischen Anspruch von Perfektion klammere.
- meine innere Kritikerin grausam und lieblos ist.

Ich bin der Antwort am nächsten, wenn ...

- ich vor der Schlafenszeit neben einer meiner Töchter im Bett liege und mit ihr über das Leben spreche.
- ich eine einsame Straße entlanggehe, meine Lieblingslieder höre und warmen Sonnenschein auf meinem Gesicht spüre.
- ich meine Gedanken und Träume mit einem Bleistift in einem Notizbuch festhalte.
- ich die Freuden und Mühen in meinem Leben mit meinem Partner, meinen Eltern und meinen liebsten Freunden teile.
- ich stille, nachdenkliche Momente von Dankbarkeit und Gebet habe.
- mein Smartphone und mein Computer ausgeschaltet sind.

- ich etwas für jemanden tue, der es mir nie zurückzahlen kann.
- ich freie Termine in meinem Terminkalender habe.
- ich mir gegenüber liebevoll bin, kleinen Unvollkommenheiten und Unsicherheiten zum Trotz.
- ich mich gesund ernähre und mir genügend Schlaf gönne.

Als jener spezielle Montag sich seinem Ende zuneigte, schlief ich nicht gut. Tatsächlich wachte ich kurz, nachdem ich eingeschlafen war, wieder auf und fühlte mich, als hätte ich eine lang gesuchte Lösung gefunden. Ich stolperte in die Küche auf der Suche nach einem Zettel. Am Anfang meines Weges war es ein Briefumschlag gewesen, auf den ich meine »Was mir entgangen wäre«-Erkenntnis schrieb; diesmal war es der Fortschrittsbericht meines Kindes. Endlich hatte ich die Antwort auf ein Problem gefunden, das jahrelange Angst und Aufruhr verursacht hatte; ich konnte mir nicht leisten, dass mein drohender Schlaf diese lebensverändernde Einsicht ausradierte. Folgendes kritzelte ich auf die Rückseite des Fortschrittsreports meines Kindes, den ich zweifellos aufbewahren werde:

Höre auf dein Herz – es wird dich nicht in die Irre führen.

Lass die Dinge einfach geschehen – die bedeutsamsten Augenblicke ergeben sich ungeplant.

Höre auf zu versuchen, alles unter Kontrolle zu haben. Lass die Dinge geschehen.

Lass die Dinge einfach geschehen – damit du leben kannst.

Ich kenne die Antwort nicht. Aber ich bin mir sicher, dass ich mich ihr annähere. Ja, ich nähere mich dem an, worauf es wirklich ankommt. Und ich glaube, dass »näher dran« ein guter Platz auf meinem Weg ist.

STRATEGIE DER WOCHE

Finden Sie heraus, was Sie wollen.

Wir haben alle gute und schlechte Tage. Mal gelingt es uns, das zu erkennen, worauf es ankommt, mal weniger. Also müssen wir herausfinden, woran das liegt. Ich nahm es als Herausforderung. Ich erinnere mich daran, wie ich eines Tages an der Arbeitsplatte in der Küche stand und mein Mittagessen aß, als mir aufging, dass ich auch schon so gefrühstückt hatte. Eine riesige rote Flagge ging in meinem Kopf hoch. Ich wusste, dass es ungesund war, im Stehen zu essen, abgesehen davon, dass ich mein Essen nicht genoss und es mir auch fehlte, mich dabei zu unterhalten. Ich überlegte, was morgen anstand und was ich anders machen könnte. Am nächsten Tag nahm ich alle drei Mahlzeiten am Tisch ein. Einmal mehr hatte ich etwas verstanden.

Wenn Sie möchten, schreiben Sie jetzt hier in dieses Buch, ob Sie Ähnliches auch schon bemerkt haben.

Nehmen Sie sich vor, achtsam mit sich umzugehen, und wenn Sie sich dabei erwischen, dass Sie es nicht so gut mit sich meinen, lassen Sie Gnade walten, und fragen Sie sich, was Sie ändern können.

BETRACHTUNG

Vereinfachung

Kinderwelt

Je älter wir werden, umso mehr wachsen die Anforderungen und der Stress. Wir vergessen häufig, dass wir auf unser Herz hören sollen. Dafür müssen wir den Zwang, alles zu schaffen, ablegen; uns von dem Bedürfnis befreien, allen gefallen zu wollen; wir müssen uns vor dem schützen, was uns auslaugt und ermüdet.

Wann immer ich mich an die einfachen Freuden erinnern möchte, begebe ich mich in die Kinderwelt. In der Gegenwart von Kindern erkenne ich, wie ich meine kostbaren Tage auf dieser Welt verbringen möchte.

In der Kinderwelt ...

ist Zeit.

Zeit, um innezuhalten und mystische Wolken zu bewundern und die Schönheit in einem Löwenzahn zu sehen.

Zeit, eine Kellnerin zu umarmen.

Zeit, etwas selbst zu tun ... auch wenn es länger dauert ... auch wenn es nicht vollkommen wird.

In der Kinderwelt ...

da ist Selbstvertrauen.

Selbstvertrauen, um mal etwas Verrücktes zu machen.

Selbstvertrauen, um einen auffälligen Look zu kreieren und ihn in der Öffentlichkeit zu tragen

Selbstvertrauen, um zu tanzen, wenn jeder hinsieht.

In der Kinderwelt ...

herrscht Sicherheit.

Sicherheit im Schein einer Nachttischlampe.

Sicherheit in Papas Armen.

Sicherheit in selbstgebauten Festungen, die man mit seiner Schwester errichtet, während der Regen gegen die Fensterscheibe trommelt.

In der Kinderwelt ...

ist Schönheit.

Schönheit auf sommersprossigen Nasen und grasbeschmutzten Füßen.

Schönheit in falsch ausgesprochenen Worten wie »Bibiothek« und »Rewitter«.

Schönheit in Lachen aus vollem Herzen und wilden Locken an einem warmen Sommerabend.

In der Kinderwelt ...

ist Trost.

Trost im Geruch von Mamas Haar.

Trost in diesem einen Schlafanzug, auch wenn er zwei Größen zu klein ist.

Trost in abgetragenen Teddybären, die unter meinem Atem schlafen.

In der Kinderwelt …

sind die Zahnlücken groß.

Individuelle Unterschiede werden bemerkt, aber akzeptiert.

Lachen unter Freunden heilt alle Wunden.

Und aus Apfelkernen können Bäume entstehen, wenn sie mit Liebe gepflanzt werden.

In der Kinderwelt …

gibt es reichlich Vergebung.

Fehler werden leicht übersehen.

Schlechter Atem und verworrenes Haar sind Zeichen von gutem Schlaf.

Und es kann nie zu viele Stofftiere geben.

In der Kinderwelt …

gibt es keinen Grund zur Eile.

Die Hoffnung geht nie verloren.

Die Liebe ist unendlich.

Und die Welt sieht von hier unten wunderschön aus.

ZUM NACHDENKEN

Ist die Zahl zusätzlicher Verpflichtungen in Ihrem Leben ein Streitpunkt zwischen Ihnen und einem geliebten Menschen oder Ihrer eigenen inneren Stimme?

Sagen Sie ja, wenn man Sie bittet, sich um etwas zusätzlich zu kümmern, und ärgern Sie sich dann über die Zeit, die Sie dafür brauchen? Was könnten Sie beim nächsten Mal sagen, wenn Sie um etwas gebeten werden, das gerade gar nicht in Ihren Alltag passt?

KAPITEL 8

DEN INNEREN KRITIKER ZUM SCHWEIGEN BRINGEN – AKZEPTANZ

Jede Sekunde, die du damit verbringst,
deinen Wert anzuzweifeln, jeder Moment, in dem du dich tadelst,
ist eine Sekunde deines Lebens, die du verschwendest,
ein Moment, den du wegwirfst. Du hast ja keine Ewigkeit,
verschwende also keine deiner Sekunden,
wirf nicht einen deiner Momente weg.
C. JoyBell C.

Hands Free – das bedeutete für mich als Erstes, mich nicht länger von meinem Smartphone, meinen E-Mails und anderen Gegenständen ablenken zu lassen, die meine Beziehungen und wichtige Augenblicke sabotierten. Aber als ich diese Ablenkungen abgelegt hatte, entdeckte ich, dass ich selbst es war, die mich lähmte. Gefühle wie Scham, Unzulänglichkeit, Angst, Zweifel und Kritik machten sich in meinem Kopf breit wie unlöschbare E-Mail-Nachrichten. Das schwächte mich. Es hinderte mich daran, das Leben zu genießen, Risiken einzugehen, intensive Beziehungen aufzubauen und mein wahres Selbst zu enthüllen. Bisher hatte ich das unaufhörliche Piepsen von elektronischen Geräten zum Schweigen gebracht. Jetzt war es an der Zeit, meinen inneren Kritiker ruhigzustellen.

Dieser Schritt half mir, die Suche nach unerreichbarer Vollkommenheit aufzugeben. An dieser Weggabelung beschloss ich, mich nicht länger mit digital überarbeiteten Bildern von Berühmtheiten und Supermodells zu vergleichen und kulturelle Standards von Schönheit und Erfolg abzulehnen. Mein strenger innerer Kritiker wurde nach und nach von einer sanften, liebevollen und billigenden Stimme abgelöst. Ich nannte diesen ermutigenden Dialog meine »Hymne der Selbstakzeptanz«. Ich bildete mir ein, dass es reichte, meinen negativen inneren Kritiker gegen ein positives Selbstgespräch auszutauschen. Ich lehnte keine gesellschaftlichen Einladungen mehr ab, weil meine Hosen an diesem Tag zwickten. Meine Kinder mussten nicht mehr jedes Mal perfekt aussehen, wenn wir aus dem Haus gingen. Ich musste meine Fehler nicht mehr verstecken. Zum ersten Mal in meinem Leben sah ich mich selbst als ein wunderschönes, unvollkommenes menschliches Wesen, das Fehler macht und daraus lernt. Und das Allerbeste war, ich bemerkte die Veränderungen in den Augen meiner Kinder. Meine neue Selbstakzeptanz umfing sie wie eine Decke aus Wertschätzung. Durch diesen monumentalen Schritt auf meinem Weg blieben mir Jahre der Qual und der verpassten Gelegenheiten erspart – und meinen Kindern ebenfalls.

Die Geschichten in diesem Kapitel erläutern, wie negative Selbstgespräche Augenblicke, auf die es ankommt, sabotieren können, Ihr Glück gefährden und Ihrem Selbstwertgefühl schaden können. Seien Sie weniger streng mit sich, leben Sie Hands Free, um Ihre »Hymne der Selbstakzeptanz« annehmen zu können. Wenn Sie Ihren inneren Kritiker zum Schweigen bringen, haben Sie eine echte Chance, sich auf ein unvollkommen schönes Leben einzulassen.

WILLST DU MEINEN HUT TRAGEN?

Manchmal stellt man alles in Frage, und an solchen Tagen fällt es mir schwer, alle guten Vorsätze umzusetzen. Solche Tage gibt es immer wieder:

Manchmal ist einfach alles *wertlos, unsicher, hässlich* und *kaputt.*

Manchmal setzt man vollkommen falsche Maßstäbe.

Manchmal zweifle ich an mir und fühle mich wertlos.

Manchmal sehne ich mich nach Freiheit, Stille und Einsamkeit.

Manchmal will ich alles aufgeben.

Manchmal will ich einfach nur weggehen.

Manchmal empfinde ich keine Freude in meinem Herzen.

Manchmal kann ich an nichts Schönes denken.

Manchmal stehe ich vor dem Spiegel und sehe nichts, was mir gefällt.

Dies sind meine »Manchmal-Tage«, aber dann gibt es noch die »Hut-Tage«. Zum Glück.

Ungefähr zu der Zeit, als ich beschloss, Hands Free zu leben, fing ich an, Hüte zu tragen. Elegant, ja ... sportlich, ja ... aber ich trug sie nicht deshalb. Anstatt meine Zeit damit zu verbringen, mein Haar zu waschen und zu frisieren, setzte ich einen Hut auf, und verbrachte kostbare Zeit mit meiner Familie. Es war also keine bewusste Entscheidung, einen Hut aufzusetzen. Ich merkte tatsächlich überhaupt nicht, dass meine Hutsammlung immer größer wurde und dass ich mehrere Male in der Woche Hüte trug.

Aber jemand anderes merkte es.

Und das enthüllt eines der größten unerwarteten Geschenke des Lebens mit freien Händen. Es gibt mir die Kraft, um die negative Stimme zu bekämpfen, die meine »Manchmal-Tage« durchdringt. Und allmählich schaffe ich es immer öfter.

Dies ist meine Geschichte ...

In der Schule wurden die Kinder gefragt: »Was willst du werden, wenn du mal groß bist?« Je nachdem, wie die Antwort lautete, bastelten die Kinder eine Papierpuppe von sich als Erwachsene. Unter der Klassenzimmerpapierpuppensammlung von Ärzten, Lehrern, Feuerwehrmännern, Delphintrainern und Tierärzten gab es eine Frau in einem rosa Anzug mit einem bunten Helm. Diese Puppe gehörte meinem Kind. Ihre Lehrerin war so nett, mir das Werk eigenhändig zu überreichen und zu erklären.

»Das möchte Avery werden, wenn sie mal groß ist«, erklärte ihre Lehrerin, wobei sie die liebevoll dekorierte Puppe hochhielt. Sie zeigte direkt auf den Hut und sagte: »Avery möchte eine Mama werden, aber nicht einfach irgendeine. Sie will eine Mama mit einem Hut werden – eine Mama genau wie Sie.« Und als wäre das nicht genug, um mich auf ein Häufchen voller Gefühle zu reduzieren, fügte die Lehrerin noch hinzu: »Ihre Tochter hat ein großes Herz.«

Später an diesem Abend hielt ich das Kunstwerk meiner Tochter stolz meinem Mann hin und wiederholte genau, was ihre Lehrerin gesagt hatte. Und sofort sagte er: »Ein Hut? Ein großes Herz? Das bist du. Das bist alles du.«

Die Papierpuppe meiner Tochter war Balsam für meine Seele. Was Avery über mich dachte, war das genaue Gegenteil davon, was mein innerer Kritiker mir die ganzen Jahre über gesagt hatte. Mir wurde plötzlich klar, dass die grausamen Selbstgespräche zu einem Tunnelblick führten, der mich nur auf meine Fehler schauen ließ – auf die Unvollkommenheiten, die niemand anders zu bemerken schien und die vielleicht nur in meinem Kopf existierten. Mein innerer Kritiker hatte unrealistische Ansprüche erhoben, ich war viel zu streng mit mir.

Ich klebte die Papierpuppe meiner Tochter an den Badezimmerspiegel. Und jeden Tag diente sie mir als echter und liebevoller Maßstab für mein authentisches befreites Leben.

Als ich vor dem Spiegel stand, leistete ich einen Eid ...

Ich schwöre, dass ich aufhöre, meinen Wert am Umfang meiner Taille zu messen, der Sauberkeit meines Hauses oder am Zustand des Haares meiner Kinder.

Ich schwöre, dass ich damit aufhöre, mich daran zu messen, wie schnell ich zwei Kilometer laufen kann, an den Noten auf dem Zeugnis meiner Kinder und daran, wie viele akademische Diplome an meiner Wand hängen.

Ich schwöre, damit aufzuhören, mich nach der Anzahl von Falten, Narben oder ähnlichen Merkmalen an meinem Körper zu beurteilen.

Weil es darauf nämlich in Wirklichkeit nicht ankommt. Es kommt nur auf eines an: Ich bin meinen Kindern eine liebevolle Mutter, und ich erziehe sie dazu, ebenfalls gute und liebevolle Menschen zu sein.

Und das ist genug. Das ist alles.

Ich schwöre, dass ich anfange, dieselbe Frau zu sehen, die meine Tochter sieht, wenn sie mich anblickt – die Frau, die sie sein will, wenn sie einmal groß ist, und die Frau, der sie heute schon nacheifert. Ab jetzt will ich die Frau sehen, die eher einen Hut aufsetzt, als ihr Haar zu waschen und zu frisieren, weil die Zeit nämlich nicht auf eine perfekte Frisur wartet ... und die Zeit wartet nicht, bis ich all meine Unvollkommenheiten ausgemerzt habe ... und die Zeit wird nicht stillstehen, während ich versuche, der Frau auf dem Titelblatt der Zeitschrift ähnlich zu werden ... und die Zeit wird ganz sicher nicht innehalten, während ich dummerweise versuche, alles zu tun.

Die Zeit wartet nicht, deshalb entscheide ich mich dafür, keine Zeit mehr zu verschwenden.

Ich beschließe, mit meiner Selbstkritik aufzuhören und all das zu sehen, was ich bin.

Und ich finde einfach, dass ich mit Hut verdammt gut aussehe.

STRATEGIE DER WOCHE

Legen Sie mal einen Hut-Tag ein.

Mein Weg zu meinem neuen Leben führte mich an einen unerwarteten Ort. Anstatt an der Oberfläche dahinzugleiten, ging ich tiefer – und das braucht mehr Mut, als nur die rauen Stellen an der Oberfläche zu polieren. Ich war nicht länger von Vergleichen und strenger Beurteilung geprägt. Ich sorgte mich nicht mehr darum, was andere Leute über mein Aussehen dachten oder darüber, welche Entscheidungen ich für meine Familie traf. Plötzlich konnte ich dieselbe schöne Frau sehen, die meine Tochter sah – die Frau mit dem großen Herzen, die oft einen Hut aufsetzte, anstatt sich zu frisieren. Meine Hüte repräsentierten meine Kapitulation vor der Perfektion. Sie gaben mir die Möglichkeit loszulassen, zu lachen, albern zu sein und Freude zu haben. Jedes Mal, wenn ich einen Hut aufsetzte, fühlte ich mich befreit.

Legen Sie einen Hut-Tag ein. Suchen Sie sich diese Woche einen Tag aus, um tatsächlich oder im übertragenen Sinn einen Hut aufzusetzen ... ganz egal, was für einen. Sehen Sie nicht in den Spiegel; machen Sie sich nichts aus Ihrer Erscheinung. Und dann tun Sie etwas, wozu Sie sonst vielleicht nie Zeit hätten. Seien Sie mit Menschen zusammen, für die Sie selten Zeit haben. Wenn Sie weniger Zeit für unwichtige Dinge aufwenden, haben Sie mehr Zeit für das, worauf es ankommt!

DU BIST SCHÖN

Vor ein paar Tagen hielt ich an der Drogerie an, um etwas zu kaufen. Es war ein sehr heißer Tag, und ich kam gerade vom Sport. Ich hätte mich lieber noch vor dem Einkaufen geduscht, aber ich brauchte Sonnencreme, Pflaster und eine Glückwunschkarte für meine Eltern.

Ich war gerade dabei, die unverschämten Preise von Sonnencreme als Spray mit einer normalen Creme zu vergleichen, als mich eine männliche Stimme aus meinem Sonnenschutzfaktorpreisvergleichstraum riss. »Ich muss es einfach sagen, Sie sind schön«, sagte der Mann so beiläufig, als würde er mir sagen, dass mein Schuhband aufgegangen wäre oder dass Banana Boat länger hält als Coppertone. Aber das sagte er nicht. Er sagte: »Sie sind schön.« Und dann fügte der junge

Mann, der ungefähr halb so alt war wie ich mit meinen fast vierzig Jahren, hinzu: »Tar Heels vor!«

Ich sah auf mein uraltes Uni-T-Shirt hinunter, nur um sicher zu sein, dass er mich meinte. Das Logo war kaum noch zu erkennen, also war ich noch immer nicht ganz überzeugt. Ich sah über die Schulter, um mich zu versichern, dass hinter mir keine Doppelgängerin von Scarlett Johansson stand. Es war aber kein anderes menschliches Wesen in Sicht, er sprach tatsächlich mit mir, aber er musste wirklich sehr schlechte Augen haben.

In meiner Hand hielt ich eine Tube Sonnencreme, für die ich fünfzig Dollar bezahlt hätte, nur um aus dem Laden verschwinden zu können. Ich lief zur Kasse, wobei die Scham in leuchtend roter Tönung meinen Hals hinaufkroch. Wer braucht schon Pflaster und Glückwunschkarten? Ich beschloss, dass Klebeband gut als Pflaster funktionieren würde und dass Hallmark-Karten sowieso überschätzt werden.

Ich weiß nicht einmal mehr, ob ich an der Kasse auf mein Wechselgeld gewartet habe. Ich rannte zu meinem Wagen und schlug die Tür mit Wucht zu. Als ich erst einmal sicher in meinem Auto saß, hatte ich einen Augenblick zum Nachdenken. Ich bog den Rückspiegel hinunter, bis ich mein Spiegelbild sehen konnte, aber dann bog ich ihn schnell wieder nach oben. Ich sah ganz sicher nichts darin, was als Schönheit durchging.

In diesem Moment fielen mir die Worte einer guten Freundin ein. Sie hatte eine Auswahl von Urlaubsfotos auf Facebook gepostet. Ein Foto von ihr nahm mich besonders gefangen. Es war eine Nahaufnahme ihres Gesichts. Sie trug keine Spur von Make-up und lachte. In den Kasten für Kommentare hatte ich ein Wort geschrieben: Schön. Ich hatte diese gut aussehende

Frau noch nie so schön gesehen. Später schickte mir meine Freundin eine persönliche Nachricht, die ich hier veröffentlichen darf:

»Gestern hast du auf Facebook in einem Kommentar etwas geschrieben, das ich nie über mich selbst geschrieben hätte. Es hat mich, ehrlich gesagt, überrascht. Du hast ›Schön‹ unter das Bild geschrieben, auf dem ich lache. Ich hätte beinahe zurückgeschrieben: ›Ich glaube es nicht. Ich hasse es, wie meine Nase sich auf diesem Bild kraust und wie mein Kinn darauf aussieht.‹ Aber dann ging mir auf, dass es sich um deine Wahrnehmung des Bildes handelt, nicht um meine. Ich dachte, vielleicht sollte ich mir das Bild noch einmal ansehen. Und dann habe ich gelächelt und dir innerlich gedankt.«

Meine Freundin beschrieb mir dann ihren persönlichen Kampf (und ihre jüngsten kleine Erfolge) gegen ihre grausame innere Stimme und ihre Probleme mit niedrigem Selbstwertgefühl. Ich verwandte ihren Mut als Inspiration und verstellte den Spiegel wieder. Vielleicht sollte ich auch noch einmal meine Vorstellung von »schön« überdenken.

Es gefiel mir, wie meine Wangen sich von der Anstrengung meines 5-Kilometer-Laufes pfirsichrosa verfärbt hatten. Und wie mein Haar sich von der drückenden Hitze und Feuchtigkeit in weiche Wellen gelegt hatte. Ich sah sogar ein winziges Funkeln in meinen Augen von den Endorphinen der Bewegung, die noch immer in meinem Körper kreisten.

Schön?

Mit diesem Wort würde ich mich sicherlich nicht jeden Tag beschreiben. Eigentlich konnte ich mich gar nicht daran erinnern, wann ich mich das letzte Mal als schön bezeichnet hatte.

Vielleicht noch nie.

Da sah ich im Spiegel zwei Augen, die mich hoffnungsvoll ansahen. Ich dachte: »Sind neununddreißig Jahre nicht genug?«

Sind neununddreißig Jahre strenger Kritik nicht genug?

Sollte ich nicht endlich anfangen, Schönheit in mir zu sehen?

Und damit sprach ich ein Gebet.

Zu diesem Zeitpunkt war es für mich, aber jetzt glaube ich, dass es auch für andere war. Diese tröstenden Worte sind für jeden, der sich danach sehnt, sich von negativen Gefühlen zu befreien (Scham, Schuld, Lächerlichkeit, Unsicherheit, Versagen, Zweifel und Reue), die sie davon abhalten, das zu ergreifen, worauf es wirklich ankommt.

Ich wünsche ...

Ich wünsche dir den Sieg über die grausame innere Stimme, damit du siehst, dass Selbstakzeptanz tatsächlich möglich ist.

Ich wünsche dir den Sieg über die Sorgen, die deinen Kopf füllen,

damit du die Zufriedenheit suchst, die du sicherlich finden wirst.

Ich wünsche dir den Sieg über den Tunnelblick, der dich blind macht für die exquisite Schönheit, die du ausstrahlst.

Ich wünsche dir den Sieg über die dunklen Gedanken, die in deinen Schlaf dringen, damit du stattdessen dauerhaft von Frieden erfüllt wirst.

Und mit jedem Sieg, der mit jedem Tag kommt, der vergeht, soll eine Melodie dein Herz erfüllen.

Liebevolle Botschaften werden klarer und klarer und übertönen die quälende Stimme von innerem Zweifel und Angst.

Und schließlich wirst du es hören, und dein Leben wird wahrhaftig beginnen, die Hymne der Selbstakzeptanz, die nur von innen kommt.

Ich weiß nicht genau, wie meine Hymne der Selbstakzeptanz klingen wird, aber ich glaube, darin werden Worte vorkommen wie *fähig*, *tapfer* und *stark*. Und Sätze wie »Du bist genug« und »Du bist es wert«.

Ich hoffe, dass ich einen bestimmten Satz häufig hören werde ...

Du bist schön.

Aber diesmal werden sie nicht von einem jungen Mann in einem Drogeriemarkt gesprochen.

Von jetzt an werden diese Worte von innen kommen.

STRATEGIE DER WOCHE

Etwas zum Festhalten

Die Papierpuppe, die meine Tochter gebastelt hatte, und meine Hutsammlung waren unschätzbar wertvoll für meinen positiveren inneren Dialog. Ich erkannte die Kraft dieser einfachen Dinge, als ich einen Vorschlag von Jessica Muroff las, der Gründerin des »The Be Present Project«[5]. Jessicas Rat bezog sich sowohl auf die Ablenkungen, die von außen an uns herangetragen werden, wie auch auf die, die wir uns selbst in den Weg stellen:

»Es ist hilfreich, etwas zu finden, das dich aus deinen täglichen Ablenkungen herausreißt. Bei mir war es ein Etui, das meine Tochter gebastelt hat, das mich von meiner Sucht nach dem Smartphone ablenkt. Zu meinem letzten Geburtstag schenkten mir meine tollen Nachbarn einen Rahmen, aus dem ich eine Tafel der Visionen machen konnte. Es sieht schön aus und ist mit Ideen gefüllt, die mich an meinen Vorsatz erinnern, jeden Tag gegenwärtig zu sein. Solche Dinge sind gut für die Motivation und Ermutigung. Finde etwas, das nur für dich funktioniert.«

Finden Sie diese Woche etwas, das symbolisiert, was Sie schön finden – erstrebenswert, erfolgreich oder gesund –, und platzieren Sie es an einem sichtbaren Ort. Suchen Sie sich ein ermutigendes Zitat, einen Bibelvers oder ein Bild, auf das Sie Ihr Augenmerk legen, wenn Sie auf einen negativen oder kritischen Weg geraten. Zum Beispiel:

- Ich bin mehr als eine Kleidergröße oder eine Zahl auf der Waage.
- Auch dies wird vorbeigehen.
- Ich werde Liebe, Frieden und Vergebung wählen.
- »Alles vermag ich durch den, der mich stark macht.« (Philipper 4.13)[11]
- »Die schönsten Menschen, die ich kennengelernt habe, sind diejenigen, die Niederlagen erlebt, gelitten, gekämpft, verloren und ihren Weg aus der Tiefe hinaus gefunden haben. Diese Menschen haben eine Wertschätzung, eine Sensibilität und ein Verständnis für das Leben, die sie mit Mitgefühl, Sanftheit und tiefer liebevoller Besorgnis erfüllen. Schöne Menschen gibt es nicht einfach so.« – Elisabeth Kübler-Ross[6]

Mit so einem positiven Symbol können wir uns auf den Menschen konzentrieren, der wir sein wollen, und auf das Leben, das wir leben wollen, anstelle der unrealistischen Standards, die von den Medien vermittelt werden. Wäre es nicht an der Zeit, damit aufzuhören, an die Illusion der »perfekten Mama« zu glauben, an »Super-Papa« oder die »Idealfrau?« Also verabschieden Sie Ihren inneren Kritiker. Lassen Sie die Hymne der Selbstakzeptanz erklingen, und möge sie die Melodie Ihres befreiten Lebens werden.

GIBT ES DICH WIRKLICH?

Als ich mich der Abholschlange näherte, wuchs meine Besorgnis. Neben ihrer Lehrerin stand ein kleines Kind mit einem verzweifelten Gesichtsausdruck. Irgendetwas war schrecklich verkehrt.

Während sie Avery ins Auto half, erzählte die fröhliche Lehrerin etwas, das sie für ein lustiges Ereignis hielt, das sich beim Mittagessen zugetragen hatte. Offenbar hatte meine normalerweise zurückhaltende Tochter versucht, mit einem halbvollen Joghurtbecher einen Papierkorb zu treffen. Als der Becher auf dem Boden des Papierkorbs aufschlug, spritzte der Joghurt hoch, und die ganze Klasse brach in hysterisches Gelächter aus. Sobald die Lehrerin die Autotür geschlossen hatte, fing meine Tochter an zu weinen.

»Was ist los, Schatz?«, fragte ich, wobei ich genau wusste,

dass sie glaubte, sie hätte einen schrecklichen Fehler gemacht. Ich wusste, sie meinte, die Kinder hätten über sie gelacht, nicht *mit ihr*.

Meine Tochter war zu aufgewühlt, um mir zu antworten – sie konnte nur weinen.

Zuerst versuchte ich, sie davon zu überzeugen, dass die Kinder es lustig gefunden hatten und dass sie nicht über sie gelacht hatten.

»Sag das nicht, Mama«, sagte sie unter Tränen.

Dann versuchte ich, ihr zu versichern, dass ihre Lehrerin nicht böse auf sie war und dass auch sie es tatsächlich lustig gefunden hatte.

»Hör auf«, sagte Avery immer noch völlig aufgelöst.

Als ich sie gerade noch einmal trösten wollte, hielt ich inne. *Sie sagt dir, dass sie traurig ist – das ist in Ordnung. Lass sie weinen ... lass sie traurig sein ... lass sie so sein.* Anstatt weiter zu versuchen, sie zu überzeugen und zu trösten, war ich still, und wir hörten die CD mit ihrer Lieblingsmusik. Als wir nach Hause kamen, stieg sie aus dem Auto und wimmerte: »Ich bin immer noch ein bisschen traurig.«

Ich breitete einfach die Arme aus. Sie fiel schluchzend in meine Umarmung. An diesem Abend kuschelten Avery und ich in ihrem Bett, nachdem wir ihr Lieblingsbuch gelesen hatten. Ihre Augen füllten sich wieder mit Tränen, als sie sich an den Vorfall in der Schule erinnerte.

»Ich bin immer noch ein bisschen traurig«, informierte sie mich.

Ich fühlte mich gedrängt, ihre Traurigkeit nicht abzutun. Ich hielt sie einfach fest und ließ sie wissen, wie sehr ich sie liebhatte.

Am nächsten Morgen kam Avery nach unten gerannt. Sie strahlte mich an und verkündete: »Ich bin nicht mehr traurig!«

Ich konnte es ihr ansehen. Sie hatte Frieden gefunden.

Ich wusste genau, warum.

Mein Kind akzeptierte die Gefühle, aber anstatt sie in ihrem Inneren anzustauen, ließ sie sie heraus. Meine Tochter veranschaulichte uns hervorragend, was es bedeutet, authentisch zu leben: unangenehme Gefühle einzugestehen und ihnen eine Stimme zu geben. Dann bat sie jemanden, dem sie vertraute, ihre Traurigkeit mit ihr zu teilen – ohne die negativen Gefühle zu überspielen oder wegzuschieben.

Um das zu lernen, was Avery mit vier Jahren wusste, brauchte ich beinah vierzig. Als ich diese Weisheit schließlich erlangte, gab es eine wichtige Kursänderung auf meinem Weg. Ich erinnere mich genau an das Ereignis, das mich aus der dunklen Isolation in die Wirklichkeit schob. Natalie hatte eine schlechte Beurteilung in der Schule bekommen, und es traf mich aus heiterem Himmel. Ich wusste, ich durfte die Ängste und Unsicherheiten nicht ignorieren. Ich wusste, dass ich mit jemandem sprechen musste.

Ich rief eine Freundin an, die ich erst ungefähr ein Jahr lang kannte, deren Kinder aber älter waren als meine und die mehr Erfahrung mit der Kindererziehung hatte. Als ich ihr erzählte, was geschehen war, brach ich unerwartet in Tränen aus: »Ich fühle mich wie eine Versagerin«, sagte ich.

Einmal ausgesprochen, konnte ich meine Worte nicht zurückholen. Aber zu meiner Überraschung war ich nicht verlegen und schämte mich nicht wegen meines Geständnisses. Stattdessen war ich erleichtert.

So reagierte meine Freundin:

Sie sagte nicht: *Oh Rachel, das ist doch lächerlich.*

Sie sagte nicht: *Komm schon, sei nicht albern. Du bist die Letzte, die versagt.*

Sie sagte nicht: *Morgen wirst du dich besser fühlen. Lass uns jetzt über etwas anderes sprechen.*

Meine Freundin verhielt sich nicht so, wie ich es häufig bei meinen Kindern und mir selbst gemacht hatte, wenn ich versuchte, ein bestimmtes Image aufrechtzuerhalten. Stattdessen sprach meine Freundin mit Liebe und Mitgefühl: »Es tut mir so leid, Rachel.« Meine Freundin bot ihre Anwesenheit an und ließ mich wirklich sein. Dann sagte sie etwas Überraschendes, womit sie sich auch verletzlich machte: »Ich habe mich genauso gefühlt, als mir das passierte.«

Ich konnte es nicht fassen. Dieselbe Nachricht hatte sie auch vor ein paar Jahren über ihr Kind bekommen – diese unglaubliche Mutter, die alles mit solcher Leichtigkeit und Perfektion zu balancieren scheint. Das hätte ich nie gedacht.

Wir unterhielten uns eine Stunde lang über unsere Erfahrungen. Es tat mir gut, dass ich meinen inneren Aufruhr nicht beiseiteschob. Dieses eine Mal setzte ich kein falsches Lächeln auf und sagte: »Es geht mir gut.«

Am Ende des Gespräches fühlte ich mich, als ob mir eine Last von den Schultern genommen worden wäre. Ich war immer noch nervös und schlecht vorbereitet auf das, was vor mir lag, aber ich fühlte mich nicht mehr wie eine Versagerin. Ich war nicht allein.

Wenn ich auf die Veränderungen zurückblicke, die in meinem Kind und in mir einfach dadurch stattfanden, dass wir unseren Schmerz aussprachen, wird mir klar, dass sich *darin* noch etwas widerspiegelt, worum es im Leben geht …

Werden unsere Ängste und Zweifel nicht weniger schlimm, wenn wir sie aussprechen?

Fällt es uns nicht leichter, echte Beziehungen einzugehen, wenn wir aufhören, ein falsches Bild von uns zu verbreiten?

Finden Freude, Lachen und Liebe nicht leichter ihren Weg zu uns, wenn wir die Türen zu unserer Seele öffnen?

Lieben wir uns nicht noch mehr, wenn wir uns unsere Narben zeigen?

Wir müssen damit aufhören, an unserer Unzufriedenheit festzuhalten, damit wir endlich dazu fähig sind, das zu ergreifen, worauf es wirklich ankommt. Ich nehme mir fest vor, den Rest meines Lebens im Licht von Verletzlichkeit und Ehrlichkeit mir selbst gegenüber zu leben – und jeden zu umarmen, der sich mutig dort mit mir trifft.

STRATEGIE DER WOCHE

Sprich über deinen Schmerz.

Es ist schwierig, sogar schmerzhaft, über die Kümmernisse des Elternseins zu sprechen. Wir halten häufig Informationen zurück, weil wir denken, die Leute urteilen über uns, oder weil wir uns für schlechte Eltern halten. Aber indem wir uns zurücknehmen, vermindern wir unsere Chancen, auf jemanden zu treffen, der uns vielleicht einfach damit überrascht, indem er sagt: »Ich mache dasselbe durch. Vielleicht können wir uns gegenseitig helfen.«

Viel zu lange schob ich meine Unsicherheiten, Zweifel und Ängste beiseite. Tragischerweise brodelten diese unterdrückten Gefühle in mir, bis mich etwas über den

Rand schubste und ich schließlich bei den Menschen, die ich am meisten liebe, explodierte. Aber mein Leben wurde besser, als ich meinen Schmerz mit einer vertrauten Freundin teilte. Nach diesem anfänglichen Gespräch sind meine Freundin und ich miteinander verblieben: Wir müssen uns nichts mehr vormachen. Sie ist eine vertraute Kameradin geworden, der gegenüber ich meine negativsten, unangenehmsten und unsichersten Gedanken und Gefühle enthüllen kann. Bei ihr finde ich Annahme, Verständnis und Unterstützung. Dass ich meinen eigenen Schmerz gezeigt habe, hat meiner Freundin gestattet, ihre Sorgen offen mit mir zu teilen. Mit jedem Schmerz, den wir teilen, finden wir Hoffnung.

Suchen Sie sich diese Wochen einen Vertrauten, und riskieren Sie es, sich verletzlich zu machen, indem Sie mehr von Ihrem Herzen mitteilen, als Sie es gewöhnlich tun. Wenn Sie bereits so jemanden haben, danken Sie ihm oder ihr für seine oder ihre Unterstützung und dafür, dass er oder sie Ihnen erlaubt, Sie selbst zu sein.

Von der Dunkelheit des Geheimen nach draußen in die Ehrlichkeit zu treten beginnt mit einem Schritt: Ängste aussprechen. Frustrationen aussprechen. Versagen aussprechen. Sprechen Sie laut mit sich selbst und dann mit jemandem, dem Sie vertrauen. Wenn Sie nämlich weiter versuchen, eine Fassade aufrechtzuerhalten, ist es unmöglich, zu lachen, zu lieben und befreit zu leben.

BETRACHTUNG

Annahme

Du verdienst einen Tag

Du verdienst einen Tag, an dem du dich in deiner Haut schön fühlst,

einen Tag, an dem du weder zu dick noch zu dünn bist.

Du verdienst einen Tag, an dem du siehst, wie wertvoll deine Gegenwart hier auf Erden ist,

einen Tag, an dem Alter, Gewicht und IQ nicht deinen Wert bestimmen.

Du verdienst einen Tag, an dem du einfach sagen kannst, was dir in den Sinn kommt,

einen Tag, an dem lebenslange Träume zum Greifen nah sind.

Du verdienst einen Tag, an dem dein Geist schwebt wie ein roter Ballon,

einen Tag ohne Urteil oder monatelange Schuld.

Du verdienst einen Tag, an dem du dich dort wohl fühlst, wo du bist,

einen Tag, an dem du deine Unvollkommenheiten annehmen und versteckte Verletzungen heilen kannst.

Du verdienst einen Tag, an dem du stolz bist auf das Leben, das du geschaffen hast,

einen Tag, an dem Reue und vergangene Fehler für immer verschwinden.

Du verdienst einen Tag, an dem du ohne Zurückhaltung geliebt wirst, einen Tag, an dem du weder als Sünderin noch als Heilige beurteilt wirst.

Du gehörst in ein Tal mit rosa Narzissen zu deinen Füßen.

Du gehörst in einen Garten mit wohlschmeckenden süßen Äpfeln.

Du gehörst in eine Hängematte mit einem kalten Getränk in der Hand.

Du gehörst in ein Sonnenblumenfeld, goldgelb und prachtvoll.

Du gehörst in den Sonnenschein und niemals in den Regen.

Du gehörst an einen Ort, an dem du vor Unglück und Schmerz sicher bist.

Du gehörst auf eine Insel, mit warmem Wind in deinem Haar.

Du gehörst an einen ruhigen Zufluchtsort, ohne Sorgen und Kummer.

Du gehörst an einen Ort von Vergebung und Gnade.

Du gehörst dorthin, wo Hoffnungsstrahlen auf deinem Gesicht leuchten.

Du verdienst einen Tag, wenn nicht noch tausend mehr,

an dem du gefeiert wirst, geschätzt und liebevoll bewundert wirst.

ZUM NACHDENKEN

Woran messen Sie Ihren Selbstwert? Wie könnten Sie diese Standards ändern, damit sie weniger oberflächlich sind und mehr auf das konzentriert, worauf es im Leben wirklich ankommt?

Ist Ihr innerer Kritiker gesprächiger, wenn Sie sich in bestimmten Situationen befinden oder mit bestimmten Leuten zusammen sind? Wie könnten Sie diese negativen Gedanken vertreiben?

Kennen andere Menschen Ihr wahres Selbst? Versuchen Sie, manches in Ihrem Leben besser aussehen zu lassen, als es tatsächlich ist? Was könnte passieren, wenn Sie Ihr wahres Selbst und Ihre Schwierigkeiten einem vertrauten Freund gegenüber offenlegen würden?

KAPITEL 9

SEI DU SELBST

Aufgeben, perfekt zu sein, und beginnen, du selbst zu sein –
das ist wirklich schwer und bewundernswert.
Anna Quindlen

Meinen inneren Kritiker zum Schweigen zu bringen löste eine positive Veränderung in mir aus, die mit jedem Tag offensichtlicher wurde. Wenn ich in den Park ging und dabei einen Hut trug und kein Make-up, wenn ich es ablehnte, eine Veranstaltung zu leiten, wenn ich Gebäck im Laden kaufte, statt selbst zu backen, bedeutete das eine bemerkenswerte Veränderung in meinem Handeln. Meine Überfliegertendenzen verschwanden allmählich. Ich wollte nichts lieber, als so weitermachen, aber ich wusste, ich hatte noch mehr loszulassen. Wenn ich innerlich nach Echtheit strebte, so musste mir das auch nach außen hin gelingen.

Mir wurde klar, dass ich zu viel kostbare Zeit damit verschwendet hatte, mich darum zu kümmern, was andere Leute dachten. Ich wollte nichts mehr verpassen, weil ich dachte, dass jemand etwas dagegen haben könnte. Ich wollte nicht mehr vor meinen Träumen zurückscheuen, weil ich dachte, ich wäre nicht gut genug dafür. Ich wollte nicht mehr zusehen, wie meine Kinder und ich unter unerreichbaren Standards von Vollkommenheit zusammenbrachen. Dieser Schritt war der Katalysator dafür, mein wahres Selbst zu enthüllen. Es war

Zeit, der Welt mein wirkliches Ich zu zeigen – mit allen Unvollkommenheiten.

Wenn Sie dieses Kapitel lesen, wird Sie das hoffentlich dazu inspirieren, Ihre Perfektion in die Wüste zu schicken. Mit den Geschichten und Strategien dieser Woche möchte ich Sie ermutigen, Techniken zu entwickeln, die Ihnen dabei helfen, Ihre Fehler ebenso anzunehmen wie die Ihrer Kinder. Ich hoffe, dass Sie dabei entdecken, dass es nicht zu spät ist, Ihr wirkliches Selbst zu leben. Und zwar unabhängig von den Ansprüchen, die Sie früher an sich gestellt haben, unabhängig davon, was die Leute von Ihnen erwarten, und unabhängig davon, wie Sie meinen, leben zu müssen.

KOMM, WIE DU BIST

Der Tag war mir entglitten. Es war ein Samstag ohne Zwänge, was bedeutete, dass Spaß Vorrang vor Duschen und Frisieren hatte. Aber jetzt war es beinahe vier Uhr, und ich trug noch immer dieselben Klamotten wie bei meinem morgendlichen Sportprogramm.

Ich betrachtete meine nachlässige Erscheinung im Spiegel und dachte, dass ich mich wohl umziehen sollte, bevor ich meine Kinder zu einer Geburtstagsfeier in der Nachbarschaft brachte. Aber dann fiel mir ein, dass es sich um eine »Drop-Off-Party« handelte, was bedeutete, dass die Eltern nicht dabeibleiben mussten. Während meine Töchter die Feier genossen, würde ich Zeit haben, nach Hause zu rennen, mich zu duschen und präsentabel aussehend zurückzukommen.

Sie können sich vielleicht vorstellen, wie überrascht ich war, als ich anhielt und vor dem Haus so etwas wie ein kleines Straßenfest ausmachte. Weil wir im Süden gerade einen angenehmen Kälteeinbruch hatten, trugen alle Erwachsenen ihre ultraelegante Herbstmode.

Während ich immer tiefer hinter dem Lenkrad versank, jubelte Avery auf dem Rücksitz: »Guck, die Party ist nicht nur für Kinder! Sie ist auch für Mamas und Papas!«

So aufgeregt, als würde Sie mich gerade als Lotterie-Gewinnerin bekanntgeben, erklärte Natalie: »Du kannst bleiben, Mama! Du kannst bleiben!«

Mein erster Gedanke war, dass ich lieber ein 40-Liter-Aquarium mit einer Puppenzahnbürste putzen würde. Ich sah an mir hinunter in der Hoffnung, dass es nicht so schlimm wäre, wie ich dachte. Ich entdeckte prähistorische Gymnastikshorts aus den Tagen, in denen Steppaerobic noch populär war. Den nicht auswaschbaren Fleck auf meinem T-Shirt, der von einem explodierenden Topf Spaghettisauce stammte. Auf den zweiten Blick war mein Aufzug sogar noch schlimmer, als ich anfangs gedacht hatte.

»Ich dachte, das wäre eine Drop-Off-Party«, murmelte ich zwischen zusammengebissenen Zähnen hindurch, unfähig, die Autotür aufzudrücken und mich der immer größer werdenden Menschenmenge zu stellen, die für ein trendiges GAP-Fotoshooting zu posieren schienen.

Zwei kleine Gesichter tauchten auf. »Du siehst gut aus, Mama«, sagten sie gleichzeitig liebevoll.

Ich wusste, dass meine oberflächliche und unsichere Reaktion nicht die Botschaft war, die ich meinen leicht zu beeindruckenden Töchtern vermitteln wollte. Ich wollte unbedingt sagen: »Ihr habt ja so recht! Wen geht's was an? Macht doch nichts, wenn ich viel zu einfach angezogen bin! Ich werde mit euch auf die Party gehen und mich amüsieren!«

Aber ich brachte es nicht über meine Lippen. Ich konnte es einfach nicht. Meine jüngsten Erfolge in Sachen Selbstbewusstsein und Selbstakzeptanz lösten sich plötzlich in Nichts auf, als ich mit meinem Aufzug in die Öffentlichkeit gehen sollte.

Ich zog mir meine schweißbefleckte Baseballkappe so weit wie möglich ins Gesicht und vermied jeglichen Blickkontakt. Ich ging direkt zur Gastgeberin und flüsterte ihr beschämt meine Zwangslage zu. Nachdem ich mich dafür entschuldigt hatte, dass ich nicht gewusst hatte, dass die Party für alle war, wurde mir versichert, dass ich die Kinder einfach dort lassen und in zwei Stunden wiederkommen könnte.

Das war's also. Ich rannte erleichtert zurück zu meinem Auto. Aber es gab jemanden, der das nicht so unter den Teppich kehren wollte, wie ich das bequemerweise tat. Avery sprach meinen hastigen Rückzug vier Tage später an.

»Melissas Mama war in Sportsachen zu der Party gekommen, Mama. Sie ist die ganze Zeit dageblieben und hat Spaß gehabt«, berichtete meine aufmerksame Tochter, während sie sich ihre Schuhe anzog.

Ich wollte unter den Tisch kriechen.

Ich hatte an diesem Tag völlig verpasst, worauf es wirklich ankam, und ich musste es ihr sagen.

Ich beugte mich hinunter und legte meine Hände auf ihre kräftigen, kleinen Schultern. »Danke, dass du mir das sagst. Weißt du was? Melissas Mama hat recht. Es kommt nicht darauf an, was man anhat. Man sollte einfach kommen, wie man ist, und Spaß haben.« Dann zog ich sie an mich und fügte hinzu: »Ich wünschte, ich wäre dageblieben. Das nächste Mal, wenn so etwas passiert, werde ich mich an ›Komm so, wie du bist‹ erinnern, weil das nämlich wichtig ist.«

»Großes Ehrenwort?«, fragte mein sommersprossiges kleines Mädchen.

Ich spürte ein leichtes Zittern in meiner Hand, als ich den kleinen Finger ausstreckte. Wenn so eine Situation noch einmal vorkäme, würde ich dann wirklich die Hände über dem Kopf zusammenschlagen und sagen: »Wem ist es wichtig, wie ich aussehe? Ich will diese Gelegenheit nicht verpassen!«?

Aber bevor ich die Gelegenheit dazu bekam, wurde mir ein Beweis vorgelegt, dass der »Komm wie du bist«-Ansatz fürs Leben genau das war, wie ich leben wollte.

Ich wurde gebeten, bei einer Bibelgruppe in der Nachbarschaft, an der regelmäßig die Country-Sängerin Sara Evans teilnahm, über Hands Free zu sprechen. In den Tagen vor meinem Vortrag hörten meine Ukulele spielende Tochter und ich Saras Lieder und sahen uns ihre Musikvideos an. Natürlich wollten wir alles, was man nur über diese so talentierte Country-Musikerin wissen konnte, herausfinden. Meine Tochter und ich waren fasziniert von ihrer großartigen Stimme und ihrer klassischen Schönheit, die sogar durch einen Bildschirm zu scheinen schien.

Aber ich muss sagen, in echt ist Sara Evans noch schöner.

Sie verströmt Güte, Stärke, Weisheit und Kraft und ist absolut bezaubernd. Sie hat die Art seelentiefer Schönheit, die einen sofort in ihr Herz nimmt, genau wie der beruhigende Klang ihrer Singstimme.

Aber ich muss Ihnen auch gestehen, warum ich ein stilles Dankgebet sprach, als ich Sara zum ersten Mal sah. Ich hatte erwartet, dass sie genauso aussah wie in den Videos – perfekt gestylt. Aber stattdessen erschien die echte Sara. Sie trug

Sportkleidung, ihr Haar war zu einem Pferdeschwanz zusammengebunden, und ihr Gesicht war ungeschminkt. Ich sah ihre Unvollkommenheiten so klar wie den hellen Tag, aber sie standen ihr; sie waren schön. Sie war schön.

Da verstand ich endlich die Botschaft.

Da hörte ich sie endlich laut und deutlich.

Und sie hörte sich so an:

Komm so, wie du bist.

Komm mit ungekämmtem Haar.

Komm mit deinem unförmigen Körper.

Komm mit deinen Plattfüßen und dem Pickel auf deiner Nase.

Komm mit deiner Unerfahrenheit, deiner Unsicherheit und deinen Zweifeln.

Komm mit deiner faltigen Haut und den tiefen Lachfältchen.

Komm mit deinen Narben.

Komm mit deiner Gebrochenheit.

Komm mit deinen Ängsten.

Komm so, wie du bist.

Komm einfach, wie du bist.

Und wenn du dich entscheidest zu kommen, anstatt dich zurückzuziehen, wirst du dir eine Chance geben, dabei zu sein, eine Chance zu heilen und eine Chance zu LEBEN.

Komm so, wie du bist, und lebe.

STRATEGIE DER WOCHE

Sei du selbst.

Es war ein Durchbruch, als mein »privates Selbst« (der Ort, an dem meine Unvollkommenheiten, Unsicherheiten und Ängste offen mitgeteilt wurden) sich mit meinem »öffentlichen Selbst« (wie ich mich der Welt präsentierte) vereinte. Mir fiel auf, dass die Menschen, mit denen ich mich am liebsten umgab und denen ich am meisten nacheifern wollte, diejenigen waren, die ihre Fehler und Unzulänglichkeiten offen zeigten. Sie waren Menschen, die ehrlich darüber sprachen, wie schwierig Leben, Ehe und Elternschaft sein können. Ich sehnte mich nicht nur danach, von dieser »Komm-wie-du-bist«-Aufrichtigkeit umgeben zu sein, ich wollte diese Aufrichtigkeit selbst wiedergeben.

In ihrem Blog spricht Brené Brown, Autorin von »The Gifts of Imperfection«, über die mächtige Wirkung, die es hat, wenn wir unser unvollkommenes Leben und unser unvollkommenes Selbst zeigen: »Unvollkommenheit ist keine Unzulänglichkeit – sie ist, was uns miteinander und mit der ganzen Menschheit verbindet. Verletzlichkeit ist keine Schwäche – sie ist der Geburtsort von Liebe, Kreativität, Erneuerung, Authentizität und Freude.«[7]

Ich hätte nie gedacht, dass ich dazu imstande wäre, dem Tag ohne einen Zehn-Schritte-Plan einfach seinen Lauf zu lassen. Ich hätte nie gedacht, dass ich meinen Namen und das Wort »spontan« im selben Satz aussprechen würde. Ich hätte nie gedacht, dass ich kurz, bevor Gäste zum Abendessen bei uns eintreffen würden, vorschlagen würde, noch schnell eine Runde Fahrrad zu fahren. Aber genau so war es.

Am Sonntag des Superbowl, eine halbe Stunde, bevor Freunde zu Besuch kommen sollten, konnte ich es nicht mehr länger leugnen. Es war einer der Tage, an dem das Wetter einfach zu gut war – ein sonniger Tag mit der perfekten Temperatur, wie er im Februar so selten vorkommt. Es wäre unverzeihlich, jetzt nicht hinauszugehen und ihn zu genießen. Ich würde eine großartige Gelegenheit verpassen.

Ich überlegte einen Moment.

Die Kinder spielten ruhig. Der Tisch für das Abendessen war noch nicht gedeckt. Bevor ich anfing, mit freien Händen zu leben, hätten diese beiden Punkte jegliche Chance auf einen Fahrradausflug im Keim erstickt. Ich hätte das Essen fertig vorbereitet, den Tisch gedeckt, Duftkerzen angezündet und vielleicht sogar die lustigen Partyservietten hervorgeholt und sie kunstvoll zusammengefaltet.

Aber jetzt ist alles anders, und ich sah die Gelegenheit, die sich mir bot.

Fröhlich verkündete ich den Kindern, dass wir Fahrradfahren gehen würden. Die Mädchen rannten sofort nach unten. Ihren Gesichtern nach zu schließen, machten sie sich Sorgen um meinen Geisteszustand. Seit wann zählten ein Pferdeschwanz und Sportkleidung zur Festtagskleidung ihrer Mutter?

Aber sie stellten keine Fragen. Ehrlich gesagt, so schnell, wie sie zur Garage rannten, hatte ich den Eindruck, sie fürchteten, dass ich meine Meinung ändern könnte. Sie holten ihre Schuhe und Helme und waren bereit, so schnell in die Pedale zu treten, wie ihre Beine nur konnten.

Wir fuhren zu unserer Lieblingssackgasse, wo ein Wendekreis eine perfekte Fahrradpiste für Kinder bildete. Eine herrliche Viertelstunde lang fuhr ich neben Avery her, während Natalie uns umkreiste. Und als wäre der Sonnenschein, der sich auf ihren glücklichen Gesichtern spiegelte, nicht genug Bestätigung für mich gewesen, wurde er durch das Folgende noch besiegelt.

Plötzlich lief ein Hund auf das Rasenstück, auf dem wir uns jetzt ausruhten. Ich sprang so schnell auf die Füße wie ein Ninjakrieger und stellte mich verteidigend vor Natalie. Ich war darauf vorbereitet, dass mein erschrockenes Kind in meine Arme sprang. Egal, welche Größe ein Tier hatte oder wie niedlich es war, Angst beschreibt die Panik, die mein Kind vor Hunden hat, nur unzulänglich.

Aber nicht heute.

Heute war anders … in jeder Hinsicht.

Ich hörte, wie sie einatmete und plötzlich lächelte. Meine Tochter sah einen Augenblick zu, wie der fette, haarige und sehr fröhliche kleine Hund sie anwedelte. Dann tat sie etwas, mit dem ich nie gerechnet hätte. Sie beugte sich hinunter und strich ihm vorsichtig, aber vertrauensvoll über das Fell.

Ich beugte mich vor und stellte mit der zuckersüßen Stimme, die für Babys und lächelnde Hunde reserviert ist, die Frage, die uns alle umtrieb: »Hast du einen Bad-Hair-Day, kleiner Fellball?« Die Mädchen brachen in Gelächter aus.

Nachdem er sich ein paar Minuten hatte streicheln lassen, wurde das gesellige Fellbündel auf vier kurzen Beinen von seinem Besitzer mit Hilfe von Hundekeksen wieder nach Hause gelockt. Ohne zu zögern, wandte sich die kleine Schwester (die oft darauf hinweist, dass sie keine Angst vor Hunden hat) an die große Schwester und rief aufgeregt: »Du hast keine Angst mehr!«

Der Ausdruck auf Natalies Gesicht zeigte, dass ihr plötzlich aufging, wie bedeutsam dieser Moment tatsächlich war. Zum ersten Mal in ihrem Leben war sie ruhig geblieben und hatte keine Angst gehabt, als ein Hund überraschend herangestürmt kam. Man konnte geradezu zusehen, wie sie ein bisschen reifer wurde, als sie darüber nachdachte, was gerade geschehen war.

Wir sprangen wieder auf unsere Fahrräder und fuhren heimwärts. Als die Kinder von ihren Lenkern aufblickten und mich liebevoll ansahen, erschrak ich beinahe bei dem Gedanken, was ich um ein Haar verpasst hätte.

Wenn ich in der letzten halben Stunde die richtige Schale für die Chips gesucht, Kleider anprobiert, neue Handtücher ins Bad gehängt, noch einen Snack vorbereitet und jeden letzten Krümel vom Boden gefegt hätte, so wäre das tragisch gewesen.

Ich hätte einen herrlichen Sonnenuntergangsmoment verpasst.

Ich hätte die Gelegenheit verpasst, eine Erinnerung zu schaffen.

Ich hätte mir diesen wunderschönen Tag entgleiten und eine der schönsten Gelegenheiten verstreichen lassen.

Wenn ich Perfektion über Hands Free gestellt hätte, hätte ich einen entscheidenden Wendepunkt im Leben meiner Tochter verpasst.

Zum Glück war das nicht der Fall.

An diesem Tag ließ ich die Dinge einfach laufen – es war nicht elegant, nicht perfekt, aber einfach gut genug für Freunde, die mich lieben, unabhängig davon, wie meine Frisur aussieht und ob meine Salsa selbst gemacht oder im Laden gekauft ist.

Und das Ergebnis war ein Superbowl-Sonntag, der für mich in die Geschichte eingehen wird.

STRATEGIE DER WOCHE

Ergreife die Gelegenheit.

Sich davon ablenken zu lassen, worauf es im Leben wirklich ankommt, ist einfach in dieser hochstandardisierten, perfektionsgetriebenen Welt, in der wir unter immensem Druck leben. Mit jeder neuen Jahreszeit werden wir mit einem neuen Stapel von wunderschönen Bildern bombardiert, wie unser Heim, unsere Kinder und unsere Taille aussehen könnten, wenn wir nur ein paar »einfache« Schritte befolgten. Ich bin zu oft darauf hereingefallen und habe dadurch viele Gelegenheiten versäumt, das Leben zu umarmen, Spaß zu haben und einfach nur die Gesellschaft anderer Menschen zu genießen.

In einem unverfälschten Leben, das ein unordentliches Haus, einen normalen Körper und realistische Standards einschließt, erkenne ich mein Leben. Es ist unretuschiert. Ich hoffe, dass sich dies im späteren Leben meiner Töchter niederschlagen wird – in der Art, wie sie Kontakte herstellen, wie sie lieben und wie sie ihre eigenen Erinnerungen und Traditionen schaffen.

Ergreifen Sie diese Woche die Gelegenheiten, indem Sie die Perfektion ablegen.

Fällt Ihnen manchmal auf, wie besessen Sie davon sind, alles perfekt machen zu wollen? Fühlen Sie sich schuldig, wenn Sie etwas vergessen, obwohl Sie wissen, dass es nicht wichtig ist? Haben Sie den Eindruck, dass Sie sich leer und ausgelaugt fühlen, weil Sie dieser Illusion hinterherjagen, dass alles perfekt laufen muss? Wenn die Leute Sie fragen, wie Sie alles schaffen, fühlen Sie sich dann wie eine Betrügerin?

Wenn das so ist, dann rate ich Ihnen, die Illusion der Perfektion aufzugeben. Fangen Sie mit etwas an, das Sie heute erledigen wollten, worauf es aber im Großen und Ganzen nicht ankommt. Tun Sie stattdessen etwas, das Ihnen Spaß macht, wofür Sie aber nie genug Zeit oder Kraft zu haben scheinen.

Wann immer der Druck der Vollkommenheit sich einschleicht, dann lese ich diese ergreifenden Worte von Dr. Laura Markham:

Stell dir vor, du beschließt, dich nicht mehr zu messen? Du nimmst dich einfach in all deiner unvollkommenen Pracht an, in dem Wissen, dass du weiter wachsen wirst, aber dass du an manchen Tagen gereizt aufwachen wirst, mindestens einmal die Woche etwas Wichtiges vergessen und regelmäßig etwas Falsches sagen wirst? Was wäre, *wenn du beschließen würdest, dass deine Kinder gut sind, so wie sie sind, ohne dass du ihre Tischmanieren verbessern musst, darauf achten musst, dass ihre Kleider zusammenpassen, oder darauf bestehen musst, dass sie ihr Zimmer aufräumen? Stell dir vor, du erlaubst dir, deine Kinder, dein Leben und dich selbst einfach nur ganz zu lieben – mit all der unordentlichen Unvollkommenheit?*[8]

DAS STRAHLENDE LICHT EINES UNVOLLKOMMENEN KINDES

Es war diese eine Zeile – in der Alexis Stuart ihr Leben als Martha Stuarts Tochter beschreibt –, die eine Saite in mir zum Klingen brachte: »Martha macht alles besser! Du kannst nicht gewinnen. Wenn ich etwas nicht perfekt machte, musste ich es wiederholen. Ich wuchs mit einer Pistole auf, die stets auf meinen Kopf gerichtet war.«[9]

Ich erinnere mich, dass ich darüber lachen wollte, aber ich konnte nicht.

Ich erinnere mich, dass ich versuchte, einen erleichterten Seufzer auszustoßen und zu sagen: »Ich würde mein Kind nie so erziehen.« Aber auch das konnte ich nicht.

Weil das zu ergreifen, worauf es ankommt, nicht immer einfach ist.

Zu erkennen, worauf es ankommt, bedeutet, tief in die eigene Seele zu schauen und unbequeme Wahrheiten zuzugeben.

Und in diesem Fall bedeutete es, darüber nachzudenken, ob

ich ab und zu einen dunklen Schatten von Erziehungsperfektionismus auf meine Kinder geworfen hatte.

Seien wir doch ehrlich, man müsste auf einer einsamen Insel leben, um dem Druck zu entgehen, dass das eigene Kind in irgendeiner Hinsicht überragend ist. Eltern werden ständig mit Angeboten bombardiert, um ihre Kinder klüger, schneller, hübscher und stärker zu machen – und natürlich kreativer, musikalischer, künstlerischer, sozialer und erfolgreicher.

Wir wollen ganz sicher nicht, dass unser Kind zurückbleibt.

Wir wollen nicht, dass unser Kind als Letztes gewählt wird.

Wir wollen, dass unser Kind in irgendetwas »gut« ist.

Deshalb drängen wir.

Kritisieren.

Kontrollieren.

Und wir stellen Ansprüche an unsere Kinder, die an uns nie gestellt wurden, als wir klein waren.

Viele außerschulische Aktivitäten sind sinnvoll und fördern die Entwicklung, aber eine schreiende Mutter oder ein herumbrüllender Vater, der sich aufregt, weil ihr oder sein Kind einen Ball nicht gefangen hat, Dritter statt Erster geworden ist oder 90 Punkte anstatt 100 im Rechtschreibtest bekommen hat, hat etwas Ungesundes.

Kinder machen manchmal Fehler. Kinder lassen sich manchmal ablenken. Manchmal wollen Kinder einfach spielen und Spaß haben.

Manchmal wollen Kinder nur geliebt werden.

Woher ich das weiß?

Ich habe diese Botschaft aus einer sehr vertrauenswürdigen Quelle. Nicht von einer wohlmeinenden Freundin, von keinem erfahrenen Kinderarzt oder bekannten Experten für Kinderpsychologie. Nein, diese wichtige Botschaft kam direkt aus dem Mund meines Kindes. Und sosehr es mich schmerzt, sie aufzuschreiben, möchte ich sie Ihnen mitteilen, um möglicherweise einem Kind zu ersparen, einen Tag länger unter dem Druck unerreichbarer Perfektion zu leben.

Dies ist meine Geschichte ...

Avery übte fleißig auf ihrer Ukulele für das nächste Vorspiel. Das Konzert fand in ein paar Tagen statt. Sie übte, und ihre Akkorde waren falsch. Ihre Finger suchten ungeschickt nach dem richtigen Griff und fanden ihn oft nicht. Ihr Plektrum klickte nervtötend. Sie klimperte, als hätte sie in ihrem Leben noch keinen Ton gespielt. Ich dachte die ganze Zeit daran, wie enttäuschend es werden würde, wenn sie bei dem Konzert so schlecht spielte. Ich ließ sie also das Stück wieder und wieder üben und sagte ihr jedes Mal, dass sie es noch besser machen könnte.

Nach mehreren Vorführungen und wenig Fortschritt legte mein Kind sein Instrument einfach weg, als würde sie einen Kampf aufgeben, den sie nicht gewinnen konnte. Tränen liefen ihre Wangen hinunter.

Avery sah niedergeschlagen aus. Sie wusste, dass sie mich nicht zufriedengestellt hatte – und dass sie das vielleicht nie schaffen würde. Verzweifelt flehend sprach sie die Worte aus, die ich niemals vergessen werde: »Mama, ich will doch einfach nur gut sein.«

Und dann noch einmal, für den Fall, dass es mir beim ersten Mal entgangen wäre: »Ich will einfach nur gut sein.«

Meine Kleine, die ihr Bestes gab, um ein kompliziertes Instrument zu spielen, dachte, sie wäre nicht gut. Ukulele zu spielen, was ihr anfangs so viel Freude bereitet hatte, war jetzt zur Quelle von Frustration und Versagen geworden. Was sie einmal ihr gottgegebenes Talent genannt hatte, war jetzt etwas, worin sie ihrer Meinung nach nicht gut genug war.

Woher sie diese Idee wohl hatte?

Könnte es sein, dass es an meinen missbilligenden Blicken und ständigen Verbesserungen lag?

Könnte es mit dem entnervten Aufstöhnen der ernsten Dame zu tun haben, die über ihr stand?

Ich schämte mich so – wie ein Schulhofschläger, der immer wieder dasselbe Kind in der Schulcafeteria quälte, bis es schließlich in die Knie ging und ihm alles Geld aushändigte, das es in den Taschen hatte.

Inzwischen weinten wir beide.

Ich hatte nie gewollt, dass mein Kind glaubte, sie sei nur so gut wie das, was sie leistete. Ich wollte, dass sie ihr Selbstbewusstsein daraus zog, wer sie ist, und nicht daraus, was sie tat. Aber das war nicht die Botschaft, die ich ihr in unseren täglichen Übungsstunden vermittelt hatte.

Ich nahm meine Tochter in die Arme und sagte ihr, wie leid es mir tat. Während ich sie hin und her wiegte, kamen mir die Worte meines vernünftigen, entspannten Ehemanns in den Sinn. Jedes Mal, wenn ich in der Vergangenheit meiner Sorge über die musikalischen Leistungen unseres Kindes Ausdruck gegeben hatte, wiederholte er dieselben weisen Worte: »Sie ist doch nur ein kleines Kind. Sie mag Musik und spielt gern Ukulele. Lass ihr ihren Spaß. Lass sie klimpern und sich das Herz aus dem Leib singen. Wen kümmert es, wie es klingt?«

Wen kümmert es?

Mich. Mich kümmerte es, wie es klang – aber es kümmerte mich zu sehr und aus den falschen Gründen. Es ging mir darum, wie es denn »aussah«. Es kümmerte mich aus meinen eigenen egoistischen Gründen. Und dabei hatte ich es geschafft, das wunderschöne Licht in meinem Kind auszulöschen, das leuchtet, wenn sie etwas tut, was ihr gefällt, weil es sie froh macht, und nicht, weil sie jemanden beeindrucken will.

Zum Glück änderten sich die Dinge nach diesem ausschlaggebenden Moment.

Der Einpeitscher für Ukulueleübungen wurde entlassen, und der Liebevolle Ermutiger trat an seine Stelle. Jetzt sitzen meine Tochter und ich für die Ukulelestunden draußen auf der Terrasse. Sie spielt für die Vögel, für die Wolken und für die Abendsonne, wenn sie uns mit ihrer Anwesenheit segnet. Den Vögeln scheinen die falschen Töne egal zu sein, und mir sind sie es auch. Weil nämlich an einem Lied in seiner natürlichen, unvollkommenen Form etwas Schönes ist. Ähnlich wie das Licht der Freude, das auf einem Kindergesicht leuchtet, wenn es so geliebt wird, »wie es ist«.

Wenn Sie darauf eingestimmt sind, worauf es wirklich ankommt, dann triumphiert der Klang des Glücks über perfekt getroffene Töne. Möge freudige Unvollkommenheit der Chor unseres Lebens sein.

STRATEGIE DER WOCHE

Sag: »Ich sehe dich so gern, wenn du ________ .«

Das Feedback, das ich meinem Kind am Ende ihrer Vorführung gab, änderte sich, nachdem ich einen Artikel des Sportjournalisten Steve Henson gelesen hatte. Der Artikel, der die großartigen Erkenntnisse beschrieb, die über drei Jahrzehnte hinweg von Bruce E. Brown und Rob Miller von Proactive Coaching LLC gesammelt wurden, enthielt diese unvergessliche Zeile: »Wenn Hunderte von College- und professionellen Sportlern gefragt wurden, was ihre Eltern sagten und wann sie sich großartig fühlten, was ihre Freude bei und nach einem Spiel vervielfachte, lautete die Antwort in den meisten Fällen: »Ich sehe dich so gern spielen.«[10]

Während ich mich bemühte, meine Worte auf ein Minimum zu beschränken, bestätigte der Gesichtsausdruck meines Kindes meine neue Strategie. Die Freude, die ich in ihrem Gesicht sah, inspirierte mich dazu, meine Ansprüche zu hinterfragen. Eine bedeutsame Bindung zu den Menschen, auf die es ankam, herzustellen war mir jetzt wichtiger, als nach der Billigung derjenigen zu heischen, die im Grunde nicht wichtig waren.

Sagen Sie diese Woche nur diese sechs Worte, wenn Sie Ihrem Kind Feedback zu einer Leistung geben: »Ich sehe dich so gern, wenn du __________ .«

Das nächste Mal, wenn Sie nach einem Ballspiel, einer Vorführung, einer außerschulischen Aktivität das

Bedürfnis haben, zu führen, zu instruieren oder zu kritisieren, machen Sie es nicht kompliziert. Überlassen Sie es den Trainern und Lehrern. Und wenn es Sie einfach rührt, jemanden, den Sie lieben, in Aktion zu sehen, dann sagen Sie es ihm oder ihr. Aber vergessen Sie nicht, weniger ist mehr. Weniger kann genau das sein, was sie hören möchten ... kein Druck ... nur Liebe, ganz einfach.

BETRACHTUNG

Authentizität

Auf Vollkommenheit warten

Nachdem sie in ihrem Kinderkochbuch ein einfaches Brotrezept gefunden hatte, fragte meine Tochter mit erwartungsvollem Blick, ob sie für ihre Lehrerin Mini-Brote backen dürfte.

»Jetzt?«, fragte ich zögernd. Aus mehreren unwichtigen Gründen war »jetzt« nicht der ideale Zeitpunkt, um die Küche in ein experimentelles Backlaboratorium mit schmutzigen Schüsseln, abgeleckten Löffeln und leeren Packungen zu verwandeln.

Aber da stand sie, mit strahlendem Lächeln und aufgeschlagenem Rezeptbuch. *Wann, wenn nicht jetzt?,* fragte ich mich. *Ich meine, komm schon. Wird der richtige Zeitpunkt jemals kommen?*

»Okay, du kannst das Rezept ausprobieren«, sagte ich und lächelte meine unkonventionell aussehende Bäckerin mit ihren unterschiedlichen Socken und dem verwuschelten Haar an.

Und obwohl mein unabhängiges Kind durchaus imstande war, das Brot allein zu backen, fragte ich, ob ich ihr helfen durfte. Ich krempelte sogar die Ärmel hoch und half ihr, die klebrige Masse zu kneten.

Die Arbeitsplatte war mit Mehl überzogen. Backzutaten rahmten großzügig unseren Arbeitsplatz ein. Die Küche war ein einziges Durcheinander. Wir waren ein einziges Durcheinander! Aber wir hatten Spaß. Oh, wie wir lachten, während wir den Teig kneteten!

Schließlich kamen die Laibe aus dem Ofen. Sie sahen nicht schön aus. Sie waren unförmig und schwer wie Ziegelsteine. Aber zu meiner Überraschung schmeckten sie himmlisch.

Und als ich sah, wie meine Tochter stolz die Früchte ihrer Arbeit bestaunte, musste ich mit den Tränen kämpfen.

Vor noch nicht allzu langer Zeit wären solche Aktionen an meinem Perfektionszwang gescheitert. Und wenn ich mich doch darauf eingelassen hätte, dann wären die Laibe zu hässlich gewesen, um als Geschenke zu dienen. Ich hätte sie durch perfekte, runde Laibe aus der Bäckerei ersetzt.

Was ich nicht alles verpasst hätte! Die mehlbestäubte Nase meines Kindes, ihr Summen bei der Arbeit und die Umarmung im Licht der Nachmittagssonne, als sie durch das Küchenfenster schien.

Auf den perfekten Zeitpunkt und die perfekten Bedingungen zu warten bedeutet, auf das Leben zu warten.

Wann, wenn nicht jetzt?

Wir können ein wunderschönes, von Dankbarkeit erfülltes Leben genießen, in dem sicher nicht immer alles perfekt ist. Aber wir müssen uns darauf einlassen, auf dieses großartige Geschenk, das das Leben ist.

Und wenn wir uns dafür entscheiden, uns nicht länger von Unwichtigem ablenken zu lassen, nicht nach Vollkommenheit zu streben und uns gleichzeitig nicht unter Druck setzen zu lassen, dann wird unser unvollkommenenes Leben süßer schmecken, als wir es uns jemals hätten vorstellen können.

ZUM NACHDENKEN

Wie könnten Sie eine »Sei-du-selbst-Haltung zum Leben einnehmen? Könnte das Ihren Kindern, Ihrem Partner und Ihren Freunden guttun?

Drängen Sie Ihre Kinder, sich auf eine bestimmte Weise zu kleiden oder zu verhalten? Was ist, wenn Sie die Rolle des Liebevollen Ermutigers einnähmen und sie so annähmen, wie sie sind? Könnten Sie das einen Monat lang?

KAPITEL 10

LOSLASSEN – VERZEIHEN

Das Schöne im Leben ist, dass wir zwar nichts ungeschehen machen können, aber unsere Fehler erkennen, verstehen, daraus lernen und uns verändern. So erleben wir jeden neuen Augenblick nicht in Reue, Schuld, Angst oder Zorn, sondern in Weisheit, Verständnis und Liebe.
Jennifer Edwards

Ich hatte eine Menge Schuldgefühle wegen der vielen Gelegenheiten, die ich in den letzten zwei Jahren verpasst hatte. Welchen Schaden diese Gefühle anrichteten, begriff ich erst, als ich anfing, mein Leben zu ändern und meinen inneren Kritiker zum Schweigen zu bringen. Weil ich mir nicht verzeihen konnte, dass ich in der Vergangenheit so viele kostbare Momente verpasst hatte, sabotierte ich meine Chancen, heute einen kostbaren Moment zu ergreifen. Jedes Mal, wenn ich mein Verhalten bereute, war ich unfähig, die Geschenke zu ergreifen, die direkt vor meiner Nase lagen. Was für eine dumme Zeitverschwendung! Und außerdem hielten mich meine Schuldgefühle häufig davon ab, die Gegenwart zu genießen.

Diese Erkenntnis kam mir an einem besonders anstrengenden Nachmittag, als meine Kinder stritten und der Alltagsdruck sich mit jeder Minute zu steigern schien. Mit zusammengebissenen Zähnen sagte ich den Kindern, dass ich mal einen Moment für mich bräuchte. Noch bevor ich mein Schlafzimmer erreichte, wusste ich, wo meine Gedanken hinwandern würden. Jedes Mal, wenn ich mich als Versager in puncto Erziehung fühlte, gingen meine Gedanken zurück in die Vergangenheit und beschworen eine schlechte Entscheidung nach der anderen herauf, bis ich mir an allem die Schuld gab, was in diesem bestimmten Augenblick falsch gelaufen war.

Aber an jenem Tag machte ich es anders. Ich betete. Ich war dankbar, dass ich meine Fehler erkannt hatte und bereit war, mein Leben zu verändern. Am Ende, und das war vielleicht am wichtigsten, bat ich Gott um die Weisheit und die Kraft, diese Fehler der Vergangenheit loszulassen und nur noch im Heute zu leben.

Hoffnungsvoll wagte ich den nächsten Schritt. Ich begann damit, meine Aufmerksamkeit weniger auf mein negatives Verhalten in der Vergangenheit und Gegenwart und mehr auf Positives zu richten. Ich räumte meine Fehler ein, aber ich entschied mich dafür, das zu sehen, was ich richtig mache. Statt mich von Schuld und Leid lähmen zu lassen, half mir diese neue positive Haltung, nach kleinen Fehltritten wieder auf meinen Weg zurückzufinden.

Meine neue Großzügigkeit mir gegenüber übertrug sich auch auf meine Kinder und meinen Partner. Ich entschuldigte mich öfter und konnte offen zugeben, dass mir mein früheres Verhalten leidtat. Das war nicht nur heilend für mich selbst, auch meinen Kindern war es ein Vorbild, wenn sie Fehler machten.

In diesem Kapitel geht es darum, dass es in einem Leben unter der Devise »Hands Free« nicht darum geht, was gestern geschah, sondern um das Heute. Vergangene Fehler loszulassen ist eine wichtige Etappe auf diesem Weg, weil es das Positive offensichtlicher macht. Indem ich von meinen eigenen

Schwierigkeiten berichte, dies anzunehmen, hoffe ich, Sie darin zu bestärken, ebenfalls vergangene Fehler zu entschuldigen und sich selbst gegenüber nachsichtig zu sein, damit Sie lernen, sich auf das zu konzentrieren, was Sie beeinflussen können: Ihre Handlungen und Entscheidungen heute.

DER ENTSCHEIDENDE MOMENT

Es ist merkwürdig, woran sich Kinder erinnern.

Dieser Gedanke kam mir, als ich Spülung auf Averys frisch gewaschenem Haar verteilte. Sie erinnerte mich daran, die Spülung fünf Minuten einwirken zu lassen, damit ihr Haar besonders lockig würde. Ich schüttelte erstaunt den Kopf, weil ich wusste, dass ihre Tante ihr das vor fast einem Jahr gesagt hatte.

Ich stellte meine Uhr auf fünf Minuten und sah meiner Tochter beim Planschen in der Badewanne zu. Plötzlich begann sie zu erzählen. Es war eine Erinnerung aus der Zeit, als ich noch hauptsächlich mit Nebensächlichkeiten beschäftigt war, die mir damals so wichtig schienen. Nichts hätte mich auf die schmerzliche Erinnerung vorbereiten können.

Avery war damals drei Jahre alt; sie war mit mir zu einem Fest gefahren, das sie sofort wieder verlassen musste. Sie erinnerte sich, dass ich verärgert war, dass ich zu weinen anfing und dass meine Freundin herauskam, um mich zu trösten. Sie erinnerte sich, dass meine Freundin gesagt hatte: »Mamas brauchen manchmal einen Augenblick, um allein zu sein und tief durchzuatmen.«

Woran meine Tochter sich nicht erinnerte, war, dass ihr Vater mehrere Wochen lang auf Dienstreise gewesen war, dass ich gerade zum dritten Mal in zwei Monaten Kopfläuse bei ihrer Schwester entdeckt hatte und dass die neuen Schuhe, die sie und ihre Schwester trugen, ihnen Blasen verursachten und sie jammerten.

Meine Tochter erinnerte sich nicht an all dies. Sie erinnerte sich nur daran, dass ich herumgebrüllt und geweint hatte und dass wir nicht bei der lustigen Feier bleiben konnten, weil ich einen Nervenzusammenbruch hatte. Sie erinnerte sich daran, dass ich nicht aus diesem aufgewühlten Zustand herausfand – und dass eine andere Erwachsene mich retten musste.

Als mein Kind mir diese Erinnerung in allen Einzelheiten schilderte, blieb mir ungläubig der Mund offen stehen. Der einzige Grund, aus dem ich nicht anfing zu weinen, war meine Ehrfurcht vor ihrem bemerkenswerten Erinnerungsvermögen.

All dieser Aufruhr war begraben gewesen, seit sie drei Jahre alt war.

Natürlich wusste ich genau, von welchem Abend sie sprach. Ich erinnerte mich, die Frau gehasst zu haben, die ich in diesem Augenblick war – die Frau, die es Läusen und Blasen erlaubte, ihr die Freude zu stehlen. Ich war die Frau, die sich nicht zusammenreißen und nicht erkennen konnte, dass dies keine echten »Probleme« waren – dass es viel, viel schlimmer sein könnte.

Aber das ist genau das, was zu viel Ablenkung mit einem macht. Sie nimmt einem die Sensibilität ... verdreht, was wirklich wichtig ist ... lässt einen Kleinigkeiten wichtig nehmen, die in einem Jahr oder sogar schon morgen nicht mehr wichtig sind. Zu viel Ablenkung zerstört das Wohlbefinden, bis man eines Tages ganz und gar aus den Fugen gerät.

Und du kannst nur dastehen und zusehen. Weil du dich nicht selbst retten kannst.

An diesem Abend bin ich zusammengebrochen. Ich lag unter dem Chaos meines Lebens begraben, das ich mit meinem Smartphone, meinem Computer und meiner übervollen Agenda geschaffen hatte – zusätzlich zu zahlreichen unwichtigen Verpflichtungen, die ich übernommen hatte, anstatt das zu tun, worauf es wirklich ankam.

Meine liebe Freundin half mir, mich zusammenzureißen, so dass wir zu der Feier zurückgehen und versuchen konnten, an einem zerrütteten Abend ein kleines Stückchen Freude zu finden. Ich erinnere mich, dass ich hinter ihr herging, sah, wie sie Averys Hand hielt und es ihr sogar gelang zu lächeln. Ich dachte bei mir: »Gut, dass es vorüber ist. Nichts ist passiert.«

Wem wollte ich etwas vormachen?

Ich hatte an diesem Abend einen Eindruck hinterlassen, eine schmerzende rote Narbe in der Seele meines so leicht zu beeindruckenden Kindes – eine Narbe, die ich nicht sehen würde, bis zu einem Sommerabend mehrere Jahre später, als ihr der Duft der Haarspülung diesen quälenden Moment in ihrem jungen Leben in Erinnerung rief.

Als mein Kind sich an diesen Abend erinnerte, sprudelten so lebhafte Details aus ihr heraus, als wäre es erst gestern geschehen. Sie war offensichtlich von ihrer eigenen gefühlvollen Reaktion überrascht, blinzelte die Tränen weg und sagte verlegen: »Ich weiß gar nicht, warum ich deshalb weine.«

Ich sah schmerzlich berührt zu, wie sie darum kämpfte, die Fassung zu bewahren, und schwor mir:

Niemals mehr werde ich mich fragen, ob der harsche Ton meiner Stimme von kleinen Ohren und zarten Geistern wahrgenommen wird …

Niemals mehr werde ich mich fragen, ob zornige Worte in jungen Seelen bewahrt werden ...

Niemals mehr werde ich mich fragen, ob böse Erinnerungen direkt neben den guten aufgelistet sind ...

Weil ich es jetzt weiß.

Aber diese Geschichte ist noch nicht zu Ende. In dieser Geschichte geht es nicht um Schuld, Scham oder Reue.

In dieser Geschichte geht es um Hoffnung.

Weil nämlich dann etwas Wichtiges geschah.

Ich sah meinem Kind ins Gesicht und sprach die einzig richtigen Worte.

»Es tut mir leid. Verzeihst du mir?«

Und dann geschah eine Veränderung in meinem Kind – von einer verwundeten Seele zu einem Mädchen mit der Aussicht auf eine schöne Zukunft. Mein Kind schlang ihre Arme fest um meinen Hals und flüsterte: »Oh ja, Mama, ich verzeihe dir.«

Als hätte daran nie ein Zweifel bestanden.

Aber da war noch mehr. Ich wollte ihr erklären, dass ich mit Stress und Frustration jetzt anders umging. Die Wahrheit ist nämlich: Das Muttersein ist immer noch eine schwere Aufgabe – manchmal beinahe unmöglich. Und ich merke, wenn ein Zusammenstoß droht – wenn Streit unter Geschwistern, schmutzige Fußböden und schlechtes Benehmen mit schlechter Laune, Unausgeschlafenheit oder meinem dünnen Geduldsfaden zusammentreffen. Dann ist ein Zusammenstoß unvermeidlich.

Also nehme ich, genau wie ein Fahrer, der einen Zusammenstoß mit einem anderen Fahrzeug kommen sieht, den Fuß vom Gaspedal ... halte mich zurück ... halte inne, um dauerhaften Schaden zu vermeiden.

In diesen Momenten, wenn ich gerade schreien oder explodieren will, bleibe ich gerade lange genug ruhig, damit die zornigen Worte sich auflösen können. Ich halte sie eine Weile zurück, bis der Moment vorüber ist. Ich habe herausgefunden, dass selbst eine sekundenlange Pause tragische Auswirkungen verhindern kann.

Der entscheidende Moment …

Würden wir nicht alles tun, um zu verhindern, dass verletzende Worte über unsere Lippen kommen – und empfindliche Narben bei denjenigen hinterlassen, die wir am meisten lieben?

Der entscheidende Moment …

Würden wir nicht alles tun, um uns Jahre schmerzlicher Reue, Gewissensbisse und Scham zu ersparen?

Der entscheidende Moment …

Manchmal braucht es nur eine Pause, um einen Zusammenstoß zu verhindern.

Meine Tochter und ich hatten unser Gespräch beendet, und ich brachte sie ins Bett. Ich wollte gerade ihre Zimmertür schließen, als sie »ihre« Frage rief, eine Frage, die jeden Abend kam, seit sie sprechen kann: »Wo gehst du hin, Mama?«

Normalerweise sage ich ihr, in welchem Teil des Hauses ich sein werde, aber an diesem Abend fügte ich noch eine Kleinigkeit hinzu, damit sie sich sicher fühlte.

»Ich bin für dich da, meine Süße.«

Ich bin da.

Ich kann nicht zurückgehen und die Vergangenheit ändern, aber ich kann heute etwas tun – heute, wenn meine Kinder sich darauf verlassen, dass ich für sie da bin, wenn sie eine sichere, konstante Umgebung brauchen und liebevolle Unterstützung.

Wenn die Zusammenstöße des Lebens drohen, dann sehe ich in die Gesichter meiner Kinder und erinnere mich daran, dass das, was ich in diesem Moment sage und mache, sie möglicherweise für immer begleiten wird.

Und in diesem kleinen entscheidenden Moment haben meine kostbaren Kinder die Macht, mich vor mir selbst zu retten.

STRATEGIE DER WOCHE

Sei dir wohlgesonnen.

Als mir bewusst wurde, wie hoch der Preis meiner ständigen Präsenz am Telefon, in den sozialen Medien oder auch bei Verpflichtungen, die ich meinte, nicht ablehnen zu können, war, trug das entscheidend dazu bei, mein Leben zu ändern, aber deswegen lebte ich nicht in ständiger Reue. Ich kam endlich an einen Punkt, an dem mir klar wurde, dass ich kostbare Zeit und Kraft verschwendete, wenn ich mich ständig selbst wegen all der verpassten Gelegenheiten schalt. Mir zu verzeihen war genauso wichtig wie diese Erkenntnis.

Ich begriff, dass die Augenblicke, in denen ich die Stimme gegen meine Kinder erhob, wenig mit ihnen und viel mit mir zu tun hatten. Es war wahrscheinlicher, dass ich zornig wurde, weil ich dachte, ich würde als Mutter versagen. Wenn ich innehielt und meinen Zorn einen Augenblick unterdrückte, erinnerte ich mich daran, dass selbst die besten Eltern Selbstzweifel und Frustration erleben.

Vermeiden Sie in dieser Woche Zusammenstöße mit den Menschen, die Sie lieben, indem Sie kurz innehalten. Wenn das Abendessen anbrennt ... wenn die Jeans sich nicht ganz zuknöpfen lässt ... wenn Sie etwas Wichtiges vergessen und das Gefühl haben, andere im Stich gelassen zu haben, dann nehmen Sie sich einen Augenblick Zeit für sich. Erinnern Sie sich daran, dass Sie ein Mensch sind und dass Sie Ihr Bestes geben. Sie und Ihre Lieben werden davon profitieren:

- Es kann verletzende Worte verhindern.
- Es kann Sie daran hindern, empfindliche Narben in der zarten Seele derer zu hinterlassen, die Sie lieben.
- Es kann Ihnen schmerzliche Jahre voller Reue und Scham ersparen.

Wenn so ein Zusammenstoß droht, halten Sie inne, und geben Sie nach einem Moment der Ruhe eine kluge Antwort.

DER HELD IN DIR

Den ganzen Tag lang warnten die lokalen Nachrichten das gesamte Sendegebiet vor einer gefährlichen Wetterlage. Die Wettervorhersage sprach das Wort »Tornado« wie ein böses Schimpfwort aus. Schließlich waren die Spuren der Verwüstung noch frisch, die ein Tornado, der vor nur zehn Monaten in unserem Staat 316 Menschenleben forderte, auf einer Breite von einer Meile geschlagen hatte.

Kinder wurden vorzeitig aus der Schule entlassen, und viele Geschäfte schlossen. In den Lebensmittelgeschäften drängten sich Menschen, die sich mit Vorräten, Wasserkanistern und Batterien eindeckten. Aber am Abend sah alles danach aus, als blieben wir verschont und die Schlechtwetterfront zöge nördlich an uns vorbei.

Nachdem wir mehrere Wetterberichte zu Rate gezogen hatten, beschlossen mein Mann und ich, dass es nicht gefährlich war, wenn unsere Töchter wie immer in ihren Zimmern im Obergeschoss schliefen. Als wir sie zu Bett brachten, sahen wir die Angst auf ihren Gesichtern. Meine Kinder hatten damals den Menschen geholfen, die Familienmitglieder und Häuser in dem tödlichen Sturm verloren hatten. Aber deswegen kannten sie auch den gnadenlosen Zorn eines Tornados nur zu gut.

Natalie war besonders unruhig und bat mich, bei ihr zu bleiben. Nachdem ich zwei Stunden lang zugesehen hatte, wie sie ihre Augen beim kleinsten Anzeichen von Wind oder Regen aufriss, schlief sie schließlich ein. Ich schlich mich vorsichtig aus ihrem Zimmer, sah noch einmal nach dem Regenradar im Internet und ging nach unten in mein Zimmer.

Doch kurz darauf blieb ich wie gelähmt stehen. Mein Blick fiel auf das Fenster. Die Bäume schwankten gewaltig, und der Regen peitschte auf das Dach unseres Nachbarn.

»Ich kann nicht nach unten gehen«, flüsterte ich in die Dunkelheit.

Ich atmete tief ein, um mich zu beruhigen. Der vernünftige Teil von mir wusste, dass ich gerade den Radar überprüft hatte und dass im Radio ununterbrochen der Wetterbericht lief. Trotzdem war alles, woran ich denken konnte, wie schnell der Tornado vor weniger als einem Jahr über uns gekommen war. Wenn ich nach jetzt nach unten ging und dann plötzlich meine Kinder beschützen musste, würde ich sie nicht rechtzeitig erreichen.

Mit diesem ernüchternden Gedanken drehte ich um und ging in Natalies Zimmer zurück. Ich legte mich vorsichtig auf den eingedrückten Platz im Bett neben meinem schlafenden Kind. Er war noch warm von meinem Körper.

Vielleicht kennen Sie die Neigung der Gedanken, in den frühen Morgenstunden zu den dunkelsten, merkwürdigsten und irrationalsten Orten zu wandern. Wenn ja, dann können Sie sich die trostlose Straße vorstellen, auf der meine Gedanken reisten.

Ich begann damit, alle möglichen lebensrettenden Szenarien durchzuspielen für den Fall, dass ich das unverkennbare Geräusch eines Tornados hörte. In allen Szenarien lasse ich meine Kinder nie los – auch wenn das bedeutete, in den tödlichen Wirbel zu kommen. Ich fand mich mit der Tatsache ab, dass wir gemeinsam sterben würden. Tatsächlich gab es keinen Ort, an dem ich in ihren letzten Stunden lieber sein wollte.

Plötzlich traf mich das Ausmaß dieses Opfergedankens. Ein göttliches Flüstern der Bestätigung kam mir sofort in den Kopf:

Du bist eine gute Mutter.

Und dann noch einmal, diesmal etwas lauter.

Du bist eine gute Mutter.

Ich weinte. Ich wusste genau, warum diese Worte mich so tief berührten. Weil ich sie nicht oft genug sagte. Eigentlich konnte ich mich nicht an das letzte Mal erinnern, wann ich sie zu mir selbst gesagt hatte. Eigentlich ertappe ich mich häufig dabei, dass ich das genaue Gegenteil sage.

Die sanfte Stimme in mir, die sagte: »Du bist eine gute Mutter«, enthielt noch mehr tröstende Worte ...

So, du bist also nicht vollkommen. Du machst Fehler und triffst sogar ein paar schlechte Entscheidungen. An manchen Tagen reicht deine Geduld nicht aus ... an manchen Tagen lässt du zu, dass negative Gedanken deine guten Gedanken übertönen ... an manchen Tagen bist du nicht die Mama, die du sein möchtest.

Aber erinnere dich daran:

Wenn deine Kinder verteidigt werden müssen, verteidigst du sie.

Wenn deine Kinder Trost brauchen, tröstest du sie.

Wenn deinen Kindern etwas weh tut, tut es auch dir weh.

Und der einzige Grund, aus dem du hellwach hier liegst, während du tief schlafend in deinem eigenen Bett liegen könntest, ist, dass du für sie sterben würdest.

Höre also auf, dich zu schelten.

Höre auf, an dir zu zweifeln.

Höre auf, dich zu beschuldigen.

Und um Gottes willen, höre auf, dich zu kritisieren.

Höre auf, dich zu fragen, ob du gut genug bist.

Das bist du nämlich.

Die Tatsache, dass du geschworen hast, jedes Monster, sei es in Form der Natur oder des Menschen, zu bekämpfen, das deine Kinder bedroht, überstrahlt sämtliche Fehler, die du als Mutter täglich machst.

Es ist an der Zeit, die Schuld loszulassen und jeden Tag in dem Wissen zu leben, dass die Liebe, die du für deine Kinder empfindest, etwas lebenserhaltendes Positives ist, das alles andere Negative überragt.

Und damit endete dieser Vortrag.

Obwohl ich ihn anfangs als göttlichen Tadel erfahren hatte, tröstete er mich doch sehr. Ich stieß sogar einen langen, schweren Seufzer aus und konnte meine Augen schließen, so im Frieden mit mir wie schon lange nicht mehr – vielleicht seit mein erstes Kind vor beinahe zehn Jahren zur Welt gekommen war.

Ein paar Stunden später drangen Sonnenstrahlen durch die Fensterläden. Obwohl meine schweren Augenlider sich nach mehr Schlaf sehnten, fühlte sich mein Geist erneuert. Genau wie das Licht eines neuen Tages fühlte ich mich hoffnungsvoll. Ich wiederholte diese fünf herrlichen Worte wieder und wieder in meinem Kopf: *Du bist eine gute Mutter.*

Langsam rollte sich meine Tochter herum, und ihre schläfrigen braunen Augen sahen mich überrascht an – überrascht, dass ich hier neben ihr lag.

Natalie lächelte langsam und flüsterte leise: »Danke, dass du die ganze Nacht bei mir geblieben bist, Mama.« Und dann sah sie mich auf eine Art an, wie ich es noch nie bei ihr erlebt hatte – so wie Überlebende die Helden ansehen, die ihr Leben riskiert hatten, um sie zu retten.

Ein neuer Tag hat begonnen. Das Leben ist zu kurz für Schuld und Verdammnis. Ich habe ein Leben zu leben und Menschen, die ich lieben und beschützen muss. Für zwei kleine Mädchen bin ich eine Heldin ... es ist an der Zeit, dass ich mich auch so behandle.

STRATEGIE DER WOCHE

Begründen oder bewahren Sie ein Ritual.

Natalie bat zum ersten Mal um eine Sprechzeit, als sie drei Jahre alt war. Von da an wurde daraus ein geheiligtes, allabendliches Ritual nach der Gutenachtgeschichte. Zehn Minuten lang kuschelten wir im Dunklen, und kein Gesprächsthema war verboten. Diese besondere Zeit hat es seitdem ohne Ausnahme immer gegeben, sogar vor meiner Hands-Free-Zeit. Es gab nur eine Handvoll Abende, an denen ich diese Sprechzeit verpasste, und an diesen Abenden war ich unruhig. Ich habe mich daran gewöhnt und freue mich genauso darauf wie mein Kind.

Ganz egal, wie sehr ich in der Erziehung zwischendurch versagt habe, die Sprechzeit gibt mir die Möglichkeit, meine liebevolle Gegenwart und meine ungeteilte Aufmerksamkeit anzubieten. Familienrituale wie die Sprechzeit bieten die Chance, noch einmal von vorn anzufangen.

Schaffen (oder erhalten) Sie diese Woche ein tägliches Ritual, bei dem Zeit, die Sie mit einem Ihrer Lieben verbringen, vor jeglicher Ablenkung und Unterbrechung geschützt ist. Wählen Sie eines der folgenden täglichen Rituale aus, oder schaffen Sie ein eigenes.

- ○ Kuscheln am Morgen
- ○ Ins Bett bringen
- ○ Den Hund ausführen oder sich gemeinsam um ein Haustier kümmern

- Zeit für Gespräche
- Ein gemeinsamer Imbiss nach der Schule.

Entscheidend ist, das Ritual jeden Tag zu praktizieren, damit Ihr Kind sich immer auf diese Zeitspanne wichtiger Gemeinsamkeit verlassen kann.

Sie werden merken, dass es einen unschätzbaren Gewinn birgt. Diese Routine legt nicht nur das Fundament für jetzige und künftige Beziehungen, sie bietet außerdem einen Ausgleich, etwas, worauf man sich konzentrieren und verlassen kann. Das Leben ist zu kurz für Schuld und Verdammnis. Finden Sie Frieden in einem täglichen Familienritual.

DIE HEILUNG

Der vielleicht erfolgversprechendste Aspekt eines Lebens mit freien Händen ist, dass es nicht darum geht, was gestern geschehen ist, sondern um heute.

Aber es gibt Zeiten, zu denen man zurückblicken muss.

Jedes Mal, wenn ich eingeladen bin, um zu einer neuen Gruppe über meinen Weg zu sprechen, muss ich dorthin gehen – in die Vergangenheit. Meine Geschichte zu erzählen bedeutet, alte Wunden aufzureißen, was schon schwer genug ist, ohne dass man auch noch laut darüber spricht.

Es gibt einen speziellen Teil meiner Geschichte, den preiszugeben mir immer besonders schwerfällt. Um ehrlich zu sein, kann ich es kaum ansprechen, ohne dass meine Stimme zittert und mir eine Träne über die Wange läuft:

»Übertriebenes Benutzen des Smartphones, zu viele Verpflichtungen, seitenlange To-do-Listen und das Streben nach Perfektion haben mich verschlungen. Und die Menschen anzuschreien, die ich liebte, war eine direkte Folge des Kontrollverlustes in meinem Leben. Es war unvermeidlich, dass ich irgendwann zusammenbrechen musste. Aber natürlich brach ich nicht in der Öffentlichkeit zusammen, sondern bei den Menschen, die mir am meisten bedeuteten.«

Ich schaudere, wenn ich darüber nachdenke, wie damals mein Alltag und mein Leben verliefen. Aber oft denke ich auch daran, dass meine Vergangenheit, besonders meine frühen Jahre, mich zu der machten, die ich heute bin. Wenn ich gelegentlich in meine alten Verhaltensweisen zurückfalle, macht mich dieses Déjà-vu-Erlebnis nur noch dankbarer dafür, wie weit ich gekommen bin.

Als ich also die interessante Idee auf www.justbeenough.com sah, war ich fasziniert. Wenn ich meine Kinder bat, mich in drei Worten zu beschreiben, was würden sie sagen? Ich hoffte, dass die Worte *schlecht gelaunt, ungeduldig und gemein* nicht über ihre Lippen kämen. Ich hoffte, dass *zu viel zu tun* oder *Einpeitscher* mich nicht perfekt beschrieben. Ich hoffte außerdem, dass keines meiner Kinder schüchtern so etwas sagen würde wie: »Du sagst ganz oft ›Beeil dich.‹« So war ich nämlich früher.

Eines Abends bat ich also Natalie am Ende unserer abendlichen Sprechzeit, drei Worte aufzuschreiben, die mich beschrieben. Während sie schrieb, beobachtete ich neugierig jeden Buchstaben, als würde sie ein Geheimrezept gegen hängende Augenlider oder das unentdeckte Rezept für kalorienfreie Schokoladentrüffel enthüllen.

Sie schrieb: »Nett ... freundlich ... besorgt.« Und am Ende der Liste stand: »Die beste Mama der Welt!«

Ich starrte auf das Stück Papier mit demselben albernen Lächeln, mit dem ich im reifen Alter von zweiundzwanzig meine erste offizielle Unterrichtserlaubnis betrachtet hatte.

Dann rannte ich in Averys Zimmer, begierig zu sehen, wie ihre Liste aussehen würde. Sie verstand nicht, was das Wort »beschreiben« bedeutete, also sagte ich: »Wenn jemand fragen würde: Wie ist deine Mama? Was würdest du dann sagen?«

Während sie nachdenklich die Augen verdrehte, starrte ich auf ihre kleinen rosa Lippen und wartete nervös auf ihre Antwort. Schließlich war sie das Kind, das am meisten unter meinen vielen Beschäftigungen gelitten hatte – die ungeduldig herumgeschleift worden war und erst hinter eingehenden E-Mails, SMS und massiven To-do-Listen an die Reihe kam, während ihre ältere Schwester in der Schule war.

Endlich sprach meine süße Tochter.

»Hübsch ... nett ... lieb.«

Puh. Ich spürte eine Mischung aus Erleichterung und Befreiung angesichts der positiven Bewertungen, die ich von meinen beiden Kindern bekommen hatte. Aber bevor ich ausatmen konnte, stellte ich die nächste Frage. Der Einpeitscher und Kontrollfreak in mir, der ab und zu sein hässliches Haupt erhebt, war noch nicht ganz zufrieden. Dieser wetteifernde Teil fragte sich, wie meine Kinder ihren Vater beschreiben würden. Schließlich ist er immer schon der Inbegriff eines Hands-Free-Lebens gewesen – sobald er nach der Arbeit durch die Tür kommt, lässt er einfach sämtliche Geräte liegen und ebenso auch seinen Zorn, seine Missgunst und seine Fehler. Mein Mann musste nicht erst zusammenbrechen, um seine Prioritäten zu klären. Er ist durchweg beständig, entspannt und ruhig. Wie würden meine Kinder ihn beschreiben?

Ich ging zurück in Natalies Zimmer und fragte sie.

Sie sagte: »Fröhlich ... abenteuerlustig ... nett ... unruhig.« Dann definierte sie »unruhig« als »Er steht gern auf und macht irgendwas.«

Dann ging ich in Averys Zimmer. Auch sie konnte sich nicht auf drei Worte für ihren Vater begrenzen. Sie sagte: »Nett ... kitzelt mich ... spielt Fangen ... richtig lustig.«

Ich musste zugeben, ich war eifersüchtig. Meine Liste war gut, sie war sogar wundervoll. (Ganz sicher besser als unzufrieden, schlecht gelaunt und gestresst, wie meine Liste zu anderen Zeiten ausgesehen hätte). Aber ehrlich gesagt wollte ich auch Worte wie lustig, fröhlich und abenteuerlustig auf meiner Liste. Also beschloss ich, von ihrem Vater zu lernen, und fing an, das mit dem »Loslassen« maximal auszuschöpfen. Innerhalb von ein paar Wochen hatte ich folgende Leistungen erbracht:

- Ich habe vorgeschlagen, das Geschirr stehen zu lassen und draußen im Regen herumzulaufen. Ich habe zwar keinen Wurm angefasst, bin aber immerhin in eine Schlammpfütze gesprungen.
- Ich habe ein Fangenspiel im Hof angezettelt, nachdem die Kinder bereits ihre Schlafanzüge anhatten. Ich war nicht schnell genug, um sie zu fangen, aber sie hatten viel Spaß daran zu sehen, wie ich es versuchte.
- Ich bin zum ersten Mal seit zehn Jahren Rollschuh gefahren und habe mich nicht blamiert.
- Ich habe ein spontanes Picknick veranstaltet, obwohl wir keinerlei picknickgerechtes Essen im Haus hatten.

- Ich habe den Football geworfen und eine Runde Kickball gespielt, alles am selben Tag. Es interessierte niemanden, dass ich nicht im Geringsten zielen konnte, nicht einmal Avery, die ich aus Versehen mit dem Ball an der Nase traf.

Ich gebe zu, ich hatte ein paar dieser Sachen nicht mehr gemacht, seit ich ein Kind war. Meine übervorsichtige Natur verhindert häufig, dass ich mich ohne Zögern in etwas hineinstürze. Aber spontan und verspielt zu sein stellte eine greifbare Verbindung zu meinen Kindern her, die es nicht gegeben hätte, wenn ich einfach nur zugesehen hätte. Ich schwor mir, auch weiterhin, sooft ich konnte, mich einfach in etwas hineinzustürzen.

Aber ich konnte es nicht dabei belassen – ich musste es einfach wissen.

Hatten meine gesteigerte Abenteuerlust und Spontaneität mein Image verbessert? War ich jetzt in die Reihen der Elite-Erwachsenen aufgestiegen, die in die Kategorie »lustig« fielen wie ihr Vater und geliebter Onkel? An diesem Abend, nach Averys Zwei-Geschichten-Ritual und der Sprechzeit, schlug ich zu.

»Wenn jemand mich nicht kennen und dich fragen würde: ›Wie ist deine Mutter?‹, was würdest du da sagen?«

Die erste Antwort meines schlauen Kindes, das dieses Spiel offensichtlich nicht zwei Mal spielen wollte, war: »Darüber haben wir schon gesprochen.«

Nachdem ich sie nett darum bat, noch einmal zu antworten, gehorchte sie. Ich hielt den Atem an und zwang sie in meinen Gedanken, das Wort »lustig« auszusprechen.

Sie erwiderte: »Hübsch ... lieb ... nett.«

Obwohl es einen kleinen Unterschied in der Reihenfolge gegenüber der anfänglichen Liste gab, hatte Averys Beschreibung sich nicht geändert. Aber bevor ich auch nur das geringste bisschen enttäuscht sein konnte, schwöre ich, dass sie direkt in meine Seele sah und etwas hinzufügte, was ich so schrecklich gern hören wollte.

»Wenn ich dich ansehe, dann denke ich daran, wie wir jeden Abend zusammen lesen. Ich denke daran, wie du auf mich aufpasst. Ich denke, wie du mich liebhast und mich immer liebgehabt hast.«

Ich konnte nicht anders – zwei dicke Tränen rannen mir über das Gesicht. Diese herrliche Beschreibung von mir kam von dem Kind, das einst von ihrer überforderten Mutter ignoriert worden war. Diese Worte kamen von dem Kind, das einst nur die wertlosen Reste meiner Zeit bekommen hatte.

Und plötzlich hatte ich eine lang überfällige Erleuchtung.

Vielleicht ist es an der Zeit, damit aufzuhören, mich wegen der Augenblicke, die ich mit meinen Kindern verpasst habe, schuldig zu fühlen.

Vielleicht ist es an der Zeit, nicht mehr zu weinen, wenn ich an diese Jahre zurückdenke.

Vielleicht ist es an der Zeit anzuerkennen, dass ich eine gute Mutter bin und dass ich, obwohl ich zwei Jahre lang vom Weg abkam, nie aufgehört habe, sie zu lieben.

Aber darüber hinaus gab es eine weitere tiefgehende Erkenntnis, die mein gequälter Kopf endlich erfasste:

Diejenigen, die ich vernachlässigt habe, haben mir vergeben. Vielleicht ist es an der Zeit, dass auch ich mir vergebe.

STRATEGIE DER WOCHE

Drei Worte, auf die es ankommt

Wenn ich sehe, wie Menschen lautlos weinen, wenn sie meine Geschichte hören, fällt es mir schwer zu sprechen. Ich bin zu der Erkenntnis gekommen, dass es viel schwerer ist, Mutter zu sein, als unsere Gesellschaft es uns einzugestehen erlaubt. Wenn wir uns bis auf die nackten, empfindlichen Stellen in unserer Seele entblößen, dann finden wir Schuld, Ungewissheit, Verurteilung und Reue. Auf meiner Suche nach Selbstvergebung hat es mir geholfen zu wissen, dass ich nicht allein bin. Als eine Leserin meines Blogs ihre berührende Geschichte über Selbstvergebung schrieb, war mir das ein großer Trost. Ich denke häufig an ihre Geschichte, wenn ich mich daran erinnern möchte, worauf es wirklich ankommt:

»Die ersten paar Jahre des Lebens meiner Tochter verbrachte ich abgelenkt und verängstigt. Die ganzen Therapien und die Ungewissheit über ihre Zukunft brachten mich völlig durcheinander. Ich zog mich von Freunden zurück, weil es einfach zu schwer war, mit »normalen« Kindern zusammen zu sein, wenn meines so weit hinterherhinkte. Und obwohl ich liebevoll und aufmerksam meiner Tochter gegenüber war, kam meine Angst als Zorn meinem Sohn gegenüber zum Ausdruck. Ich hatte keine Geduld mit ihm und stellte unglaublich hohe Erwartungen an ihn. Wenn ich zurückblicke, versuche ich, mir zu sagen, dass wir auch in dieser Zeit gute gemeinsame Augenblicke miteinander verlebten, und das stimmt; aber ich nenne diese Zeit in meinem Leben die »verrückten, wütenden Mamazeiten«. Unser Haus war kein fröhlicher Ort, und Mama war für meinen Sohn keine sichere, fröhliche Person. Ich kann gar nicht beschreiben, wie schuldig ich mich fühle, wenn ich zurückblicke. Ich frage mich immer wieder, wann ich diese Gefühle endlich loswerde, da es lange her ist und ich nicht mehr dieselbe bin. Aber es ist so schwer, die Schuld abzulegen. Dein Weg hat mir auf meinem mehr geholfen, als du wissen kannst, weil ich das unglaubliche Bedürfnis verspüre, jeden Moment zu nutzen und für meine Kinder da zu sein, besonders, weil ich es in diesen Zeiten nicht konnte. Heute Abend werde ich also den Atem anhalten und meine Kinder bitten, mich mit drei Worten zu beschreiben, wenn ich sie zu Bett bringe. Und solange nicht das Wort ›verrückt‹ darin vorkommt, werde ich versuchen zu feiern, wie weit wir gekommen sind, anstatt zu bereuen, dass ich jemals den Blick dafür verloren hatte, dass meine beiden Kinder ein Segen sind und wie kostbar diese Zeit mit ihnen ist.«

Fragen Sie jemanden, den Sie lieben und dem Sie vertrauen, nach drei Wörtern, um Sie zu beschreiben. Die Ergebnisse können überraschend sein. Sie können aber auch heilend sein.

Vielleicht ist es an der Zeit, damit aufzuhören, sich wegen vergangener Fehler zu geißeln. Vielleicht ist es an der Zeit, damit aufzuhören, persönliches Versagen immer wieder aufleben zu lassen, weil Sie glauben, dass andere Ihnen deswegen böse sind. Vielleicht sind nur Sie es. Vielleicht sehen Ihre Lieben Sie an und sehen all die wirklich wunderbaren Eigenschaften, die Sie ausmachen. Vielleicht ist es an der Zeit, nach vorn zu blicken und damit aufzuhören, in die Vergangenheit zu sehen.

BETRACHTUNG

Vergebung

Schwerelos

Es gibt Tage, an denen wir mit dem Kopf gegen die Wand rennen wollen, wenn wir in unser Kissen schreien oder weinend hinter dem Lenkrad sitzen.

Es gibt Tage, an denen wir nichts mehr zu geben haben, an denen wir das Handtuch werfen wollen und zugeben: »Ich kann nicht mehr.«

Es gibt Tage, an denen wir nicht möchten, dass unsere Gedanken von jemand anderem gehört werden.

Es gibt Tage, an denen wir meinen, wir hätten zu viele Fehler gemacht, um jemals erlöst zu werden.

Das sind keine schönen Tage.

Aber trotz des Versagens, der falschen Schritte, des Zweifels und des inneren Aufruhrs tun wir etwas Außergewöhnliches.

Wir sind da.

Und wir sind immer da.

Weil wir wissen, dass sich jemand auf uns verlässt.

Und wenn jemand anderes sieht, dass wir da sind, dann bedeutet das mehr, als wir wissen.

Und dann wird eines Tages, vielleicht früher, als wir glauben, jedes Opfer, das wir jemals gebracht haben, und jede Träne, die wir jemals vergossen haben, gegen etwas Wundervolles eingetauscht.

Vielleicht ist es ein zärtliches Wort, eine Umarmung, ein Ausdruck von Freude – was auch immer, wir werden es wissen, weil das der Augenblick ist, auf den wir gewartet haben.

In diesem Moment werden wir für denjenigen strahlen, den wir lieben, und derjenige wird für uns strahlen.

Und jeder vergangene Fehler, der früher so schwer auf unserer Seele lag, wird vom Licht eines wunderschönen Augenblicks überstrahlt werden.

Und endlich werden wir von aller Schwere befreit sein.

ZUM NACHDENKEN

Gibt es Fehler in der Vergangenheit, die Sie immer wieder heraufbeschwören? Können Sie diese Fehler jetzt korrigieren? Wenn nicht, was könnten Sie aus diesen Fehlern gelernt haben, und wie könnten Sie sich verzeihen?

Gibt es in Ihrer Familie ein tägliches Ritual, das mitten in einem anstrengenden Tag (oder an dessen Ende) Frieden, Ruhe und Zusammenhalt bringt? Wenn nicht, welches tägliche Ritual würden Sie gern ins Leben rufen, und wie werden Sie es einführen?

Wenn Sie Ihre Stimme gegen diejenigen erheben, die Sie lieben, welche Gedanken gehen Ihnen dann durch den Kopf? Geht Ihr Ärger manchmal in die falsche Richtung? Was könnte Sie in solchen gestressten und frustrierten Momenten daran hindern, etwas zu sagen oder zu tun, was Sie später bereuen könnten?

KAPITEL 11

FOLGE DEM RUF DEINES HERZENS – MITGEFÜHL

Wie sagst du danke für Sonnenschein oder Gesundheit …
für klare Tage oder sanften Regen …
für Glück, Freude oder Liebe? Du sagst es, indem du teilst.
Du sagst es, indem du die Welt lebenswerter machst.
Thomas D. Willhite

Ich kann genau sagen, wann ich mich am friedlichsten und dankbarsten für die Geschenke in meinem Leben gefühlt habe. Es war immer dann, wenn ich, ohne eine Gegenleistung zu erwarten, etwas Liebevolles tat. Als Kind und junge Erwachsene schrieb ich oft Gedichte und Dankschreiben für Menschen, die mir wichtig waren. Gern überraschte ich Freunde und Familienmitglieder mit Gebäck oder einer besonderen Musikzusammenstellung auf CD. Aber am liebsten gab ich dem Drängen meines Herzens nach, wenn ich jemanden sah, der traurig war. Die Jahre, in denen ich so viel mit vermeintlich Wichtigem beschäftigt war, lenkten mich auch von dieser achtsamen Art des Gebens ab, und ich verlor meine wahren Leidenschaften aus dem Blick. Es gab zwar viele Gelegenheiten, anderen zu helfen, aber ich versagte darin auszuwählen. Bei jeder sich bietenden Gelegenheit zu helfen, ja zu sagen, bedeutete, nein zum Ruf meines Herzens zu sagen. Und jedes Mal fühlte ich mich unruhig – so, als fehlte mir etwas Wichtiges zu einem erfüllten Leben.

Als ich mein Leben besser unter Kontrolle hatte, wusste ich, was der nächste Schritt auf meinem Weg war. Aus meiner früheren Erfahrung wusste ich, dass kleine gute Taten, die von Herzen kommen, die Essenz dessen waren, worauf es wirklich ankam. Noch einmal musste ich meine wahren Leidenschaften finden und danach handeln. Ich wollte die Welt verändern, und ich wollte zwei Kinder aufziehen, die die Welt verändern wollten. Vielleicht klingt das zu grandios, vielleicht sogar unmöglich, aber ich traute es mir zu. Wenn ich es schaffte, die Welt zu verändern, veränderte ich ein Leben. Genau eines. Nicht mehr und nicht weniger.

In diesem Kapitel schildere ich ein paar meiner wichtigsten Erfahrungen vom Geben, die zeigen, wie einzelne Menschen und ganze Familien sich von den alltäglichen Nichtigkeiten befreien und das Leben eines anderen Menschen berühren können. Wenn Sie darüber nachdenken und mit Ihrer Strategie der Woche beschäftigt sind, bereichern Sie Ihr Leben und das Ihrer Kindern indem Sie dem Ruf Ihres Herzens folgen.

FREUDE BEREITEN

Jedes Jahr am Valentinstag denken meine Familie und ich an all die Menschen, die wir gernhaben, wie Lehrer, nahe Freunde und Familienmitglieder. Aber an meinem ersten Valentinstag in meinem nunmehr entschleunigten Leben fühlte ich mich genötigt, unseren üblichen Kreis auszuweiten.

Als ich überlegte, wie ich das machen könnte, kam mir plötzlich eine Frage in den Sinn: Was ist das Gegenstück zu rosa und roten Blumen, farbigen herzförmigen Schachteln, schwammigen Worten der Zuneigung und Umarmungen und Küssen? Die Antwort war Müll – schmutziger, übelriechender, hässlicher Müll.

So unangenehm es auch war, über Müll nachzudenken, musste ich doch die Tatsache anerkennen, dass es in meinem Leben ein paar hart arbeitende Leute gab, die ihn verschwinden ließen. Wie oft hatte ich dies für selbstverständlich gehalten?

Selbst wenn es draußen so kalt war, dass einem die Haare in der Nase gefroren ... wenn der Windeleimer über fünfzehn Kilometer weit zu riechen war ... wenn in meiner übervollen Mülltonne verfaulte Kürbisse lagen oder stachelige Weihnachtsbäume, wurde mein Abfall immer weggefahren.

Die körperlich anstrengende Arbeit der Müllmänner war mir in der Vergangenheit ein paarmal in den Sinn gekommen. Aber jedes Mal, wenn ich darüber nachgedacht hatte, ihnen etwas Gutes zu tun, vergaß ich es wieder. Meine guten Absichten verschwanden genauso wie der Müll am Ende meiner Einfahrt.

Aber jetzt hatte sich das verändert.

Meine Töchter und ich hatten gerade verschiedene kleine Kuchen und Plätzchen für den Valentinstag für ihre geliebten Lehrer, Freunde und Familie gebacken. Die Mädchen saßen mit Herzaufklebern und neonfarbenen Filzstiften am Küchentisch und dekorierten sorgfältig die Karten, die die Süßigkeiten verzieren sollten.

»Ich habe an die Männer von der Müllabfuhr gedacht«, sagte ich. »Wie oft, glaubt ihr, finden sie eine Überraschung neben der Mülltonne?«

Ohne Zögern antwortete Natalie: »Nie«, und schraubte vorsichtig den Verschluss auf ihren hellrosa Filzstift, wobei sie mich ansah. Sie wusste, dass noch etwas kam.

Ich fuhr fort, meinen aufmerksamen Töchtern meine Gedanken zu erklären. »Manchmal frage ich mich, was diese hart arbeitenden Menschen am Ende des Tages zu Hause erwartet. Ob sie kleine Kinder haben, die sie umarmen. Wie oft sie nach Hause kommen und wissen, dass die Leute dankbar dafür sind, dass sie ihren Müll weggeräumt haben.«

Ich zeigte auf die Bastelmaterialien auf dem Tisch und fuhr fort: »Vielleicht ist es schon lange her, dass diese Arbeiter ein buntes Päckchen neben einer Mülltonne gefunden haben. Vielleicht haben sie es auch noch nie erlebt.«

Ich merkte, wie meine Kinder jedes Detail eines Lebens aufsaugten, das dem ihren so wenig glich. Ich konnte sehen, dass sie nach mehr lechzten. »Was sie wohl zu euren schön dekorierten Tüten und hausgemachten Plätzchen sagen würden? Meint ihr nicht, dass sie sich darüber freuen würden?«

Die Mädchen nickten heftig. Und da kam ich auf den Punkt.

»Es ist leicht, die Menschen zu schätzen, die wir lieben und die unsere Freunde sind. Es ist schwierig, sich an die anderen zu erinnern, aber sie sind genauso wichtig. Wir sollten auch an sie denken.« Und dann sprach ich den letzten Gedanken aus: »Stellt euch nur vor, wie glücklich ihr jemanden machen könntet.«

Die Mädchen handelten sofort. Sie griffen nach Karten und Stiften und sprühten vor Ideen. Natalie schlug vor, dass die Müllmänner außer dem Gebäck noch »Energie« bekommen sollten. Sie beschloss, dass wir Nüsse und Trockenfrüchte in die Tüten füllen sollten, damit sie ihnen Kraft gäben, um die schweren Mülltonnen hochzuheben. Sie bestand darauf, keine Süßigkeiten in die Tüten zu stecken. (Und ich hatte immer gedacht, niemand hörte mir zu, wenn ich sagte, dass Zucker keine Kraft gibt.)

Avery dekorierte mit Begeisterung die Geschenktüten. Sie arbeitete eine Stunde daran, verbrauchte fünf Eddings, eine ganze Flasche Glitterkleber und eine Packung Sticker, um ihr Kunstwerk fertigzustellen. Als es getrocknet war, sah sie aus, als könnte diese Tüte problemlos einem unerwarteten Monsunregen standhalten, während sie auf dem Bordstein wartete.

Ich war erstaunt und hocherfreut. Die Kinder verwendeten genauso viel Zeit, Überlegung, Achtsamkeit und Mühe auf die Geschenke für Menschen, die sie nicht kannten, wie auf die für ihre Freunde. Einzig der Gedanke, jemanden zu überraschen, der nicht viele Überraschungen bekam, motivierte meine Töchter so, wie ich es mir nie hätte vorstellen können.

Am Morgen der Müllabfuhr trug jedes Mädchen ihre Tüte hinaus an den Bordstein. Als die bunten Tüten neben der schmuddeligen Tonne standen, liefen die Mädchen aufgeregt ins Haus.

Kurz darauf waren wir oben und machten uns für die Schule fertig, als wir den Müllwagen hörten. Die Mädchen rannten ans Fenster und hatten einen perfekten Blick auf die fröhliche kleine Szene.

Wir sahen einen Mann, der normalerweise blitzschnell arbeitet, um die Tonnen zu leeren und wieder auf den Wagen zu springen, tatsächlich innehalten, als er die Geschenke sah.

Offenbar war unsere Überraschung gelungen.

Eine dekorierte Geschenktüte schien das Letzte zu sein, was er neben einer Mülltonne zu finden erwartete.

Er war sich nicht sicher, ob diese Tüten für ihn gedacht sein könnten.

Dann sah es aus, als ob er verstanden hatte, dass diese Geschenke wirklich für ihn waren.

Und als wären sie genau das, was er an einem ungewöhnlich kalten Schneetag im Süden brauchte.

Aber ich muss zugeben, dass die Gesichter meiner beiden Töchter mich noch mehr berührten als der erstaunte Ausdruck auf dem Gesicht des Mannes. Zwei kleine Kinder sahen lächelnd aus dem Fenster. Sie hatten ein Zeichen der Liebe gesetzt und bewiesen so, dass Schönheit und Güte überall zu finden sind. Und dadurch wird die Welt ein kleines bisschen heller und ein kleines bisschen hoffnungsvoller.

STRATEGIE DER WOCHE

Wie ich jemandem eine Freude mache

Es war mir immer wichtig, meine Kinder zu guten Taten zu motivieren. Daher versuchte ich, sie von frühester Jugend bei so etwas mit einzubeziehen. Sobald sie einen Löffel oder einen Stift halten konnten, halfen sie mir dabei, anderen Freude zu bereiten. Wenn wir für die Nachbarn Muffins backten oder Genesungswünsche an kranke Verwandte schickten, nahm ich mir immer die Zeit, ihnen zu erklären, was so ein Geschenk für den Menschen bedeuten würde. Es dauerte nicht lange, und meine Kinder fingen von selbst damit an, für kranke Klassenkameraden zu basteln, oder schlugen vor, für einen

Lehrer oder Verwandten etwas zu backen. Meine Kinder lernten zu erkennen, wann Menschen eine Aufmunterung brauchten oder ihr Selbstbewusstsein gestärkt werden musste, sogar, wenn es mir entging.

Es wäre natürlich viel einfacher, weniger unordentlich und effizienter gewesen, wenn ich meine Kinder nicht in diese Geschenkpraktiken verwickelt hätte. Aber wenn ich diese Erfahrungen mit ihnen teilte, kultivierte ich den Wunsch in ihren Herzen, Freude in das Leben von anderen zu bringen. Liebenswürdige und großzügige Kinder großzuziehen war mir schon immer wirklich wichtig, und daher zählten die Schwierigkeiten, die das mit sich brachte, nicht wirklich.

Versammeln Sie diese Woche Ihre Familie, um jemandem ein Zeichen der Wertschätzung zu geben, der einen Dienst für Sie versieht. Es muss nicht der Valentinstag sein, um jemandem eine Überraschung zu bereiten, der selten Dank erhält. Außerdem sind unerwartete Geschenke oft die schönsten!

Denken Sie an diejenigen, die wenig wertgeschätzt werden, die oft vergessenen Menschen in Ihrem Leben. Vielleicht könnte der Postbote, die Schulsekretärin, der Bankangestellte oder die Kassiererin eine kleine Stärkung gebrauchen? Es muss nichts Außergewöhnliches sein. Es muss auch nicht teuer sein oder viel Zeit in Anspruch nehmen. Drücken Sie Ihre Wertschätzung einfach so aus, wie es Ihnen angenehm ist. Jemand wird zweifellos von Ihrer Geste berührt sein.

Während wir uns auf unsere Weihnachtsgäste vorbereiteten, saß Natalie in der Mitte des Küchenfußbodens und verpackte gebrauchte Bücher und kleine Kosmetika. Sie steckte sie in einen großen blauen Sack und verkündete, dass sie diese Geschenke am nächsten Morgen an Obdachlose verteilen wollte.

Mein Mann und ich schlugen vor, die Geschenke zu einem Haus für junge Mütter in der Nähe zu bringen, anstatt ins Stadtzentrum zu gehen. Aber Natalie lehnte diese Idee schnell ab: »Nein, ich möchte Menschen auf der Straße diese Geschenke und Geld geben.«

Mein Mann und ich sahen uns an, keiner von uns beiden wusste genau, wie wir mit dem hochfliegenden Ehrgeiz unserer Tochter umgehen sollten. Wir versicherten ihr, dass wir darüber nachdenken würden.

Eine gut durchschlafene Nacht minderte Natalies Hartnäckigkeit nicht. Morgens um acht fragte sie bereits, wann wir losfahren und wie wir die Geschenke verteilen würden. Sie hatte sogar daran gedacht, Umschläge zu dekorieren, in die man Geld stecken konnte.

Ich muss zugeben, dass ich mit meinen eigenen Gedanken zu den hundert Dingen beschäftigt war, die ich noch im Haus zu tun hatte, um es für unsere Gäste vorzubereiten, die in ein paar Stunden ankommen sollten. Ich wollte außerdem noch eine Runde joggen und noch ein paar Geschenke einpacken. Aber als ich sie mit ihrer großen Tasche über der Schulter sah, bereit, Frieden und Liebe zu verteilen, konnte ich das Zupfen in meinem Herzen nicht ignorieren. Ich sah ein, dass dies ein wichtiger Moment war.

Als unsere Familie zu dem Geldautomaten in einem benachteiligten Viertel in unserer Stadt fuhr, hatten wir immer noch nicht genau entschieden, wie wir die Geschenke verteilen würden. Im Augenblick war der Plan, einfach aus dem Fenster zu sehen und anzuhalten, wenn wir jemanden sahen, von dem wir dachten, dass er es nötig haben könnte.

Als unser Wagen aus der Bank herausfuhr, nahm ich von fern eine seltsame Situation auf dem Parkplatz einer Tankstelle wahr. Eine Familie stand vor ihrem klapprigen Fahrzeug, und ihre bekümmerte Haltung und wie sie um das Auto herumging, wiesen darauf hin, dass etwas nicht stimmte. Ich griff nach dem Arm meines Mannes und sagte: »Fahr dorthin.«

Die Autoschlange zwischen der Tankstelle und unserem Wagen war lang. Während wir auf eine Gelegenheit warteten, die Straße zu überqueren, sah ich, wie die Frau in die Tankstelle hineinging.

Ich stopfte schnell einen Haufen Banknoten in einen der Umschläge, die mein Kind so hübsch dekoriert hatte, und sagte Natalie, sie sollte eines der Geschenke nehmen. Wir wollten es der Frau in der Tankstelle geben.

Als wir hineingingen, stand die kleine Frau mit gesenktem Kopf vor dem Geldautomaten an der Tankstelle, und ihre knochigen Hände zogen den Pullover eng um ihren zitternden Körper. Es war klar, dass sie erfolglos versucht hatte, Geld abzuheben.

Ich ging auf sie zu und sagte: »Wir haben gesehen, dass Sie in Schwierigkeiten sind, und möchten Ihnen dies hier geben.«

Ungläubig öffnete die Frau den nicht zugeklebten Umschlag. Als sie den Inhalt sah, schlug sie die Hand vor den Mund. Tränen liefen über ihr schönes Gesicht.

Als ich sie fragte, ob es noch etwas gäbe, was wir tun könnten, um zu helfen, sagte sie: »Sie haben schon mehr getan, als Sie ahnen … viel mehr.«

Als ich die Arme ausstreckte, um sie innig zu umarmen, sah ich, wie Natalie mit einem wundersamen Blick zu uns aufsah. Es schien, als sähe sie zum allerersten Mal etwas wirklich Wundervolles.

Ich konnte die Gedanken meines Kindes lesen. Ich wollte sagen: »Ja, meine Süße, so einfach ist das. Es ist manchmal so leicht, den ganzen Tag eines Menschen zu verändern, vielleicht sogar sein ganzes Leben.«

Nachdem wir die Tankstelle verlassen hatten, fuhren wir ziellos durch die Stadt. Innerhalb einer Stunde ergaben sich noch siebzehn weitere Gelegenheiten, Hoffnung und Liebe zu schenken. Jede Reaktion war anders, aber die Bedeutung des Augenblicks offenbarte sich in der Dankbarkeit der Beschenkten.

Als meine Familie in freudigem Schweigen nach Hause fuhr, wusste ich, dass keiner von uns jemals diesen bemerkenswerten Tag vergessen würde. Ich war so dankbar dafür, dass ein hartnäckiges kleines Mädchen mit großzügiger Veranlagung dem Ruf ihres Herzens gefolgt war. Und ich war mehr als dankbar, dass ich achtsam genug war, um meiner eigenen Berufung zu gehorchen. Plötzlich wusste ich, warum ich meinen Weg noch weitergehen musste.

Weil es nur *eines* Augenblicks bedarf.

Der Augenblick, in dem du entscheidest, deine To-do-Liste zur Seite zu legen, das Smartphone auszuschalten, den Computer herunterzufahren …

Der Augenblick, in dem du zugibst, dass es dich nicht umbringen wird, wenn du ein Work-out auslässt …

Der Augenblick, in dem du lachst und dich daran erinnerst,

dass Freunden und Familie schmutzige Böden oder ein perfekt dekoriertes Haus nicht so wichtig sind ...

Der Augenblick, in dem du erkennst, dass man seine Zeit nicht damit verschwenden sollte, nach einer Perfektion zu trachten, die es gar nicht gibt ...

Der Augenblick, in dem man entscheidet zu tun, worauf es wirklich ankommt, ist der Augenblick, in dem sich die Augen für die vielen Gelegenheiten öffnen, die man hat, um ein Leben zu berühren.

Hands Free bedeutet nicht, es immer »richtig« zu machen. Schließlich sind wir auch nur Menschen, und es gibt so viele tägliche Ablenkungen. Aber jedes Mal, wenn ich auf den Ruf meines Herzens höre, mache ich es richtig.

Wenn man sich nämlich zur richtigen Zeit am richtigen Ort befindet und einem Menschen in die Augen sieht, der auf einen gewartet zu haben scheint, dann erscheint in diesem Moment alles andere unwichtig.

Ein Augenblick kann ein Leben verändern.

STRATEGIE DER WOCHE

Schenke Freundlichkeit.

Früher schenkte ich entweder, um etwas von meiner Liste zu streichen, oder Dankbarkeit oder öffentliche Auszeichnungen zu erhalten. Das alles änderte sich an dem Tag, an dem meine Kinder den Müllmännern Osterkörbchen hinstellten. Die Valentinstagstüten waren ein solcher Erfolg gewesen, dass meine Töchter ein paar Monate später Ostereier verschenken wollten. Als sie an diesem Tag aus der Schule kamen, sprangen sie aus dem Auto und sahen bei den leeren Tonnen nach. Ich dachte, sie suchten nach einer Gegenleistung für ihre Osterkörbe.

Als mein Kind rief: »Ja, sie haben sie bekommen! Ich wette, unsere Müllmänner haben sich gefreut!«, merkte ich, wie egoistisch meine Gedanken waren. Die Kinder freuten sich einfach, weil ihre Geschenke angekommen waren. So wollte ich leben ... denen um mich herum Liebe und Güte zeigen, ohne eine Gegenleistung zu erwarten ... jemandem Hilfe anbieten, ohne einen Gefallen oder ein Dankschreiben zu erwarten ... an andere denken, weil es so richtig war ... und weil anderen Menschen ohne Hintergedanken Güte zu zeigen eine großzügige und zufriedene Art zu leben ist. Als ich dieses Konzept erst einmal verstanden hatte, fingen meine Kinder und ich an, nach Möglichkeiten zu suchen, Menschen zu helfen, die wir nicht kannten. Manchmal bedeutete das, dass wir die Auswirkungen unseres Handelns nicht mitbekamen. Manchmal bedeutete das, darauf zu vertrauen, dass der richtige Mensch das Geschenk erhalten würde. Manchmal bedeutete es, etwas Wertvolles zu geben, auch wenn wir nicht erfuhren, was der Empfänger damit tun würde.

Wenn wir loslassen können, was wir nicht kontrollieren konnten, um das zu ergreifen, worauf es wirklich ankommt, nämlich die Bedürfnisse eines anderen Menschen zu stillen, dann haben wir etwas Wichtiges verstanden.

Beschließen Sie diese Woche damit, das Leben eines Fremden reicher zu machen.

Jeden Tag gibt es Gelegenheiten, einem Menschen in Not ein Schutzengel zu sein. Sie können eine helfende Hand ausstrecken, indem Sie bei der Schule Ihres Kindes oder einer Kirche anrufen, oder auch einfach, indem Sie die Augen offen halten, wenn Sie durch die Stadt fahren. Halten Sie einfach Ausschau nach einer Gelegenheit, ein Leben zu berühren ...

Jemand könnte in durchgelaufenen Schuhen an einer Bushaltestelle stehen.

... mit verzweifeltem Gesichtsausdruck an einer Straßenecke stehen.

... hinter Ihnen in der Schlange an der Supermarktkasse stehen und sich fragen, ob zehn Dollar für Windeln und Milch reichen.

... in der Schule neben Ihrer Tochter sitzen und hoffen, dass seine Mutter die fünf Dollar für den Schulausflug bezahlen kann.

Üben Sie sich in Achtsamkeit. In diesem Moment haben Sie die Macht, mit einem anderen Menschen eine wichtige Bindung einzugehen. Die Gelegenheit, zur richtigen Zeit am richtigen Ort zu sein. Öffnen Sie einfach die Augen, und ergreifen Sie sie.

Und der König wird ihnen antworten: »Wahrlich, ich sage euch: Was ihr einem von diesen meinen geringsten Brüdern getan habt, das habt ihr mir getan.« (Mt 25,40)[11]

EIN PROJEKT FINDEN

Ich hatte nach einem Weg gesucht, meinen Kindern das Konzept des Gebens zu erklären, als an einem Sonntagmorgen in der Kirche ein Flugblatt im wahrsten Sinne des Wortes in meinem Schoß landete. Auf dem Flugblatt war ein gewöhnlicher Schuhkarton abgebildet, der mit Schulsachen, Hygieneartikeln, Spielzeugen, Socken und anderen Kleinigkeiten gefüllt war. Der Karton würde zu einem Kind reisen, das in Armut lebte.

Es war genau das Projekt, wonach ich gesucht hatte.

Bevor ich das Schuhkartonprojekt meinen Kindern vorstellte, wollte ich Genaueres über die Empfänger der Kartons erfahren. An einem Abend setzte ich mich an eine Internetrecherche unter dem Thema »Geschichten von Kindern, die in Armut leben«. Ich ahnte nicht, dass das, was ich finden würde, eine Leidenschaft in mir entfachen würde, die das Leben meiner Familie für immer verändern würde.

In der Dunkelheit saß ich vor dem Computer und blätterte durch scheinbar endlose Seiten mit Bildern vergessener Kinder mit Verzweiflung in den Augen.

Je mehr ich sah, umso hoffnungsloser wurden ihre Augen. Ich hätte bis zum Morgengrauen weitermachen können. Es war offensichtlich, dass diese Verheerung kein Ende hatte. Aber dann wusste ich, ich war am Ziel – oder soll ich sagen, ich hatte den Anfang gefunden. Ich hielt bei dem Bild eines Kindes inne und wusste, dass ich kein weiteres mehr sehen musste.

Er war ein kleiner Junge von zwei oder drei Jahren in einem ausgefransten blauen Hemd, und er trug keine Hosen. Seine schöne dunkle Haut war von getrocknetem Schlamm verkrustet. In seinen Händen hielt er sein einziges Spielzeug. Es war ein rostiges Dreirad ohne Räder, aber er hielt es fest, als wäre es sein wichtigstes Besitztum. Ich wurde von dunklen Augen verschluckt, die unaussprechlichen Schmerz und schreckliches Leid widerspiegelten. Meine Schultern bebten, ich schluchzte. Das Bild dieses Kindes sprang direkt in mein Herz.

Obwohl ich wusste, dass der Empfänger unseres Schuhkartongeschenks zufällig ausgewählt werden würde, wusste ich auch ganz sicher, dass wir für ihn, den Jungen mit dem kaputten Dreirad, einen Karton füllen mussten.

Was wollte ich nicht alles tun, um ihm zu helfen.

Am nächsten Tag zeigte ich Natalie, die damals fünf Jahre alt war, das Foto. Ich zeigte auf das Dreirad und erklärte ihr, dass es sein einziges Spielzeug war und dass er es liebte, weil es alles war, was er hatte. Dann erzählte ich ihr in einfachen Worten, was ich über ihn wusste. Ich erzählte ihr, dass das einzige Spielzeug seines Bruders eine Konservendose war und dass er sich manchmal schnitt, wenn er damit spielte. Von dem Maisbrei, den er einmal am Tag aß, wenn er Glück hatte. Wenn es nichts zu essen gab, dann buk ihre Mutter »Plätzchen« aus Erde, damit ihre Mägen die Leere nicht spürten. Ich zeigte ihr das gelbe Wasser, das er trank, und dass seine Mutter stundenlang laufen musste, um es zu holen. Ich definierte das Wort »verseucht«, indem ich ihr erklärte, dass er Wasser trank, in dem Menschen und Tiere badeten und sich erleichterten. Ich zeigte ihr Bilder einer Hütte, die sein Haus sein könnte, und wo es kein Bett gab, keine Wärme, kein Licht und keine Sicherheit.

Am Ende zeigte ich ihr den Schuhkarton. Ich sagte: »Dieser Karton ist jetzt leer, aber du kannst ihn mit Sachen füllen, die der kleine Junge braucht, und ein paar ganz besondere Menschen werden dafür sorgen, dass er ihn erhält.«

Der entsetzte Ausdruck auf ihrem Gesicht erhellte sich sofort bei diesem Gedanken. »Ich kann ihm helfen, Mama«, verkündete sie und lief lächelnd davon.

In weniger als fünf Minuten hatte sie eine neue Zahnbürste, ein Stück Seife, Bleistifte, ein kleines Heft, ein Paar neue Socken, ein Stofftier und ihre Lieblingssüßigkeit zusammengesucht. Stolz zeigte sie mir jedes Stück. Mein Kind konnte das Ausmaß der Armut nicht erfassen, aber sie verstand die einfache Tatsache, dass dieser Junge Dinge brauchte, die sie besaß. Später am selben Tag begann Natalie, von dem Jungen mit dem kaputten Dreirad zu sprechen, als sie gerade ihr Abendessen aß. Sein Bild und seine Geschichte beschäftigten sie. Er war jetzt ein Teil ihrer Gedanken und ihres Herzens. Da wurde mir klar, dass ich mehr Kindern sein Bild zeigen und sie mit einer einfachen, aber wichtigen Art und Weise vertraut machen musste, wie sie die Welt beeinflussen konnten. Ich wusste nicht, wie das gehen sollte, deshalb betete ich darum, dass Gott es mir erklärte.

In dieser Nacht hatte ich einen sehr lebendigen Traum. Ich war auf einer riesigen Versammlung, auf der Erwachsene Kinder etwas lehrten. Und natürlich gab es Schuhkartons, stapelweise, in jeder Ecke des riesigen Saales.

Ich wachte mit einem Schlag auf und wusste genau, was ich tun musste.

Ich ging zu unserem Pfarrer und erklärte ihm meine Idee für eine Gemeindeversammlung, auf der ich den jungen Teilnehmern vermitteln würde, wie das Leben für Kinder ist, die in Armut leben. Wenn sie sahen, dass viele der Dinge, die diese Kinder brauchten, in unseren Häusern zu finden waren, würde sie das vielleicht anspornen, jemand anderem etwas Gutes zu tun. Er versicherte mir, dass er sich um die Details kümmern würde.

Fünf Jahre später ...

Ich habe die Ehre, seit 2009 Geschichten und Bilder von Kindern in Armut mit Hunderten junger Leute zu teilen. Obwohl ich jedes Jahr eine neue Präsentation ausarbeite, ist das Bild des Jungen mit dem kaputten Dreirad eine Konstante. Und die Reaktion ist immer dieselbe.

Erstaunen.

Schock.

Unglauben.

Traurigkeit.

Wenn ich den Deckel von dem Schuhkarton abnehme und den Kindern von der Leere im Leben jener Menschen in verzweifelten Lebenslagen erzähle, sehe ich, wie ihnen die Augen aufgehen; ich sehe, wie ihre Herzen aufgehen; ich sehe, wie sich ihre Hände öffnen.

Bevor ich zu dem Teil komme, in dem ich erkläre, wie sie einen Karton packen können, frage ich: »Warum glaubt ihr, dass ich euch von solchen traurigen Lebenslagen erzähle und euch Bilder von verzweifelten Kindern zeige?«

Ihre Hände fliegen hoch, weil sie es wissen.

Da ist immer ein Kind, das mit der Überzeugungskraft eines erfahrenen Kinderanwalts sagt: »Weil wir etwas tun müssen, um diesen Kindern zu helfen.«

Oh ja, egal, wie klein sie noch sind, irgendjemand hat immer die richtige Antwort!

Die Kinder sehen, wie ein leerer Schuhkarton sich in ein Geschenk verwandeln kann, das so viel mehr beinhaltet als Hygieneartikel, Schulsachen, Spielzeug und Süßigkeiten. Der Karton schenkt einer gebrochenen Seele Hoffnung und Freude.

Dann gehen die Kinder nach Hause und füllen aufgeregt ihre Schuhkartons, genau wie meine Tochter es getan hatte.

Geschichten wie diese hörte ich häufig in den Tagen nach meinem Vortrag über Armut:

»Während wir die Schuhkartons einpackten, kam mein siebenjähriger Sohn und sagte: ›Ich habe beschlossen, dass mein gesamtes gespartes Taschengeld in den Schuhkarton kommt.‹ Ich war verblüfft. Er hatte lange auf etwas gespart, was er sich sehr wünschte. Ich versuchte, ihn davon zu überzeugen, dass ich die Geschenke kaufen würde, die in den Karton kämen, aber er gab nicht nach. ›Ich will nichts kaufen‹, sagte er. ›Ich will es einfach mit den anderen Geschenken hineintun.‹ Wir weinten beide. Es war einer dieser Momente, an die ich mich noch lange erinnern werde. Und mein Sohn auch.
Jennifer und Josh

Ich habe über eintausend Schuhkartons geöffnet, die von Kindern gefüllt wurden, und mache immer wieder die Entdeckung, dass andere Kinder wie Josh entschieden haben, ihre »Lebensersparnisse« mit in den Schuhkarton zu legen. Und jedes Mal finde ich außerdem einen Werkzeugkasten. Irgendjemand packt immer Werkzeug ein in der Hoffnung, dass sein Karton zu dem Jungen mit dem kaputten Dreirad kommt.

Was würden wir nicht alles tun, um seinen Kummer zu lindern.

Leider kann ich nicht sagen, ob eines der Schuhkartongeschenke diesen niedlichen Jungen jemals erreicht hat. Aber mit Sicherheit hat es jemanden erreicht. Ein Jahr, nachdem wir unseren ersten Schuhkarton geschickt hatten, bekamen wir einen Brief. Sobald ich den Briefkasten öffnete, wusste ich, dass es sich um ein bemerkenswertes Geschenk handelte. Ich rannte ins Haus und rief nach Natalie. Sie sah mich irritiert an, weil mir Tränen über die Wangen liefen.

»Jemand hat unseren Schuhkarton bekommen!«, rief ich.

Zu dieser Zeit wusste meine Tochter noch nicht, wie selten es vorkommt, dass man eine Antwort von einem Empfänger eines Schuhkartons erhält. Die meisten haben nicht die Mittel, eine Briefmarke zu kaufen, einen Brief zu schreiben, oder haben keinen Zugang zu einem Postamt. Meine Hände zitterten, als ich ihn öffnete. Dann sah ich sein Gesicht, ein hübscher kleiner Junge, der neben seiner Schwester stand – beide so froh über die Geschenke. Der Vater des Jungen hatte geschrieben, um uns dafür zu danken, dass wir das Geschenk an seine Familie geschickt hatten, als sie es am meisten brauchten. Unser Schuhkarton, der das Licht der Hoffnung und der Liebe enthielt, erreichte eine Familie, deren Nachname »Sonnig« lautete.

Zufall? Das glaube ich nicht.

Meine Tochter und ich wussten, dass der Brief ein Zeichen war, das Licht der Hoffnung weiter in der Welt zu verbreiten und anderen zu zeigen, wie sie sich uns anschließen konnten.

Über die letzten paar Jahre haben wir uns mit der Familie Sonnig Briefe geschrieben. Seit wir ihnen Carepakete schicken, bekommen wir Bilder davon, wie die Familie die Süßigkeiten mit anderen Kindern in ihrem Dorf teilen.

Jedes Mal, wenn wir Fotos bekommen, ertappe ich mich, wie ich jedes Gesicht genau ansehe ... auf der Suche nach *ihm*.

Mein Kopf weiß, dass ich den Jungen mit dem kaputten Dreirad nicht sehen werde, aber mein Herz sucht noch immer nach ihm. Ich vertraue darauf, dass wir ihn eines Tages erreichen. Wir werden ihn mit dem Licht der Hoffnung erreichen, das durch die kleinsten Hände scheint.

Dies nämlich sind die Hände, die die Macht haben, alles zu reparieren, was zerbrochen ist.

STRATEGIE DER WOCHE

Bringen Sie Güte in die Welt.

Was als persönlicher Wunsch begann, mit der Aktion »Weihnachten im Schuhkarton« Kinder über Armut aufzuklären, hat sich zu einer jährlichen Familienunternehmung ausgewachsen. So wie meine Kinder größer wurden, so ist auch ihre Teilnahme an allen Aspekten des

Projekts gewachsen. Jedes Jahr sehe ich erstaunt zu, wie sie mehr und mehr Schuhkartons füllen. Dieses Projekt hat das Interesse meiner Kinder für andere weltweite Probleme geweckt, wie zum Beispiel durch »Compassion International« ein Kind zu sponsern oder für »Water of Life« zu spenden.

Irgendwann ist es ihnen zur Gewohnheit geworden, Gutes zu tun. Kein Übel scheint zu groß, kein Leidender zu weit entfernt zu sein. Meine Kinder haben gelernt, dass jede kleine Welle der Hoffnung etwas Gutes ist und ihren Zweck erfüllt.

Schenken Sie Ihrer Gemeinde Aufmerksamkeit. Halten Sie die Augen offen, wenn Sie durch Ihren Ort gehen. Welches Leid sehen Sie? Welches Problem lässt sich mit ein bisschen Liebe und Mitgefühl lindern? Wenn Sie eines sehen, erzählen Sie einem Kind davon. Geben Sie kleinen Händen die Chance zu zeigen, dass sie dem gewachsen sind. Sie werden sich wundern, was Sie alles erreichen können.

Earth's Kids (www.earthskids.com) ist eine großartige Quelle mit Informationen, weiterführenden Links und Angeboten, um Kindern zu helfen, in ihrer Gemeinde und auf der Welt etwas zu bewirken. Für jedes dieser Themen gibt es viele Möglichkeiten, sich einzusetzen:

die Umwelt retten
den Hunger auf der Welt bekämpfen
für den Frieden auf der Welt arbeiten
Armut abschaffen
einen Dienst in der Gemeinde leisten

Zusammen für eine gute Sache zu arbeiten ist nicht nur eine großartige Art und Weise, zusammenzukommen und Zeit mit den Kindern zu verbringen, es lehrt sie auch Fähigkeiten und wichtige Werte, die zu einem erfüllten Leben beitragen.

BETRACHTUNG

Mitgefühl

Das Licht menschlicher Gemeinsamkeit

... leuchtet in den Gesichtern und steckt in den Worten von Kindern, wenn man ihnen zuhört und sie liebt.

... strahlt in den Verlorenen, den Gebrochenen und den Hoffnungslosen, wenn ihnen jemand in die Augen sieht und sie als menschliche Wesen erkennt.

... erkennt man bei den Alten, in ihren tiefen Falten, ihren kostbaren Erinnerungen und in dem Zwinkern in ihren Augen, wenn man sie mit Respekt und Güte behandelt.

... ist im Herzen eines Kleinkinds, wenn man ihm neue Schuhe an Füße zieht, die solche Bequemlichkeit nicht kannten.

... sieht man im dankbaren Lächeln eines Mannes, dem man eine Flasche kaltes Wasser schenkt, während er den Garten in Ordnung bringt.

... glimmt in den tränenvollen Augen einer Kellnerin auf, wenn sie ausgerechnet dann ein großzügiges Trinkgeld bekommt, wenn sie es am meisten braucht.

... ist in einem Schuhkarton verpackt, der seinen Weg von einem Kontinent zum anderen findet.

... steckt in einer liebevoll dekorierten Tüte, die auf einer Mülltonne steht.

... ist in selbstgebackenen Plätzchen, die die Feuerwehrmänner bekommen.

... ist in unseren Händen.

... in unserer Macht.

Das Licht menschlicher Gemeinsamkeit – es ist direkt vor uns, direkt vor unseren Augen, aber es bleibt so häufig unberührt und unbeachtet unter dem Schleier der Ablenkungen, der Eile, den To-do-Listen und den vergeblichen Versuchen, Perfektion zu erreichen.

Aber das Licht ist da, und wir können es sehen, wenn wir unserer Seele gestatten, mit einer anderen zu verschmelzen.

Warum überhaupt leben, wenn man das Licht nicht sieht?

Entdecke es heute.

Entdecke es in einem Kind.

Entdecke es in einem geliebten Menschen.

Entdecke es in einem Freund, einem Dienstleister oder in einem Fremden.

Und wenn du es entdeckt hast, dann lass dieses wundervolle Licht strahlen, und sei achtsam.

ZUM NACHDENKEN

Hören Sie den Ruf Ihres Herzens, wenn Sie jemanden sehen, der in Not ist? Was hält Sie davon ab zu handeln? Beschreiben Sie eine Gelegenheit, bei der Sie Ihrem Bedürfnis, jemandem zu helfen, nachgegeben haben. Mit welchem Ergebnis?

Wie sehr sind Ihre Kinder mit einbezogen, anderen Wertschätzung auszudrücken oder Menschen in Not zu helfen? Nennen Sie ein paar Möglichkeiten, wie Sie Ihre Kinder dazu ermutigen könnten, Gutes zu tun und anderen, die ihre Leben berühren, Wertschätzung zu beweisen.

Wir werden häufig mit Bitten bombardiert, unsere Zeit, unsere Talente und/oder unser Geld zur Verfügung zu stellen, wenn es sich um wohltätige Zwecke handelt. Wie könnte Ihre Familie entscheiden, welche Zwecke oder Aufgaben für sie am wichtigsten sind? Finden Sie Möglichkeiten, wie Sie die Ziele unterstützen könnten, die Ihnen am Herzen liegen.

KAPITEL 12

DAS LEBEN IST KOSTBAR – DANKBARKEIT

Gewöhnlicher Tag, lass mich mir bewusst werden, was für ein Schatz du bist. Lass mich von dir lernen, dich lieben, dich segnen, bevor du gehst. Lass mich nicht an dir vorbeigehen auf der Suche nach einem seltenen und perfekten Morgen.
Mary Jean Irion

Es mag merkwürdig klingen, aber ich bereue die beiden Jahre nicht, in denen Entschleunigung für mich noch ein Fremdwort war. Diese Jahre haben mir gezeigt, wie ich mein Leben nicht leben wollte. Bei jedem Schritt auf dem Weg in ein entschleunigtes Leben erkannte ich klarer, wie mein Leben nicht aussehen sollte.

Irgendwann stand es außer Frage, wie ich meine kostbare Zeit auf Erden verbringen wollte. Ich wusste, woran meine Kinder sich später erinnern sollten, wenn sie an ihre Kindheit dachten. Mir war klar, dass die wichtigsten Dinge im Leben keine »Dinge« sind. Es war an der Zeit, mein Engagement für eine entschleunigte Lebenspraxis zu besiegeln, die meine Art zu leben geworden war.

Dieser letzte Schritt bestand in einer Zeit der Reflexion. Sie erlaubte mir, die Fortschritte, die ich gemacht hatte, abzuschätzen und zu erkennen, wie weit ich gekommen war. Dieser Schritt bot mir die Gelegenheit, über all die Zeichen zu staunen, auf die ich gestoßen war. Jede Bestätigung gab mir neuen Antrieb und stärkte meine Suche nach einem gegenwärtigen und von Dankbarkeit erfüllten Leben. Ein Leben, das auf Achtsamkeit basierte, war das einzige Leben, was ich jemals führen wollte. So wollte ich die Tage, die mir auf Erden blieben, leben.

Im folgenden Kapitel berichte ich von wichtigen Erfahrungen, die mir bestätigten, dass ich mich auf dem richtigen Weg befand. Nach jeder dieser Erfahrungen empfand ich Dankbarkeit für die Segnungen des Lebens angesichts seiner Zerbrechlichkeit. Ich hoffe, dass Sie beim Lesen an die Kostbarkeit des Lebens erinnert werden. Wenn Sie auf Ihren eigenen Weg zurückblicken, ermutigt Sie das hoffentlich dazu, das zu ändern, was notwendig ist.

LEBENSZEICHEN

Von klein auf hat Natalie mit Leidenschaft kleinere Kinder unterrichtet. Als sie sieben Jahre alt war, gab sie einen Ferienkurs für angehende Kindergartenkinder in unserem Spielzimmer. Lehren und Stunden planen waren ihre Stärken, Organisation und Sauberkeit nicht. Tatsächlich fand Natalie eine Woche, bevor die Schüler eintreffen sollten, ihr »Klassenzimmer« in einem ziemlich desaströsen Zustand vor.

Wo sonst ordentliche Schubladen voller Schulsachen waren, gab es jetzt vollgestopfte Kästen wahllosen Inhalts. (Braucht jemand eine einzelne Socke?)

Wo einmal ein sauberer Schreibtisch mit ordentlichen Stapeln von Stundenplänen gewesen war, war jetzt ein unidentifizierbares Möbelstück begraben unter einem halben Meter Sammelsurium.

Wo einst Becher mit gespitzten Bleistiften und nach Farben geordnete Buntstifte standen, türmte sich das Chaos.

Und in der Mitte dieser von einer Wand zur anderen reichenden Unordnung stand meine Tochter mit hoffnungsvollen braunen Augen und fragte mich, ob ich ihr beim Aufräumen helfen könnte.

Sie hatte sich die Richtige ausgesucht. Meinem neuen Lebenskonzept zum Trotz war mein innerer Kontrollfreak jederzeit abrufbar. Meine Tochter wusste, dass ich noch immer über die Fähigkeit verfügte, in Rekordzeit ein unordentliches Gelände zu stürmen und harmonische Ordnung zu schaffen.

Allein der Gedanke an ihr fröhliches Gesicht, wenn sie ihre kleinen Schüler unterrichten würde, motivierte mich. Aber mit jeder Schublade, die beim Öffnen explodierte, wurde ich ungeduldiger. Mein innerer Einpeitscher erwachte sofort zum Leben und schickte die entspannte Rachel weg, die in solchen Lagen völlig nutzlos war. Ich hörte mich bald Anweisungen auf die Jungreferendarin abfeuern, die voller Entsetzen feststellte, dass sie selbst das Organisationsmonster aus seiner Höhle gelockt hatte.

Eine Stunde, eine Handvoll meiner entnervtesten Seufzer und zwei prall gefüllte Müllsäcke später hatten wir das Zimmer aufgeräumt. Während ich eine riesige Mülltüte zum Recyclingcontainer schleifte, schätzte ich schnell den Kraftaufwand meines Kindes ab, die wie befohlen Rechenblätter zusammenheftete. Obwohl sich mein innerer Einpeitscher von nichts aufhalten lässt (einschließlich Hunger, Durst und körperliche Verletzungen), blieb ich wie angewurzelt stehen, als mein Blick auf ein kleines, buntes Schild fiel. Das Schild war an einen Korb voller handgemachter Wortplättchen geheftet. Als ich mich vorbeugte, um das Schild zu lesen, sagte meine Tochter begeistert: »Das ist das Sprachlabor. Ich habe es selbst gemacht. Gefällt es dir, Mama?«

Ich schluckte den Kloß in meinem Hals. Was war mir noch alles entgangen, während ich im Einpeitschertunnelblickmodus geschnauft und gekeucht hatte?

Als ich mich im Zimmer umschaute, und zwar diesmal, um Blumen zu finden und kein Unkraut, füllten sich meine Augen mit Tränen, als ich all die Dinge und Bemühungen sah, die mir vorher in meinem Eifer nicht aufgefallen waren ...

- Hefter für jeden ihrer Schüler
- Eine Bibliothek voller bunter Kinderbücher, nach Leseniveau geordnet
- Eine Broschüre »Über die Lehrerin« für die Eltern.
- Vier Sets Bücher zum Mit-nach-Hause-Nehmen
- Ein Flugblatt mit »Regeln für den Kunstsaal«

Dann kam das Größte – und ich hatte es übersehen.
Vier saubere Schreibtische, jeder mit einem schön gemalten Namensschild und einem nagelneuen Bleistift, standen da und warteten auf die Kinder.

Es schien, als wäre noch etwas anderes geschehen, während die Schubladen immer voller geworden waren und sich auf Kommoden und Tischen allerlei gesammelt hatte – etwas viel Wichtigeres, als ordentlich zu sein: leben ... kreativ sein ... und Träume wahr werden lassen.

Indem sie ihre Talente genutzt hatte, hatte meine Tochter etwas Bleibendes geschaffen. Und als ich lange genug innehielt, um das alles aufzunehmen, erkannte ich es.

Ich sah Lebenszeichen.

Nachdem Natalie sich bei mir dafür bedankt hatte, dass ich ihr geholfen hatte, setzte sie sich an ihren Schreibtisch und schrieb die geplanten Lektionen in ihr Buch. Ich küsste sie auf den Scheitel und sagte: »Ich sehe so gern, wenn du Lehrerin bist. Und es tut mir leid, dass ich am Anfang unserer Aufräumaktion ein bisschen durchgedreht bin.«

Ich ging nach unten, wobei ich in mich hineingrinste bei dem Gedanken, wie aufgeregt sie selbst und die Schüler am ersten Schultag sein würden. Aber sobald ich mein Schlafzimmer betrat, verschwand mein Lächeln zusehends. Meine Kinnlade fiel herunter. Nur zu – raten Sie mal, was ich dort sah.

Haufen um Haufen um Haufen ...

In jeder Ecke meines Schlafzimmers lag ein Haufen. Zugegeben, ich wusste, was sich darin befand, und konnte alles, was ich brauchte, in weniger als sechzig Sekunden finden. Aber in jeder Ecke war ein Stapel Unordnung. Hunderte von Notizen, bis an den Rand gefüllte Tagebücher und Papierfetzen, die mit Ideen bekritzelt waren, die mir gekommen waren, während ich im Supermarkt in der Schlange stand.

Das war nicht immer so.

Früher war alles immer ordentlich bei mir – auch wenn das bedeutete, dass ich dafür bis zwei Uhr morgens aufbleiben musste. Ich hatte für beinahe zwei Jahre nicht einmal auf meiner Couch gesessen, weil da immer etwas war, das aufgehoben, geordnet, gefaltet oder weggelegt werden musste. (Um Himmels willen, wenn jemand vorbeikam und sah, dass tatsächlich Menschen in meinem Haus lebten!) Wenn wir Wochenendgäste hatten, räumte ich alle Küchenschubladen auf, aus Angst, jemand könnte hineinsehen.

Und dieser letzte Teil, obwohl es schwerfällt, das jetzt zuzugeben, zeigt, wie sehr ich mich irrte im Hinblick darauf, was wirklich wichtig war. Jeden Tag, bevor ich das Haus verließ, rief ich mir ins Gedächtnis, dass, wenn ich in einen Autounfall verwickelt würde, jemand vorbeikommen könnte, um Kleider für mein Begräbnis herauszusuchen. Dieser düstere Gedanke brachte mich dazu, mein Bett zu machen und den Küchentisch abzuräumen. Im Ernst! Ich sagte mir, dass ich vielleicht nur noch ein paar Stunden zu leben hätte, und dachte dabei an den Haushalt!

Wie tragisch.

Oh ja, während dieser zwei Jahre war mein Haus immer sauber, und es fanden sich keine Stapel voller Unordnung in den Schlafzimmerecken.

Aber es gab auch keine Geschichten. Es gab keine Botschaften, die Menschen zur Achtsamkeit inspirierten.

Um es rundheraus zu sagen, es gab keine entschleunigte Mama. Sie existierte nicht – nicht einmal in meinen wildesten Träumen.

Natürlich, meine Zimmerecken waren leer. Und ich auch.

Als ich an meine Tochter dachte, die leidenschaftlich Lektionen in ihren Stundenplan schrieb, nahm ich meinen weißen Hefter zur Hand – den, der meine ersten Erfahrungen mit Hands Free enthielt. Er balancierte stolz oben auf Stapel Nummer drei wie die süße Kirsche auf dem Eisbecher.

Ich drückte ihn an die Brust und erkannte, dass er nicht nur eine Ansammlung von Papieren enthielt. Er war mein Herz, meine Seele, mein Blut, mein Schweiß und meine Tränen – eine liebevolle Chronik wertvoller Erfahrungen, die ich mit meinen Kindern und meinem Partner zusammen gemacht hatte und die meinen Weg zum entschleunigten Leben geebnet hatten.

Und da ging es mir auf. Manches im Leben passt nicht zusammen. Manchmal muss man sich entscheiden. *Um das zu ergreifen, worauf es ankommt, musst du anderes loslassen!*

Ob ich es bemerkt hatte oder nicht, aufgeräumte Zimmer waren mir nicht mehr wichtig, die Sorge, welchen Eindruck Außenstehende haben könnten, und der Druck, es allen recht zu machen, dominierten nicht mehr mein Leben. Stattdessen lebte ich das Leben, für das ich geschaffen bin. Vielleicht war es an der Zeit, dass ich meinen Kindern dasselbe gewährte. Wenn meine Tochter nämlich erwachsen ist und mich danach fragt, wie sie als Kind war, werde ich nicht ihr unordentliches Zimmer erwähnen oder dass sie unorganisiert war. Ich werde ihr erzählen, dass sie vier kleinen Kindern Unterricht gegeben hat, die sie liebten, sie bewunderten und genau so werden wollten wie sie. Ich werde ihr erzählen, dass sie bereits mit sieben Jahren ein bleibendes Vermächtnis hinterließ.

Und sollte mein Leben zu einem tragischen Ende kommen und eine Freundin Kleider für mein Begräbnis zusammensuchen müssen, dann glaube ich, dass sie nach Luft ringen wird, wenn sie mein Schlafzimmer betritt – aber nicht, weil sie ein unansehnliches Durcheinander sieht. Sondern weil jede Ecke meines Zimmers mit kleinen Teilchen meines Selbst dekoriert sein wird.

Lebenszeichen.

Und ich stelle mir vor, wie meine Freundin eines aufhebt. Sie wird meine Worte lesen und meine Gegenwart spüren. Und während die Tränen still über ihr Gesicht laufen, wird sie dankbar dafür sein, dass ich die kostbaren Jahre meines Lebens Hands Free *gelebt* habe, anstatt die Ecken sauberzuhalten.

STRATEGIE DER WOCHE

Vorbild sein

Was machen Sie, wenn Sie sich mehr Achtsamkeit wünschen, aber Ihr Partner oder Ihre Kinder dieses Bedürfnis nicht haben? Vielleicht haben Sie den Eindruck, gegen den Strom zu schwimmen, aber eine Beziehung zu den Menschen, die Sie lieben, ist den Kraftaufwand wert.

Ermutigen Sie diese Woche Ihre Lieben zu Hands Free, indem Sie ihnen diese Verhaltensweisen vorleben. Hier ein paar Vorschläge, die für eine technikbesessene Familie hilfreich sein könnten.

Ermuntern Sie die Mitglieder Ihrer Familie immer wieder zu Aktivitäten, die nichts mit elektronischen Geräten und Technologie zu tun haben:

- Kochen
- Nähen
- Brettspiele
- Spaziergänge/Wanderungen
- Fahrradfahren
- Kunst, kunsthandwerkliche, Mal- oder Schreinerprojekte
- wissenschaftliche Experimente
- Sportveranstaltungen

Sie wissen, was Ihrer Familie Spaß macht, also schlagen Sie Aktivitäten vor, die sie interessieren. Falls nötig, müssen Sie Ihren Lieben sagen, dass sie ihre Geräte weglegen sollen, damit Sie als Familie etwas unternehmen können. Ich habe festgestellt, dass meine Kinder nach anfänglichem Sträuben den Zeitvertreib am Ende doch meistens genießen und gar nicht mehr aufhören wollen. Am Ende ist die ganze Familie nach dieser gemeinsam verbrachten Zeit fröhlicher und entspannter, als wenn wir uns mit unseren Smartphones und anderen Geräten beschäftigt hätten. Mit jedem erfolgreichen Familienabenteuer werden sie sich mehr davon wünschen.

Seien Sie ein Vorbild dafür, was es bedeutet, in der Gegenwart zu leben, und betonen Sie den Vorteil eines entschleunigten Lebens immer wieder.

- Machen Sie beim Autofahren Ihre Familie auf die Schönheiten in der Natur aufmerksam, die Ihnen entgehen würden, wenn Sie stattdessen auf das Smartphone sehen würden.
- Verkünden Sie Ihrer Familie, dass Sie Ihr Gerät nicht mit ins Restaurant (oder an einen anderen Ort oder Veranstaltung) nehmen, damit Sie sich den Menschen um Sie herum widmen können.
- Sprechen Sie davon, wie viel mehr Spaß es macht, Ihren Kinder bei außerschulischen Aktivitäten oder einer Sportveranstaltung zuzusehen, wenn Sie das Smartphone nicht dabeihaben.
- Sprechen Sie darüber, wie viel besser Ihre Beziehung zueinander geworden ist, seitdem Sie die Smartphone-Gewohnheiten zu Hause oder im Auto geändert haben.

Verstärken Sie erwünschtes Verhalten. Selbst wenn ein Mitglied Ihrer Familie sich nur halbherzig bemüht, achten Sie darauf, sie oder ihn wissen zu lassen, dass Sie es bemerken. Danken Sie Ihren Lieben dafür, dass sie ohne das Gerät Zeit als Familie miteinander verbringen. Lassen Sie Ihre Lieben wissen, wie viel es Ihnen bedeutet, dass sie Zeit, Liebe und Aufmerksamkeit in die Beziehung investieren.

Sobald Sie damit anfangen, mehr in der Gegenwart zu leben, werden Sie fröhlicher und zufriedener. Unabhängig davon, ob Ihre Familie entscheidet, sich Ihnen anzuschließen oder nicht, Sie werden ein Vorbild dafür sein, dass die besten Momente im Leben ohne Smartphone und elektronische Geräte passieren. Das hat nicht nur Auswirkungen auf das Leben Ihrer Kinder, sondern auch auf das deren Kinder.

OFFENER BRIEF AN DIE ZEIT

Liebe Zeit,
vor Kurzem nahm ich an der Vorführung meiner Tochter zum Jahresende teil. Als sie vorne in ihrem Klassenzimmer stand und mir zuzwinkerte, überkam mich plötzlich ein sehr seltsames Gefühl. Ich hätte schwören können, dass ich erst gestern auf demselben winzigen Stuhl gesessen und ihrer Schwester zugesehen hatte. Gestern!

Aber es war drei Jahre her.

Zeit, du scheinst mir wegzulaufen.

Heute ging ich also nach oben, um meinen Kindern beim Schlafen zuzusehen. Das hatte ich schon eine Weile nicht mehr getan. Als ich die Tür zum Zimmer meiner jüngeren Tochter öffnete, holte ich tief Luft. Gleich würde etwas geschehen. Aber nichts hätte mich auf das vorbereiten können.

Als meine Augen sich an das dunkle Zimmer gewöhnten, erschreckte mich der Anblick meines schlafenden »Babys« in ihrem Bett. Seit wann hatte sie so lange Beine, die fast ans Ende des Betts reichten?

Ich trat leise näher heran und sah auf ihre friedlich gefalteten Hände. Wo war der ganze Babyspeck bei meiner niedlichen Tochter geblieben?

Nein, nein, nein! Ich hielt mir schnell den Mund zu, damit ich sie nicht aufweckte. Zeit, du scheinst mir wegzulaufen.

Ich sah ihr hübsches Gesicht an. Irgendwann in den letzten Monaten hatte sich die perfekte runde Form ihres Kopfes verändert und sah nun aus wie bei einem Erwachsenen. Und da wurde es mir zu viel.

Sei verdammt, Zeit!

Verdammt!

Verdammt!

Heute wollte ich dich nur zu fassen kriegen, Zeit. Mich über dich hermachen. Dich festnageln und dich davon abhalten, mit Lichtgeschwindigkeit voranzuschreiten.

Glaube mir, ich weiß es. Ich kann sehen, wie du die Augen verdrehst. Ich weiß, was du denkst. Ich habe dich nicht so ernst genommen, wie ich sollte ... habe dich immer kritisiert ... dir gesagt, du solltest dich beeilen ... mich beschwert, wenn ich warten musste – auch wenn es nur ein paar Minuten waren.

Ich genieße dich selten.

Bin selten mit dir zufrieden.

Selten, wenn überhaupt, halte ich dich in Ehren und schätze dich.

Du hast ja so recht.

Aber hier ist das Problem, liebe Zeit. Ich habe Angst, dass du mir davonläufst, und ich habe noch viel zu tun. Du denkst wahrscheinlich, dass ich nur deshalb mehr Zeit möchte, um meine nie endende To-do-Liste abzuarbeiten, mehr Zeit, um unwichtige Aufgaben zu erledigen, auf die es in zwanzig Jahren nicht mehr ankommt. Weil ich so lange so gelebt habe.

Aber jetzt hat sich das verändert – völlig verändert. Weißt du, mir sind die Augen aufgegangen. Zum ersten Mal in meinem Leben kann ich erkennen, worauf es wirklich ankommt.

Als ich mich heute Abend nah genug hinunterbeugte, um den warmen, rhythmischen Atem meines Kindes zu spüren, kamen die Worte zu mir. Ich konnte endlich aussprechen, wofür ich mehr Zeit brauche. Jetzt also, Zeit, liefere ich mich deiner Gnade aus und bitte dich, mein Flehen zu erhören …

Es gibt eine Stelle auf ihrem Gesicht, die ich noch küssen muss.

Es gibt eine Sommersprosse auf ihrem Gesicht, die ich noch zählen muss.

Es gibt eine Stelle auf ihrem Rücken, die ich noch kratzen muss.

Es gibt einen Geruch in ihrem Haar, den ich noch einatmen muss.

Es gibt eine Stelle auf ihrem Bauch, die ich noch reiben muss.

Es gibt ein Lachen in ihrer Brust, das ich noch hören muss.

Es gibt einen fröhlichen Ausdruck auf ihrem Gesicht, den ich noch sehen muss.

Es gibt einen Traum in ihrem Herzen, den ich noch glauben muss.

Es gibt ein Lied in ihrer Kehle, das ich noch hören muss.

Es gibt ein liebendes Wort, das ich noch sagen muss.

Es gibt eine Entschuldigung, um die ich noch bitten muss.

Und deshalb brauche ich mehr Zeit.

Weil ich keine Stelle ungeküsst lassen, kein Wort unausgesprochen und keine Haarsträhne unberührt lassen kann.

Nicht in dieser Lebenszeit.

Nicht in ihrer Lebenszeit.

Mit jedem vergehenden Tag erreiche ich so viel, aber wenn es darauf ankommt, das zu tun, was wirklich wichtig ist, erreiche ich so wenig.

Aber nicht heute.

Liebe Zeit, heute werde ich dich nicht verschwenden.

Liebe Zeit, heute werde ich dich nicht als selbstverständlich ansehen.

Liebe Zeit, heute werde ich aus jeder Sekunde, die du zu bieten hast, das meiste machen.

Liebe Zeit, heute werde ich dankbar sein.

Dankbar, dass du mir noch nicht davongelaufen bist.

Dankbar, dass ich noch Zeit habe, ihr Gesicht zu küssen, ihren Bauch zu kitzeln und ihre Sommersprossen zu zählen.

Heute werde ich für die Zeit dankbar sein.

Weil du mir noch nicht davongelaufen bist.

Zumindest noch nicht.

Weil ich sehr genau weiß, dass du das kannst.

Und dass du es getan hast

für kostbare Seelen, die dachten, sie hätten morgen noch Zeit,

um zu küssen, zu umarmen, zu tanzen, zu rennen, zu spielen, zu leben.

Aber die Zeit lief davon.

Heute also werde ich für die Zeit dankbar sein, die ich habe.

Und ich werde sie zum Guten nutzen.

Mit freundlichen Grüßen,
Deine Rachel, die nun weiß, wie kostbar Zeit sein kann

STRATEGIE DER WOCHE

Nutze die Zeit.

Den ganzen Tag lang haben Sie die Wahl, wie Sie Ihre begrenzte Zeit und Kraft nutzen können. Sobald Sie bereit sind, Ihr Leben zu entschleunigen, werden Sie achtsamer entscheiden. Sie werden immer wieder überlegen, wie Ihre Entscheidungen Ihr Leben beeinflussen, Ihre gegenwärtigen Beziehungen und Ihre zukünftigen. Achtsamkeit leben bedeutet, Entscheidungen zu treffen, die Sie den Menschen, die Sie lieben, näherbringen, statt sich von ihnen zu entfernen.

Falls Sie noch nicht damit angefangen haben, machen Sie es sich zur Gewohnheit, Ihre Möglichkeiten abzuwägen, wenn Sie eine spontane Gelegenheit dafür erkennen.

Fragen Sie sich:

- Könnte das hier (Telefonanruf, Arbeit, Facebook Status Update) später erledigt werden?
- Könnte das hier (Wäsche zusammenlegen, Auto waschen, Hausputz machen, Abendessen vorbereiten) gemeinsam als Familie getan werden?
- Könnte ich mir einen besseren Zeitvertreib ausdenken, wenn ich darauf warte, dass ein Film, eine Sportveranstaltung, ein Konzert anfängt, als auf mein Smartphone zu starren?

- Könnte ich meine Hemmungen ablegen und aus meiner Komfortzone heraustreten, um diesen Moment mit meiner Familie zu genießen?
- Könnte ich das, was ich tun will, auf später verschieben und mich jetzt in diese Aktivität mit meinen Kindern oder meinem Partner stürzen?

Manchmal wird die Antwort nein lauten. So ist das Leben. Als Erwachsene müssen wir manchmal unseren Verpflichtungen nachkommen. Aber zu anderen Gelegenheiten werden Sie sich dabei ertappen, wie Sie sagen: »Gerade jetzt sehe ich eine Gelegenheit, mich jemandem zu widmen, den ich liebe, und das ist das Wichtigste.« Bindung der Ablenkung vorzuziehen verschafft Ihnen die Chance, Ihre wertvollsten Beziehungen zu pflegen – jetzt und in Zukunft. Ich kann mir keinen besseren Nutzen für Ihre kostbare Zeit vorstellen. Sie etwa?

WEG MIT DER ABLENKUNG

Es ist vielleicht seltsam, ein Buch mit einer Beichte zu beenden, aber so hat mein Weg nun mal begonnen, und deshalb soll er auch so enden.

- Ich habe an einem Tag häufiger »Beeil dich« gesagt, als ein Mensch es in seinem ganzen Leben tun sollte.
- Ich war beinahe davon überzeugt, dass E-Mails checken an einer Ampel den Straßenverkehr nicht gefährdet.

- Es hat Gelegenheiten gegeben, bei denen ich meine To-do-Liste tippen musste, weil sie so lang war.
- Ich war dafür bekannt, dass ich mein Smartphone automatisch checkte, einfach, weil ich gerade daran vorbeikam.
- Ich habe mich mehrfach dem Druck gebeugt, ja zu Dingen zu sagen, obwohl ich wusste, dass sie mir meine Energie stehlen würden.
- Ich habe beschämend viel Zeit damit verbracht, im Internet alberne Dinge nachzulesen, statt mit meinen Kindern oder meinem Partner zu sprechen.
- Es gab Zeiten, in denen ich einen schönen Augenblick ruinierte, weil ich mich unperfekt fühlte.
- Meine Fähigkeit, immer noch irgendetwas zu erledigen, bevor ich mich hinsetzte, hat mich dazu gebracht, vor Ermüdung umzufallen.
- Ich habe mir viele unbezahlbare Augenblicke entgehen lassen, und ich werde sie nie zurückbekommen.

Ich leide nämlich unter der Ablenkungskrankheit. Vielleicht kommen Ihnen ein paar der Symptome bekannt vor. Vielleicht fallen Ihnen selbst noch ein paar ein. Ich weiß nicht, welche Art von Ablenkungskrankheit Sie haben oder wie schwer Sie erkrankt sind.

Aber wenn Sie ein Smartphone haben,
oder einen Fernseher,
oder einen Computer,
oder ein Tablet.

Wenn Sie sich ständig dabei ertappen, wie Sie nachsehen, aktualisieren, posten, texten, aufnehmen, zusehen, kommentieren, hinaufladen, herunterladen, surfen oder browsen …

Wenn Sie im einundzwanzigsten Jahrhundert leben, dann könnten Sie unter dieser Krankheit leiden.

Wenn Sie sich dabei ertappen, wie Sie nach Ihrem Smartphone greifen, statt mit Ihren Kindern zu sprechen oder zu spielen,

Wenn Ihr Terminkalender einem Termingestöber ähnelt,

Wenn es Ihnen vorkommt, als würden Sie nie auch mal langsamer machen,

Wenn Ihnen am Ende eines Tages auffällt, dass Sie nicht einmal Blickkontakt oder ein wirkliches Gespräch mit jemandem hatten, den Sie lieben,

Dann ist es möglich, dass Sie auch dieser Virus gepackt hat.

Wenn Sie sich nicht ausruhen können, bevor die Unordnung beseitigt,

das Geschirr weggeräumt,

die Wäsche gefaltet ist,

Wenn Sie sich dabei erwischen, dass Sie dauernd »einen Moment noch« zu denen sagen, die nach Ihnen rufen, dann besteht die Möglichkeit, dass Sie an dieser Krankheit leiden.

Wenn Sie es zulassen, sich um die Details der perfekten Mahlzeit Sorgen zu machen,

den perfekt gedeckten Tisch,

das perfekte Haus,

die perfekte Dekoration

die perfekte Kleidung

und den perfekten Körper in der perfekten Größe,

dann spricht das auch dafür.

Wenn Sie ständig spüren, wie Ihre Aufmerksamkeit von dem, worauf es wirklich ankommt, auf die unwichtigen und bedeutungslosen Kleinigkeiten Ihres Lebens abgleitet, dann könnten Sie davon befallen sein. Sie hat Sie so sehr im Griff, dass sie Sie davon abhält, im Augenblick zu leben. Sie blockiert Ihren Blick auf die kostbaren Geschenke, die genau vor Ihrer Nase liegen. Sie bringt Sie dazu, sich gestresst zu fühlen, nervös und leer statt dankbar, ruhig und zufrieden.

Aber Halt! Akzeptieren Sie es nicht!

Es gibt ein Heilmittel.

Und es wirkt jedes Mal, wenn Sie aufgerüttelt und am Schlafittchen gepackt werden müssen und eine Ohrfeige brauchen, damit Sie wieder sehen, worauf es wirklich ankommt.

Es ist einfach.

Es ist ganz einfach.

DAS HEILMITTEL

Betrachten Sie Ihr Kind, und bewundern Sie seine Vollkommenheit.
In einem Jahr wird es anders aussehen.

Nehmen Sie seine Hand, und erinnern Sie sich daran, wie sie sich in Ihrer anfühlt.
In einem Jahr wird sie größer sein.

Hören Sie, wie sie »You Are My Sunshine« singt. Schließen Sie die Augen, und erinnern Sie sich an ihre Stimme.
In einem Jahr wird sie nicht mehr so kindlich klingen.

Beobachten Sie, wie sie schläft und auf den Besuch der Zahnfee wartet.
In einem Jahr wird sie ein bisschen weniger an Magie glauben.

Lassen Sie sie in der Küche helfen. Naschen Sie oft, und lachen Sie viel.
Es könnte sein, dass sie in einem Jahr nicht mehr Ihr Schatten ist.

Bringen Sie ihr etwas bei, das sie schon lange lernen will. Ermutigen Sie sie, und leiten Sie sie an.
In einem Jahr kann sie es vielleicht schon allein.

Schlagen Sie vor, im Hof fangen zu spielen. Sehen Sie, wie sie sich freut, wenn Sie sie jagen.
In einem Jahr können Sie sie vielleicht nicht mehr einholen.

Sitzen Sie neben ihr, wenn sie ihr Frühstück isst. Hören Sie ihrer Lebensphilosophie zu.
In einem Jahr hat sie vielleicht nicht mehr so viel mitzuteilen.

Erzählen Sie eine Lieblingsgeschichte zum millionsten Mal, während sie in Ihrem Arm liegt.
Nächstes Jahr passt sie vielleicht nicht mehr so perfekt hinein.

Sehen Sie ihr Gesicht genau an. Sehen Sie sich selbst in dem erstaunlichen Individuum vor Ihnen.
In einem Jahr erkennen Sie vielleicht etwas weniger von sich in ihr.

In Momenten wie diesen steht die Zeit still. Das Einzige, worauf es ankommt, ist dieser Augenblick und das kostbare menschlicher Wesen bei Ihnen.

Und der Grund, aus dem ich dies schreibe, ist, dass ich mit Sicherheit weiß, dass dies das Heilmittel gegen jegliche Ablenkungen ist. Sie haben mir zwei Jahre meines Lebens geraubt –

die lachenden, spielenden, erinnerungsschmiedenden Teile des Lebens … die Teile des Lebens, auf die es wirklich ankommt.

Seit Juli 2010 genese ich.

Ich habe das Licht gesehen.

Ich habe es nicht auf dem Computerbildschirm gefunden. Ich habe es nicht in Tausenden E-Mails, SMS oder freiwilligen Verpflichtungen gefunden. Nicht in der kleinsten Kleidergröße, die ich jemals trug. Ich habe es hier gesehen, als ich achtsam wurde und mich den Menschen zugewandt habe, die ich liebe. Da wurde ich von den Ketten der äußerlichen Zwänge befreit. Da begann ich, tatsächlich zu leben.

Also, suchen Sie heute Ihr Heilmittel.

Weil diese kostbaren Momente vergänglich sind.

Und in einem Jahr wird sich alles verändert haben.

STRATEGIE DER WOCHE

Weg mit den Versuchungen

Die einfachste, aber effektivste Strategie, die ich anwandte, um mein Leben auf Dauer zu entschleunigen, bestand vermutlich darin, die Benachrichtigungseinstellungen auf meinem Smartphone zu ändern.

Wenn das Gerät stumm geschaltet war, wurden meine Zeit und Aufmerksamkeit nicht jedes Mal sabotiert, wenn ich eine E-Mail, einen Anruf oder eine SMS erhielt. Plötzlich gab es die Versuchung, alles zu »checken«, nicht mehr. Anstatt meine Aufmerksamkeit in verschiedene Richtungen aufzuteilen, war ich ganz auf den Menschen bei mir konzentriert oder darauf, was ich gerade tat.

Schützen Sie diese Woche Ihre Zeit mit denjenigen, die Sie lieben, indem Sie Barrieren zwischen sich und Ihren Ablenkungen errichten. Zum Beispiel:

- Entfernen Sie die Apps vom Smartphone, die Sie am meisten Zeit und Aufmerksamkeit kosten.
- Schalten Sie alle Benachrichtigungen auf dem Smartphone aus.
- Kaufen Sie eine günstige digitale Kamera oder ein Handy zum Aufklappen, das nicht so viel kann wie ein modernes Gerät. Die Kamera getrennt vom Smartphone wird die Versuchung verringern, das Smartphone für andere Zwecke zu benutzen, wenn Sie nur ein Foto machen wollen.
- Legen Sie das Smartphone in eine Schublade, auf ein Regal oder in den Schrank.
- Lassen Sie sich von Ihrem Kind eine Hülle für das Smartphone basteln.
- Lassen Sie das Smartphone im Auto, wenn Sie nach Hause kommen.
- Benutzen Sie einen Terminkalender aus Papier anstatt des digitalen.

Es gibt jeden Tag so vieles, das uns auf hinterlistige Art und Weise Zeit stiehlt – diese seltene und kostbare Ware, die wir nie wiederbekommen, wenn wir sie einmal verloren haben.

Jedes Mal, wenn wir uns irgendwo einloggen, verschwindet plötzlich ein großes Stück Zeit. Wollen wir wirklich damit unsere kostbare Zeit verbringen? Wenn Sie die Versuchungen von Smartphone und Internet minimieren, bekommen Sie Zeit geschenkt – Zeit zum Lachen, zum Lieben und Zeit, um dafür zu leben, worauf es in Ihrem Leben am meisten ankommt.

BETRACHTUNG

Dankbarkeit

Heute habe ich gelebt

Heute wurde ich vom Geräusch schlurfender Füße geweckt.

Es war meine Frühaufsteherin im Schlafanzug ihrer großen Schwester, der über den Boden schleifte.

Ich wollte mir die Decke über die Ohren ziehen und so tun, als schliefe ich.

Aber stattdessen stand ich auf und machte Toast-Waffeln, die laut meiner Tochter »göttlich« schmeckten.

Sie küsste mich mit sirupsüßen Lippen.

Ich stand ungern auf, aber ich war aufgestanden.

Heute habe ich gelebt.

Heute hat sie zum siebenunddreißigsten Mal in zwei Wochen ihre Schuhe verloren.

Kurz bevor wir losmussten.

Ich wollte schreien, schimpfen, die Hände über dem Kopf zusammenschlagen.

Aber stattdessen hielt ich sie fest. Ich hielt sie einfach fest. Meine schuhlose Tochter.

Zusammen fanden wir sie taunass im Hinterhof, und sie flüsterte: »Tut mir leid, dass ich so vergesslich bin, Mama.«

Ruhig zu bleiben war gewöhnlich nicht meine erste Reaktion. Aber dieses Mal blieb ich ruhig.

Heute habe ich gelebt.

Heute zwitscherten die Vögel lärmend durch die offene Hintertür.

Ihr fröhliches Gezwitscher schien die Abgabetermine, die Wäsche und die Unordnung, die sich um mich häuften, noch zu unterstreichen.

Ich wollte die Tür zuschlagen und die Versuchung zum Schweigen bringen; es gab so viel zu tun.

Aber stattdessen zog ich meine Laufschuhe an und setzte meine Lieblingsmütze auf.

Mit jedem Schritt kam ich dem näher, worauf es ankommt, und entfernte mich von dem, was unwichtig war.

Loszulassen war nicht meine erste Wahl. Aber ich ließ los.

Heute habe ich gelebt.

Ich stand vor dem Spiegel und musterte mich von Kopf bis Fuß.

Es war nicht zu übersehen, dass Stress und Schlafmangel ihre Spuren hinterlassen hatten.

Ich wollte jede Falte analysieren, mir in die weiche Haut kneifen.

Aber stattdessen sah ich weg und sagte: »Nicht heute. Heute nur Liebe.«

Mich zu lieben fiel mir oft nicht leicht. Aber heute war es so.

Heute habe ich gelebt.

Heute habe ich ein einfaches Abendessen zubereitet und es auf einem Teller serviert.

Es war nicht besonders gelungen.

Angesichts meiner Fähigkeiten als Köchin wollte ich an meinem Wert als Mensch zweifeln.

Aber stattdessen rief ich: »Lasst uns draußen auf der Veranda essen! Draußen schmeckt alles besser.«

Oft war ich ungnädig zu mir. Aber heute nicht.

Heute habe ich gelebt.

Heute war ich davon besessen, mein Kind so schnell wie möglich ins Bett zu bringen.

Es war ein anstrengender Tag gewesen, und ich wollte einfach nur allein sein.

Sie fragte mich, ob sie an meinem Herz horchen dürfte.

Widerstrebend legte ich mich neben sie, und sie legte ihren Kopf an meine Brust.

»Wir haben denselben Herzschlag«, verkündete sie.

»Woher weißt du das?«, fragte ich, in Erwartung einer kindlichen Begründung, aber stattdessen zwang mich ihre treffende Antwort in die Knie.

»Weil du meine Mama bist.«

Und da war sie. Meine Bestätigung.

Um zu bleiben, wenn ich mich zurückziehen will.
Um zu verzeihen, wenn ich verurteilen will.
Um zu lieben, wenn ich angreifen will.
Um zu hoffen, wenn ich zweifeln will.
Um loszulassen, wenn ich festhalten will.
Um stehen zu bleiben, wenn ich fallen will.

Heute habe ich gelebt.
Es fiel mir nicht ganz leicht.
Aber ich teile denselben Herzschlag mit zwei kostbaren Seelen.
Und das reicht, um mir durch den Tag zu helfen.
Ich werde morgen wieder entscheiden zu leben.
Und für diese Entscheidung bin ich dankbar.

ZUM NACHDENKEN

Denken Sie daran zurück, wie Sie gelebt haben, bevor Sie beschlossen haben, Hands Free zu leben. Wie haben Sie sich verändert? Wie hat sich das Zusammenspiel mit Ihrer Familie verändert? Wie hat sich die Atmosphäre zu Hause oder im Auto verändert?

Wurden Sie darin bestätigt, auf dem rechten Weg zu sein? Was unternehmen Sie, um noch mehr davon, worauf es wirklich ankommt, zu ergreifen?

Welches wird Ihr größtes Hindernis sein, auf Ihrem befreiten Lebensweg zu bleiben? Wie könnten Sie sich dieser Herausforderung stellen?

FAZIT

Ich habe die Schuhe immer noch – die Schuhe, die ich an dem Tag trug, an dem ich auf dem heißen Asphalt in Alabama zusammenbrach, als ich die Frage: »Wie schaffe ich das nur alles?«, ehrlich beantwortete.

Die Absätze sind inzwischen schiefgelaufen. Sie sind inzwischen altmodisch. Aber es scheint, als könnte ich mich nicht von ihnen trennen, von meinen tränenbefleckten Schuhen, die meine Such-nach-deinem-Leben-Schuhe wurden.

Wenn ich sie ansehe, erinnere ich mich, wie ich mich in vollkommener Erschöpfung krümmte und meine tiefsten, dunkelsten Ängste in die Atmosphäre entließ. Meine Tränen fielen direkt auf meine Schuhe. Es kam mir merkwürdig vor, dass sie auf die Schuhbänder fielen statt auf die Straße. Als ich meine Schuhe als Ziel meiner Tränen sah, sah ich plötzlich ein Ziel für mein Leben,

Ich wusste, ich musste raus.

Ich wusste, ich wollte weniger.

Ich wusste, ich wollte mehr.

Ich wollte das ergreifen, worauf es wirklich ankam, bevor ein Wirbelsturm oder eine andere Naturkatastrophe mir alles nahm, was ich besaß, und plötzlich ging mir auf, dass es auf »Dinge« eigentlich gar nicht ankam.

Ich wollte das ergreifen, worauf es ankam, bevor der Arzt eine Prognose flüsterte, die mich um eine zweite Meinung betteln und den Himmel um ein wenig mehr kostbare Zeit anflehen ließ.

Ich wollte ergreifen, worauf es ankam, bevor ich mich von dem ganzen täglichen Stress zugrunde richten ließ.

Als ich an diesem lebensverändernden Tag auf meine Schuhe hinunterstarrte, dachte ich über meine Möglichkeiten nach.

Ich könnte mich ins Gras fallen lassen und einfach aufgeben. Ich könnte wieder nach Hause gehen und so weitermachen; mein Smartphone, meine E-Mails und meine anderen Medienkontakte weiterhin meiner Familie und allem, was mir wichtig war, vorziehen. Oder ich könnte versuchen, mehr Achtsamkeit in mein Leben zu bringen.

Eine innere Stimme riet mir zur dritten Möglichkeit. Ich begann voranzugehen und blickte nicht zurück. In dem Augenblick wurden meine tränenbefleckten Schuhe zu meinen Such-nach-dem-Leben-Schuhen. Das war der Augenblick, in dem ich begann, nach Luft, nach Hoffnung und nach Leben zu suchen.

Soll ich Ihnen was Lustiges erzählen?

Ich plante, ein Jahr lang entschleunigt, Hands Free zu leben. Ich dachte, dann hätte ich mein Leben im Griff, ginge achtsam mit mir und den anderen um und wäre in der Lage, das Wichtige vom Unwichtigen zu unterscheiden. Ich dachte, dann wäre ich immun gegen alles, was mich daran hindern würde, mich mit dem Wesentlichen zu beschäftigen. Ich dachte, es wäre einfach, in jedem Augenblick gegenwärtig zu sein.

Wenn ich das jetzt lese, bringt es mich zum Lachen. Mein Weg ist nämlich noch lange nicht zu Ende. Meine Suche nach einem entschleunigten Leben wird wahrscheinlich für immer andauern.

Verstehen Sie mich nicht falsch, ich habe an meinem Fortschritt nichts auszusetzen, nicht im Geringsten. Ich weiß sogar mit Sicherheit, dass ich große Fortschritte gemacht habe. Aber selbst wenn ich das gegenwärtigste Individuum der Welt wäre, gäbe es immer noch genug, das mich vom wirklich Wichtigen abhielt, meine Glücksmomente zu stehlen und meine Beziehungen zu sabotieren versuchte.

An jedem Tag muss ich aufs Neue entscheiden, wie ich meine kostbare Zeit verbringen will. Das umfasst große Zeitspannen: *Sage ich ja dazu, eine Gemeindeveranstaltung zu leiten, oder nehme ich mir diese Zeit, um etwas zu tun, was ich leidenschaftlich gern tun möchte?* Und es schließt kleine Zeitspannen ein: *Stecke ich mein Kind schnell ins Bett, oder verbringe ich zehn Minuten damit, mit ihr über ihren Tag zu sprechen?* Es schließt sogar Sekunden ein: *Blicke ich von meinem Handy auf, um jemanden zu begrüßen, den ich liebe, oder schreibe ich meine SMS weiter?*

Die Entscheidungen, die ich treffe, sind wichtig.

Die Entscheidungen, die ich treffe, sind lebenswichtig.

Die Entscheidungen, die ich treffe, bedeuten alles.

In den Momenten, in denen ich entscheide, was wichtiger ist, schaffe ich bleibende Bindungen und unbezahlbare Erinnerungen mit den Menschen, die ich liebe. Es ist mir klar, dass der Tag kommen wird, an dem diese liebevollen menschlichen Beziehungen und liebevollen Erinnerungen alles sein werden, was ich habe. Bis dahin also beschließe ich weiterzugehen – auf das zu, worauf es ankommt, und ohne zurückzublicken.

Es wird nie eine Ziellinie geben. Aber etwas viel Besseres.

Jedes Mal, bei dem ich ergreife, worauf es wirklich ankommt, umarme ich das Leben.

Und das Leben wird auch mich umarmen.

LETZTE BETRACHTUNG ZU EINEM LEBEN MIT FREIEN HÄNDEN

Für dich*

Für dich werde ich den schlechtgelaunten Kassierer anlächeln. Ich werde denen ohne Lächeln ein Lächeln schenken, weil ich nicht weiß, welchen Kampf sie heute ausfechten.

Für dich werde ich zu Kaugummiautomaten ja sagen, und dazu, eine dicke, fette Kröte zu halten, die mir wahrscheinlich auf die Hand pinkeln wird. Weil das meine Kinder glücklich macht – und sie sich eines Tages daran erinnern werden, dass ich zu Kaugummi und Kröten ja gesagt habe.

Für dich werde ich die Treppe nehmen. Werde ich die Panoramastraße nehmen, werde ich ein Risiko eingehen, wenn es sich um etwas handelt, wofür es sich zu kämpfen lohnt.

Für dich werde ich den ungeduldigen Fahrer vor mir in die Schlange lassen, obwohl ich gewartet habe. Ich werde sogar winken und ihm alles Gute wünschen.

---

* Für Christy B., einer treuen Leserin meines Blogs, die mit dreiundvierzig Jahren an Hautkrebs starb – aber nicht, bevor sie jeden kostbaren Augenblick im Leben ergriffen hatte.

Für dich feiere ich die seltene Gelegenheit, wenn mein Kind beim Überqueren des Parkplatzes nach meiner Hand greift. Und ich werde das seltene Ereignis wertschätzen, dass sie ihre Hand viel länger als notwendig in meiner lässt.

Für dich werde ich die hübsche Unterwäsche am selben Tag kaufen, an dem ich sage: »Ja, bitte noch etwas mehr Schokoladensauce.«

Für dich werde ich für Sonnenuntergänge anhalten, für Abschiede und für dröhnendes Gelächter. Ich werde mir bewusstmachen, dass es sich bei diesen Dingen um Wunder handelt. Alltägliche Wunder.

Für dich werde ich einen Extra-Geldschein mitnehmen für den Fall, dass ich diesen Mann wieder an der Straßenecke stehen sehe mit dem Schild: »Haben Sie etwas Kleingeld übrig?«

Weil ich immer ein wenig Hoffnung übrig habe, die ich geben kann.

Für dich werde ich einen Termin für meine Mammographie und beim Dermatologen machen. Und werde meine Freundinnen drängen, dasselbe zu tun.

Für dich werde ich meine Hand unter die Decke gleiten lassen, bis ich die Hand meines Mannes finde. Aus keinem besonderen Grund, einfach, weil er da ist …

Für dich werde ich im Auto singen. Ich werde unter der Dusche singen. Auch wenn es nicht gut klingt. Auch wenn ich den Text nicht kann. Ich werde singen.

Für dich werde ich sagen: »Es tut mir leid.« Selbst, wenn es schwierig ist. Selbst, wenn ich glaube, dass jemand anderes es zuerst sagen sollte.

Für dich werde ich meine Kinder im Speisesaal der

Schule besuchen, bis sie sagen: »Nein, Mama. Dafür bin ich schon zu groß.« Und dann werde ich von Zeit zu Zeit nachfragen – nur für den Fall, dass sie es sich anders überlegen und eines Tages möchten, dass ich komme.

Für dich werde ich aufhören, Sätze mit »Wenn ich drei Kilo abgenommen habe« und mit »Wenn es weniger hektisch ist« anzufangen

Für dich werde ich jetzt leben und nicht »irgendwann«.

Für dich werde ich den Schmetterling segnen, der mir über den Weg fliegt. Du hast mir gezeigt, dass alltägliche Wunder im Überfluss vorhanden sind, wenn wir nur die Augen öffnen und danach suchen.

Für dich werde ich es nicht zulassen, dass das Leben an mir vorbeizieht.

DANKSAGUNGEN

Ich bin diesen Weg nicht allein gegangen. Meinen Blog und dieses Buch gibt es nur wegen der vielen Menschen, die mich begleitet und mich manchmal sogar dadurch getragen haben. Worauf es in meinem Leben wirklich ankommt, sieht so aus ...

Ich werde den neun bemerkenswerten Frauen ewig dankbar sein, die liebenswürdigerweise die ersten Geschichten über mein entschleunigtes Leben lasen. Das Feedback von Beth Berutich, Shannon Brooks, Lori Fulk, Julia Griffith, Jennifer Harbour, Mary Largent, Stacie Oliver, Jamie Shaw und Eleanor Williams machte mir Mut, meine Geschichten in einem Blog zu veröffentlichen. Sie haben mich immer auf meinem Weg unterstützt, und ihre Liebe zu meinen Kindern und mir ist mein täglicher Antrieb. Jede dieser Frauen hat eine wichtige Rolle in meinem Leben und auf diesem Weg gespielt. Ich stehe in ihrer Schuld.

Meinen lieben Freunden, die meine Blogeinträge hingebungsvoll gelesen und geteilt haben, sei dies gesagt: Dein Name ist in mein Herz graviert und wird es für immer bleiben. Jedes Mal, wenn du meinen Blogeintrag an einen Freund weitergeschickt hast, ihn im Sprechzimmer des Arztes an die Wand gepinnt hast, ihn mit dem Fußballtrainer deines Kindes geteilt hast und an deine Facebookwand gepostet hast, ist meine Leserschaft ein wenig gewachsen. Wegen deiner standhaften Unterstützung, ist diese *Hands-Free-Revolution* zu dem geworden, was sie heute ist. Ganz besonderer Dank geht an meine Familie in der Liberty Crossings United Methodistenkirche für ihre Unterstützung und Bereitschaft, die Idee von Hands Free zu verbreiten. Pastor Keith Elder und Pastor Wade

Griffith ermutigten mich und halfen mir über viele Stolpersteine und Selbstzweifel hinweg.

An die Mitglieder der Gemeinschaft der *Hands-Free-Revolution,* meinen treuen Begleitern, die ich durch eure Nachrichten kennengelernt habe: Es war ein Privileg, diesen Weg mit euch zu teilen. Ich habe jedes ermutigende Wort aufgehoben, das ihr mir geschrieben habt. Eure ehrlichen Geschichten waren mir ein steter Quell der Inspiration und Hoffnung, weshalb viele davon Teil dieses Buches wurden. Ihr seid der größte Segen gewesen, nachdem ich mit meinen Kämpfen und Siegen an die Öffentlichkeit gegangen bin. Die Worte: »Du bist nicht allein«, bekamen einen völlig neuen Sinn, als ihr meine Hand nahmt und mit mir gingt.

Diese Hands-Free-Mama wurde sehr von den Werken von Brené Brown, Glennon Doyle Melton und Patti Digh inspiriert. Diese brillanten Frauen regten mich dazu an, aufrichtig zu leben, meine Wahrheiten zu akzeptieren und aufzuhören, darauf zu warten, dass das Leben anfing. Mein Schreiben wurde außerdem von der Musik von Matt Kearney und Tristan Prettyman beflügelt. Matts lyrische Meisterstücke haben meinen Weg stets begleitet, und ich habe sie unaufhörlich beim Schreiben dieses Buches gehört. Tristans heilende Stimme, besonders das Lied »Come clean« inspirierte mich zu größerer Einsicht und Offenheit. Dank euch, Matt und Tristan, dass ihr eure Geschichten mit Musik unterlegt habt und wir alle uns ein bisschen weniger allein fühlen.

Von einer Bloggerin zur veröffentlichten Schriftstellerin zu werden, war ein ferner Traum, bis Laura Corn mir eines Tages eine E-Mail schickte, in der stand: »Laura Corn ist ein Fan.« Das war der Tag, an dem ich zu hoffen begann, dass meine Geschichten vielleicht doch eines Buches würdig wären. Für einen Schriftsteller gibt es kein größeres Geschenk als einen liebevollen und kenntnisreichen Mentor. Laura ist so eine Mentorin und noch mehr.

Ohne die permanente technische Unterstützung von Greg Fulk und Connie Brigham gäbe es kein Hands-Free-Mama-Logo, keinen Blog und kein Medium, durch das meine Geschichten die Welt erreichen können. Ich bin dankbar für ihr Wissen und ihren Sachverstand bei Problemen beim Erstellen von Internetseiten, Server-Crashes und allem Technischen, weil nämlich die Computersprache eine Sprache ist, die ich niemals werde entschlüsseln können. Connie und Greg haben meinen Worten ein Heim gegeben und ein Licht, so dass andere mich finden konnten. Für so ein unbezahlbares Geschenk werde ich ihnen immer dankbar sein.

Dieses Buch ist ein Produkt der Ermutigung, die ich von vielen Menschen erhalten habe. Kellie McIntyre war in den Anfangsphasen dieses Prozesses der Resonanzboden für meine Vision und hat wertvolle Beiträge geliefert. Michelle Belchers Ermutigung kam in der Form von E-Mails, die so begannen: »Dein Blogeintrag heute erinnert mich an einen Countrysong …«. Michelle ist verantwortlich für eine Fülle anregender Weisheiten und dafür, mich aufs Fahrrad bekommen zu haben, um den Stress abzubauen, der entsteht, wenn man in sehr kurzer Zeit sehr viel schreibt. Carron Rary las meine Blogeinträge gewissenhaft und bereicherte mich durch ihre Klugheit und Bestätigung, die nur eine erfahrene Mutter bieten kann. Carron liebte außerdem meine beiden Babys wie ihre eigenen, während sie sie darauf vorbereitete, in der ersten Klasse Erfolg zu haben – und im Leben. Kristin Shaw entdeckte meinen Blog, als er noch in den Kinderschuhen steckte. Sie erkannte eine Initiative, die es wert war, unterstützt zu werden, und das tat sie mit jeder Faser ihres Seins. Als Schriftstellerinnen- und Bloggerkollegin wurde Kristin meine Vertraute in Zeiten von Frustration und Zweifel. Als ich darüber nachdachte, meinen Blog aus dem Netz zu nehmen, schickte ich Kristin eine Nachricht. Ihre Antwort inspirierte eine tiefgreifende Erkenntnis, die mich für immer daran hinderte, mir den Weg zu verbauen. Shannon Brooks schenkte mir Kraft, Besonnenheit und Hoffnung. Shannon wusste intuitiv, wann ich ausgebrannt war und Anschub brauchte. Ich verdanke ihr zahlreiche Offenbarungen und den Rat, meinem Herzen zu folgen. Eleanor Williams war der erste Mensch, mit dem ich meine ungeschminkten Wahrheiten teilte. Ich wusste, dass ich sie mir warmhalten musste, als sie danach nicht die Beine in die Hand nahm und davonlief, so schnell sie konnte. Tatsächlich offenbarte sie sich mir ebenfalls. »Wenn wir die Narben des anderen sehen, lieben wir einander mehr«, das schrieb ich wegen Eleanor, und danach lebe ich jetzt jeden Tag.

Auf meinem Weg an die Öffentlichkeit waren Katie Mohr und Christi McGuire meine Leitbilder. Mit großem Sachverstand und Liebe halfen sie mir, durch die Irrungen und Wirrungen des Schreibens von Exposés, Anfragen und das Verlagswesen zu navigieren. Wenn meine Kreativität durch praktische Anforderungen gestört wurde, unterstützten sie mich. Wenn ich an einer Weggabelung ankam, fanden sie mit mir die beste Route. Ihre Unterstützung und ihr Glaube an mich gaben mir den Mut und das Vertrauen durchzuhalten. Wenn Katie und Christi dieses Buch lesen, hoffe ich, dass sie ihre Spuren auf jeder Seite finden.

Der Tag, an dem Sandra Bishop mich anrief, war der Tag, an dem mein Traum wahr wurde. Innerhalb von Minuten wusste ich, dass mein Manuskript nur auf sie gewartet hatte. Sandra übertraf meine Erwartungen an eine Literaturagentin bei weitem, indem sie unermüdlich daran arbeitete, diesem Buch viele unglaubliche Möglichkeiten zu eröffnen. Sandra ist meine Vertraute, die Stimme meiner Vernunft, meine Bulldogge, mein Rockstar und mein Anfeuerer. Sandra ist ein Segen und ein wahres Juwel. Ich stehe für immer in Jill Savages Schuld, die in so vielen Dingen Inspiration und Vorbild für mich war, die die göttliche Verbindung schuf, die Sandra zu mir führte.

Es war die Stimme meiner Lektorin, Carolyn McCready, die mich dazu brachte, Zondervan als Herausgeber dieses Buches zu wählen. Sie bringt dich dazu, ihr dein Herz zu öffnen, weil du weißt, dass deine Geheimnisse bei ihr gut aufgehoben sind. Bei ihr verblassen all deine Zweifel und Sorgen. Sie gibt dir die Sicherheit, dass es einen Grund gibt, warum sie in dein Leben getreten ist. Unter Carolyns liebevoller Obhut ist nicht nur dieses Buch gediehen, sondern auch ich. Carolyn sah Potential in dem Buch und auch in mir, und sie hat uns in ungeahnte Höhen erhoben. Bob Hudson, mein außergewöhnlicher Korrektor, hat ein Talent dafür, sowohl die Kleinigkeiten als auch das Gesamtbild zu sehen, und hat das Buch zu dem gemacht, was es heute ist. Ich bin Bob dankbar dafür, dass er mir grammatikalische Freiheit gewährt hat, damit meine Stimme die meine bleiben konnte. Zusammen mit Carolyn hat sich die gesamte Zondervan-Familie außergewöhnlich verhalten. Ich bin besonders dankbar für die Unterstützung und Freundlichkeit, die mir von meinen Publicitymanagern entgegengebracht wurde, Heather Adams und Beth Gebhard, und von meiner Vertriebsdirektorin, Londa Alderink. Ihr Glauben und ihre Leidenschaft für die Hands-Free-Botschaft werden in ihren erstaunlichen Bemühungen offensichtlich, sie bis in jede Ecke der Welt zu verbreiten.

Es kommt nicht häufig vor, dass du einen Mann heiratest und seine Familie dich nicht nur wie eine Tochter und eine Schwester liebt, sondern dass sie außerdem noch zu deinen größten Fans werden. Für Patti, Bob, Stacie, Jon und Brad: Es macht mir Spaß zu wissen, dass ihr meinen neusten Blogeintrag diskutiert, während ihr bei der Arbeit um den Kopierer herumschwirrt ... und dass ihr einen Stapel von Reader's Digest auf eurem Schreibtisch liegen habt für den Fall, dass jemand meinen Artikel noch nicht gesehen hat ... und dass ihr mich vom Parkplatz aus anruft, um mir zu sagen, dass ihr nicht ins Büro gehen könnt, bevor ihr aufgehört habt, über den heutigen Blogeintrag zu weinen. Ich bin meinen wundervollen Neffen, Sam und Evan, dankbar, weil sie mir erlauben, die kostbaren Babytage noch einmal zu erleben, ohne den Stress und die schlaflosen Nächte, die dazugehören. Ich danke ihnen außerdem dafür, dass sie Natalie und Avery gestatten, sie so sehr zu lieben, dass sie jedes Mal weinen, wenn wir uns verabschieden müssen.

Meine Schwester Rebecca war diejenige, die mir ein Buch mit einer Anleitung zum Bloggen gab und mich dann so lange damit quälte, einen Blog einzurichten, dass es lästig wurde. Im ersten Jahr des Bloggens fand Rebecca immer ein unterstützendes, munteres Wort und ein cooles Lied, um meine Laune zu heben. Meine Schwester feierte nicht nur all meine Erfolge, sie tweetete sie auch in die Welt hinaus. Rebeccas Redaktionsfähigkeiten waren nützlich, wenn ich einen wirklich strengen Kritiker brauchte, also hielt sie sich nicht lang als meine Redakteurin, aber ich schätzte sie trotzdem. Rebecca glaubte daran, dass ich eine Botschaft hatte, noch lange, bevor ich es selbst glaubte. Ich kann ihr nie genug dafür danken.

Ich bin meinen Eltern sehr dankbar, Harry und Delpha, die

alles, was ich jemals geschrieben habe, gelesen und gefeiert haben, von den Geschichten, die ich in der zweiten Klasse von Miss Paluska schrieb, bis zu jedem einzelnen Entwurf dieses Buches. Es war mein wichtigstes Gebet, dass sie lang genug leben würden, um zu sehen, dass ich ein Buch veröffentlichte. Wenn ich eine Münze für jedes Mal hätte, an dem meine Mutter sagte: »Ich kann es nicht erwarten, dein Buch in Händen zu halten«, könnte ich mich heute zur Ruhe setzen und dem Begriff »befreit« eine ganz neue Bedeutung verleihen. Mein ganzes Leben lang sind meine Eltern die besten Zuhörer gewesen, die ich kenne. Sie sind und werden mir immer die liebsten Menschen sein, mit denen ich über das Leben sprechen möchte. Meine Eltern sollen wissen, dass ich nur den Mut aufbrachte, die schwierigen Wahrheiten zu teilen, die in diesem Buch enthalten sind, weil sie, als ich sechzehn Jahre alt war, zu mir sagten: »Ganz egal, was du tust, ganz egal, welche Fehler du machst, wir werden dich immer lieben.« Meine Eltern hielten Wort und haben mich im Guten und im Schlechten geliebt, und ich verspreche, sie dadurch zu ehren, dass ich meinen Töchtern dieselbe bedingungslose Liebe schenke.

Für Avery, meinen ukulelespielenden Singvogel mit den lächelnden Augen: Mein Leben veränderte sich an dem Tag, als ich anfing, es aus deiner Perspektive zu betrachten. In deinen Augen gibt es Schönheit in Teddypyjamas, in hellgelbem Löwenzahn und in zahnlosem Lächeln. Du hast mich gelehrt, dass wir nur, wenn wir innehalten, alles sehen können, was schön ist. Danke, dass du mir versicherst, dass wir noch Zeit haben, auf Herzschläge zu horchen und im Hinterhof Apfelkerne zu pflanzen. Avery, du hast die Freude in dieses Buch gebracht.

Für Natalie, meine braunäugige Schönheit mit dem riesigen Herzen: Ich habe gelernt, worauf es im Leben ankommt, als ich zusah, wie du auf die Leidenden zugehst und ihnen die Hand ausstreckst. »Wenn du das Wichtigste im Leben hast, gibt es nichts, was du nicht weggeben kannst.« Ich schrieb diese Worte, weil ich dich leben sah. Du hast mich gelehrt, dass es nicht so schwer ist, die Probleme der Welt zu bekämpfen – du fängst einfach bei jemandem an, der traurig aussieht. In Jahren allabendlicher Sprechzeit sagtest du, worauf es im Leben wirklich ankommt. Das Herz dieses Buches gehört dir, Natalie.

Für meinen Mann, Scott: Ohne deine Unterstützung gäbe es meinen Blog und dieses Buch nicht. Nur mit dir konnte ich diesen Schritt machen und versuchen, das zu tun, wofür ich geboren wurde: Schriftstellerin zu sein. Du hast an meine Vision geglaubt und hast die Computer und technische Hilfe beschafft, damit es funktionieren konnte. Du hast mich in schlechten Zeiten geliebt und in guten Zeiten mit mir gefeiert. Danke dafür, dass du mein größter Fan bist. Deine Liebe und Sorge um mein Wohlbefinden haben zehn Jahre zu meiner Lebenszeit hinzugefügt. Was für ein Privileg es sein wird, sie mit dir zu verbringen!

Ich danke dir, Gott, dass du meine Schritte gelenkt und mir geholfen hast, den Weg nach Hause zu finden.

IM TEXT ERWÄHNTE WOHLTÄTIGKEITSORGANISATIONEN

Compassion International
12290 Voyager Parkway
Colorado Springs, CO 80921
Phone (800) 336-7676
www.compassion.com

Operation Christmas Child
Samaritan's Purse
P. O. Box 3000
Boone, NC 28607
Phone (828) 262-1980
www.samaritanspurse.org/what-we-do/
operation-christmas-child/

Water for Life
75-5851 Kuakini Hwy #75
Kailua Kona, HI 96740
Phone (808) 989-3735
www.waterforlife.org

LITERATURVERZEICHNIS

1 Aus »On the Road OFF the Phone« des National Safety Council, leicht angepasst und gekürzt, zuletzt geändert in 2011, nsc.org/nsc_events/Nat_Safe_Month/Documents/OntheRoadOffthePhone.pdf.

2 Lisa A. McCrohan, »Three Things To Say To Your Child Everyday«, *Gems of Delight*, barefootbarn.wordpress.com/2013/07/02/three-things-to-say-to-your-child-everyday/ (zuletzt abgerufen am 2. Juli 2013).

3 Janet Lansbury, »Do Wired Parents Need More Time Out … or Less Guilt?« *janetlansbury.com*, janetlansbury.com/2010/06/do-wired-parents-need-timeout-or-less-guilt/ (zuletzt abgerufen am 25. Juni 2010).

4 Patty Digh, »Life is a Verb. 37 Ways to wake up, be mindful and live intentionally.« Guilford, 2008.

5 Jessica Muroff, »No Phone Zones«, *The Be Present Project*, bepresentproject.com/no-phone-zones/ (zuletzt abgerufen am 3. Dezember 2012.

6 Elisabeth Kübler-Ross, »Death, The Final Stage of Growth«. Touchstone, 1975, S. 93.

7 Brené Brown, »Contributions, Criticism and Courage«, Brenebrown.com, brenebrown.com/2011/1/20/2011120/contributions-criticisms-and-courage.html (zuletzt abgerufen am 21. Januar 2011).

8 Laura Markham, »Is Your Child Coming Up Short?«, *Aha!Parenting.com*, www.ahaparenting.com/_blog/Parenting_Blog/post/No_More_Tiny_Tailors/ (zuletzt abgerufen am 12. Februar 2013).

9 Alexis Stewart and Jennifer Koppelman Hutt, »Whateverland. Learning to Live Here.« Wiley, 2011.

10 Steve Henson, »What Makes a Nightmare Sports Parent — and What Makes a Great One«, *www.thepostgame.com*, www.thepostgame.com/blog/more-familyfun/201202/what-makes-nightmare-sports-parent (zuletzt abgerufen am 15. Februar 2012).

11 Die Bibelzitate stammen aus: Große Lutherbibel, revidierter Text 1975, Deutsche Bibelstiftung Stuttgart.